V&R

FRÜHE BILDUNG UND ERZIEHUNG

Vandenhoeck & Ruprecht

Armin Krenz (Hg.)

Kindorientierte Elementarpädagogik

Vandenhoeck & Ruprecht

Mit 17 Abbildungen und 2 Tabellen
Abbildungen S. 13, 47, 69, 165, 189 © Michael Modrow, Bad Segeberg

Bibliografische Information der Deutschen Nationalbibliothek

Die Deutsche Nationalbibliothek verzeichnet diese Publikation in der Deutschen Nationalbibliografie; detaillierte bibliografische Daten sind im Internet über http://dnb.d-nb.de abrufbar.

ISBN 978-3-525-70117-1
E-Book ISBN 978-3-647-70117-2

Umschlagabbildung:
© Michael Modrow, Bad Segeberg

Printed in Germany.
Layout und Satz: textformart, Daniela Weiland, Göttingen
Druck und Bindung: ⊕ Hubert & Co, Göttingen

Gedruckt auf alterungsbeständigem Papier.

Inhalt

Widmung

Es gibt immer wieder Personen, die sich in exzellenter Weise für eine grundlagenorientierte Elementarpädagogik (im Arbeitsfeld der Regel- und Heilpädagogik) eingesetzt haben und einsetzen. Ihnen gilt mein ganz besonderer Dank:

- Den Teilnehmerinnen der ersten Ausbildungsgruppe Nord-West I (Zusatzqualifikation „Fachkraft für den Situationsorientierten Ansatz"), die mit ihren ausgezeichneten Fachbeiträgen auch zum Gelingen dieses Buches beigetragen haben und von denen eine kleine Auswahl in dieser Publikation enthalten sind: Frau Christel Spitz-Güdden aus Bedburg-Hau, Frau Ursula Kuhlmann aus Bottrop, Frau Helga Hupperts aus Bottrop, Frau Renate Ahlmer aus Schermbeck, Frau Bianca McGuire aus Breckerfeld, Frau Silvia Ingenfeld aus Xanten, Frau Edeltraud Wiebe aus Quickborn, Frau Cindy Benkel aus Bad Salzuflen, Frau Ilona Döffinger aus Berlin, Frau Brigitte Falkenhain aus Hohenölsen und Frau Regine Leipert aus Schwanebeck,
- Frau Ute Bendt, freie Dozentin und Fachbuchautorin aus Lubmin, die sich in unermüdlicher Weise für eine humanistisch geprägte Elementarpädagogik einsetzt,
- Herrn Prof. Dr. Dr. Ferdinand Klein, der engagiert für eine inklusive Bildungsarbeit mit Kindern, die besondere Bedürfnisse haben, eintritt und dabei sowohl übliche Denkweisen als auch nationale Grenzen in besonders kompetenter und liebenswerter Weise überschreitet,
- Frau Marlies Wagner, meine wertgeschätzte Institutskollegin, die sich deutschlandweit überaus fachkompetent für eine bindungsgeprägte Entwicklungsbegleitung von „Kindern unter drei" engagiert und Tagesmütter/elementarpädagogische Fachkräfte – und damit letztlich die Kinder – stark macht,
- Frau Gudrun Leimcke aus Jena und Frau Petra Rauschenbach aus Gera, zwei Fachberaterinnen, die unerschrocken und kraftvoll für eine „Bildung aus erster Hand" eintreten und in Zeiten einer „bildungsbesessenen Förderung und Belehrung der Kinder" ein deutliches Gegensignal setzen,
- Herrn Michael Modrow, Leiter einer Kindertagesstätte und seinem gesamten Kollegium aus Bad Segeberg, die die Kinder und Eltern Tag für Tag durch eine lebensnahe, naturbezogene Pädagogik faszinieren und ihre Arbeit auf der Grundlage des Situationsorientierten Ansatzes ausrichten.

Vorwort

Kindertagesstätten sind – neben der familiären Erziehung – ohne Zweifel der bedeutsamste „Bildungsort für Kinder". Sie:

- berücksichtigen die besonderen, individuell sehr unterschiedlichen soziokulturellen Hintergründe der Kinder und ihrer Eltern und haben dabei die Aufgabe, diese Aspekte bei der gesamten Betreuungs-, Bildungs- und Erziehungsarbeit zu berücksichtigen;
- ermöglichen den Kindern, im Rahmen einer zuverlässigen, vertrauten und beziehungsorientierten Atmosphäre eine Persönlichkeitsentwicklung zu erleben, die auf einem Verständnis von „Selbstbildung des Menschen" fußt;
- bieten den Kindern die Möglichkeit, einen vollen Einsatz ihrer geistigen, seelischen, sozialen und körperlichen Fähigkeiten und Fertigkeiten im Sinne einer ressourcenorientierten Entwicklung einzubringen und gewähren ihnen gleichzeitig ausreichende Ruhepausen, um eigene Entwicklungsschritte zu stabilisieren;
- berücksichtigen die individuellen Unterschiede der Kinder in einer Kindergruppe und beachten dabei in der pädagogischen Arbeit die besonderen Entwicklungsbedürfnisse der Kinder;
- bieten den Kindern vor allem vielfältigste Möglichkeiten für ein individuelles, emotional-soziales und kognitiv zugeordnetes Lernen;
- legen die Grundlagen für ein späteres, lebenslanges Lernen.

Damit wird deutlich: Elementarpädagogische Einrichtungen haben sich als ein *Ort für Kinder* (und ihre Eltern) zu verstehen, in dem tagtäglich *intrinsisch motivierte Bildungsprozesse* entstehen können, Bildungsanregungen in Gang gesetzt und *Selbstbildungskräfte* ausgebaut werden können.

Wichtig ist dabei, dass elementarpädagogische Einrichtungen allerdings nur dann als Bildungsorte von Kindern empfunden und sie diese Aufgabe in Gang setzen werden, wenn neben einer professionell gestalteten und bindungsorientierten Arbeit die *inneren Strukturbedingungen bildungsfreundlich gestaltet sind* und darüber hinaus die *Persönlichkeitsmerkmale* der elementarpädagogischen Fachkräfte beziehungsfreundliche Aspekte aufweisen.

Dazu müssen vor allem folgende Grundsätze gesehen, anerkannt und umgesetzt werden:

- Kindertageseinrichtungen müssen sich als ein wirklicher Lebens(t)raum für Kinder verstehen. Dazu müssen von den elementarpädagogischen Fachkräften immer wieder Grundsatzfragen aufgeworfen, angenommen, gemeinsam diskutiert und fachkompetent beantwortet werden;

- Elementarpädagogische Fachkräfte müssen *sich selbst als persongebundene Träger eines vermittelbaren Bildungsgutes* verstehen und in ihrer Person selbst Bildungsmerkmale tragen, die sich für sie selbst und für Kinder als entwicklungsförderlich erweisen. Gemäß dem Motto, dass Kinder und Erwachsene gleichermaßen *lernende Subjekte* sind und Kinder nicht zu *belehrenden Objekten* degradiert werden;
- Eine *entwicklungsförderliche Bildungsatmosphäre* kann sich für Kinder und Erwachsene nur dort entwickeln, wo eine möglichst spannungsfreie kollegiale Zusammenarbeit der elementarpädagogischen Fachkräfte untereinander und darüber hinaus mit den Eltern besteht;
- Erzieherinnen[1] müssen eine *beziehungsorientierte Bildungsoffensive in ihrer Alltagspädagogik* installieren und immer wieder dafür Sorge tragen, dass eine ständige Verbesserung der *Bindungs- und Bildungsqualität* erreicht werden kann.
- Elementarpädagogische Fachkräfte haben sich der Tatsache und gleichzeitig der Chance zu stellen, dass sie für Kinder als *Resilienten* wirksam werden können. Das heißt, dass sie seelische Widerstandskräfte in Kindern wecken, auf- und ausbauen können, sofern sie entsprechend bekannte Persönlichkeitsmerkmale und eine entsprechend gestaltete Kommunikations- und Beziehungskultur in ihre Arbeit miteinbringen;
- Dreh- und Angelpunkt für eine *persönlichkeitsförderliche Bildungsarbeit* ist und bleibt die personale Kompetenz der Fachkräfte. Sie allein bewirkt eine *Innenqualität in der gesamten Einrichtung*, die letztlich immer eine Person braucht, um in eine eigene *Entwicklungsprozessarbeit* zu kommen. Ohne diese innenqualitätsgeprägte Ausgangslage wird es unmöglich sein, für wirkliche *Lernmotivatoren* in der Einrichtung zu sorgen.
- *Bildungserlebnisse* im Kindergarten – als oberstes Ziel und zugleich als A-priorierte Aufgabe der Elementarpädagogik – sind vor allem vom Bildungsengagement der Fachkräfte geprägt. So heißt die Bildungsdevise vor allem, dass die Fachkräfte neugierig, wahrnehmungsoffen, lernfreudig, lernmotiviert und innovativ die ungezählten Tage mit Kindern erleben und gemeinsam gestalten.

Diese vielfältigen, anspruchsvollen, großen und verantwortungsvollen Aufgaben aller elementarpädagogischen Fachkräfte, die in den vielfältigsten Kindertageseinrichtungen – Krippe, Kindergarten, Kindertagesstätte, Familienzentren und unter einer wiederum breiten Trägerlandschaft in Deutschland – beschäftigt sind, beziehen und konzentrieren sich auf folgende Zielsetzungen:

1 Der geschlechterspezifischen Ausdrucksweise gewahr, wird im Folgenden auf die Nennung beider Geschlechter verzichtet – wobei bei jeder genannten Profession Frauen und Männer eingeschlossen sind.

1. Die fachkompetente Umsetzung des im Kinder- und Jugendhilfegesetz formulierten Bildungs-, Erziehungs- und Betreuungsauftrags.
2. Die Erfüllung der Aufgaben und Ziele, wie sie in den unterschiedlichen Länderrichtlinien für den Bereich der Jugendhilfe vorgegeben sind – angefangen von der Beachtung der landesspezifischen „Kindertagesstättengesetze" bis hin zur Umsetzung von landeseigenen „Bildungsrichtlinien/-empfehlungen für Kinder im Elementarbereich".
3. Die sorgsame Berücksichtigung der in der UN-Charta „Rechte des Kindes" aufgeführten Artikel (54) und ihre Übertragung auf die praktische, elementarpädagogische Arbeit sowie ihre berechtigte Berücksichtigung in der Alltagswirklichkeit;
4. Eine Integration aller bedeutsamen Erkenntnisse aus den aktuellen Ergebnissen der Entwicklungspsychologie und -pädagogik, Bindungs- und Bildungsforschung in die Alltagsarbeit.
5. Die Kenntnisnahme der vielfältigen Daten und Konsequenzen über das Aufwachsen der Kinder in der heutigen Zeit, um die eigene Tätigkeit professionell auszuwerten, fachkompetent zu planen und reflexiv durchzuführen.
6. Die Gestaltung der Arbeit in der Form, dass es bei allen Kindern – unabhängig von ihrer Nationalität, ihrem Alter und ihrem Geschlecht – zu einer *nachhaltigen Selbstbildung* kommen kann.

Diese Zielsetzungen können wiederum nur auf der Grundlage des bestehenden „Berufsbildes der Erzieherinnen", das in seinen Eckwerten schon seit 1980 Bestand hat und von allen großen deutschen Wohlfahrtsverbänden seinerzeit anerkannt sowie genehmigt wurde, umgesetzt werden.

Für all diese vielfältigen Aufgaben liegt es in der Kompetenz der Fachkräfte sowie ihrer besonderen Professionalität, jeden Tag die entsprechenden entwicklungsförderlichen Entscheidungen zu treffen,

- welche Arbeitsschwerpunkte beispielsweise sinnvoll bzw. weniger sinnvoll sind,
- welche direkten und indirekten Auswirkungen die *gelebte* Kommunikations- und Umgangskultur im Alltag auf die Entwicklung der kollegialen Zusammenarbeit, die Qualität der Zusammenarbeit mit Eltern und die Entwicklung der Kinder hat,
- welche gezielten Maßnahmen in der Entwicklungsunterstützung von Kindern – aus dem weiten Feld der Verhaltens- und Erziehungspsychologie sowie der Entwicklungspädagogik – besonders förderlich bzw. vielleicht sogar hinderlich sind,
- welche didaktischen Vorhaben im Hinblick auf die nächsten Arbeitsschritte für ein kindorientiertes Projekt konstruktiv oder destruktiv sein könnten und welche Vorgehensweise in der derzeitigen Situation bei der vorliegenden Aufgabenstellung angebracht ist.

Jede einzelne Entscheidung ist dabei für sich gesehen für die möglichen Entwicklungsfortschritte der jeweiligen Kinder bedeutungsvoll! Und so können bzw. müssen Zielrichtungen und besondere Schwerpunkte immer wieder auf

- die eigene Person, eigene Verhaltensweisen/Ausdrucksformen und die eigene Arbeitsweise,
- die Verhaltensweisen der anderen Fachkräfte und deren besondere Arbeitsdurchführung,
- eine verbesserungswürdige Zusammenarbeit mit den Eltern und deren Umgangsweisen – im Hinblick auf die Auswirkung auf Kinder,
- die Art der Kommunikation mit anderen Fachdiensten und der damit verbundenen Fragestellung, ob unterschiedliche Arbeitsauffassungen und isolierte Schwerpunkte ein Kind nicht eher verwirren als stabilisieren,
- die allgemeine und besondere Kommunikation und Interaktion mit den anvertrauten Kindern und deren (un)günstige Auswirkungen auf alle beteiligten Personen,
- die Beziehungs- und Interaktionsebene, die die Kinder untereinander pflegen und in entsprechender Weise gestalten,
- die Entwicklungsverläufe einzelner Kinder,
- den allgemeinen und besonderen Verlauf von geplanten Arbeitsschritten,
- plötzliche Entwicklungsabbrüche oder -rückschritte von Kindern …

… ausgerichtet sein, um eigene Stärken und die der Kinder zu stärken und entdeckte Schwächen zu minimieren.

Diesen Ausgangsdaten wird in dem Buch Rechnung getragen! Dazu hat der Herausgeber in Zusammenarbeit mit besonders kompetenten elementarpädagogischen Fachkräften, die schon viele Jahre im Beruf sind und sowohl über ein breites Erfahrungsspektrum als auch ein sehr fundiertes Hintergrund(fach)wissen verfügen, Beiträge verfasst, die sowohl *Ausgangspunkte* als auch *Grundlagen* für eine kindorientierte Pädagogik bilden. Ausgangspunkt der Beiträge waren Facharbeiten, die die Kolleginnen im Rahmen ihrer Zusatzqualifikation „Fachkraft für den Situationsorientierten Ansatz“ verfasst haben. Auch wenn es sich dabei um eine besondere Richtung in der Elementarpädagogik handelt, sind die Beiträge selbstverständlich nicht ansatzgebunden, sondern im Rahmen aller pädagogischen Ansätze wirksam!

Möge dieses Buch dazu beitragen, das Wesentliche einer kindorientierten Pädagogik in Augenschein zu nehmen, das Unwesentliche bewusst zu vernachlässigen und das Notwendige zu unternehmen, um die elementarpädagogische Arbeit konsequent und konstant auf basisbildende Eckwerte zu stellen. Hier haben weder modernistische Tendenzen noch funktionsorientierte Arbeitsweisen, unqualifizierte und fachlich nicht nachvollziehbare Bildungsblüten der Elementarpädagogik noch individualistisch-persönlich geprägte Vorlieben eine Chance, sich auf dem breiten „Markt der Möglichkeiten“ zu etablieren. Vielmehr stehen Kinder und ihre Eltern mit ihren vielfältigen Entwicklungsressourcen im Mittelpunkt und haben ein Recht darauf, in elementarpädagogischen Fachkräften *Fachleute, Bündnispartnerinnen und zuverlässige Begleiter* zu finden, die ihnen als *Wegbegleiterinnen* helfen, die bisher verborgenen Chancen einer reichen Lebensgestaltung zu entdecken.

A BILDUNGSORT: KINDERTAGESEINRICHTUNG

Armin Krenz

„Bildung von Anfang an" – Was Kinder für ihre Persönlichkeitsentwicklung brauchen und was sie nicht benötigen

Kindheitsforschungen belegen: immer mehr Kinder reagieren gereizt, fühlen sich überfordert, besitzen wenig Belastbarkeit, sind unruhig oder inaktiv, reagieren mit Aggressivität auf subjektiv erlebte Überforderungen und wenden zunehmend Gewalt gegen Dinge und andere Personen an. Sie wollen Wünsche möglichst umgehend erfüllt bekommen und reagieren mit Wutausbrüchen, wenn Wunscherfüllungen versagt werden. Kinder haben vermehrt Herzrasen, Schlafstörungen, Magenbeschwerden und Kopfschmerzen; sie trauen nahezu niemandem und kritisieren jeden und alles, der bzw. was ihnen missfällt. Psychosomatische An-/Auffälligkeiten und immer frühere sowie intensivere Erfahrungen mit Suchtmitteln lassen besorgte Eltern und professionelle Fachkräfte aufhorchen und führen zu der Formulierung, dass viele Kinder in zunehmendem Maße *innerlich aussteigen.* Kinderärzte, Psychologen und (Elementar-) Pädagogen schlagen Alarm. Kindheiten und Kindsein sind heute schon lange kein Kinderspiel mehr.

Wer bringt dem Kind das Lachen bei? Die Sonne, die Blumen.
Wer bringt dem Kind das Singen bei? Die Vögel, wenn sie jubilieren.
Wer bringt dem Kind das Staunen bei? Alle Dinge, die es sieht.
Wer bringt dem Kind das Weinen bei? Die Menschen, wenn sie die Seele verletzen.
Nur eine Kinderseele ohne Narben kann herzlich lachen.

R. Timm

Offensichtlich kommt es bei einer großen Anzahl von Kindern zu *Irritationen im Bereich der personalen Identität und Stabilität.* Wie entwicklungspsychologisch bekannt, steht bei Kindern zunächst der Auf- und Ausbau der Ich-Kompetenz im Vordergrund, geht es doch hier vor allem um das Verhältnis des Kindes zu sich selbst und um seine Möglichkeiten, sich unter dem besonderen Aspekt der eigenen Interessen und Möglichkeiten mit sich sowie seinem unmittelbaren Umfeld auseinanderzusetzen, zu entdecken, zu explorieren und bedeutsame Erfahrungen zu machen. Dieser Ich-Kompetenz wird eine grundlegende Bedeutung im Hinblick auf die Entwicklung einer Ich-Autonomie beigemessen, die dem Kind hilft, (Selbst-)Vertrauen zu sich und zu seinem Handeln zu erlangen. Doch gleichzeitig zeigen o.g. Beobachtungen, dass es offensichtlich vielen Kindern immer schwerer fällt bzw. gemacht wird, diese basale Entwicklung zu realisieren. Die Frage nach möglichen Hintergründen wird durch vielfach belegte Untersuchungsergebnisse offenbar: *Entwicklung geschieht durch positiv erlebte Bindung und Erziehung ist Beziehung.*

Wenn es dich nicht gäbe …

Wenn es dich nicht gäbe,
wäre Vieles anders.
Ich wäre nicht so fröhlich.
Ich wäre nicht so mutig.
Ich wäre nicht so hoffnungsvoll.
Wenn es dich nicht gäbe,
wäre Vieles anders.
Die Sonne wäre nicht so hell.
Der Mond wäre nicht so nah.
Der Himmel wäre nicht so blau.
Wenn es dich nicht gäbe,
wäre Vieles anders.
Mein Leben wäre nicht so bunt.
Mein Leben wäre nicht so interessant.
Mein Leben wäre nicht mein Leben.

Diego Armando

Positiv erlebte Bindungen führen in Kindern zu einem Aufbau ihrer *personalen Kompetenz* und helfen ihnen, ihre eigene, unverwechselbare Identität zu entwickeln. So, wie es in der Entwicklung des Menschen immer schon als Entwicklungsgesetz vorprogrammiert war und ist: vom Ich zum Du zum Wir.

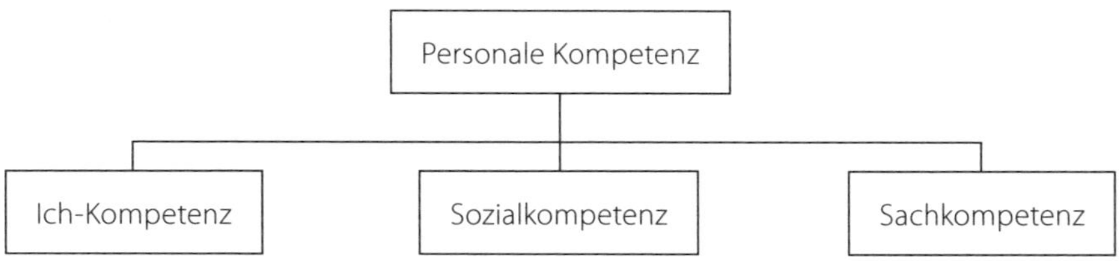

Diese sichere Bindung bzw. Beziehungsqualität scheint daher von immer weniger Kindern in ihrer ganzen Tiefe erlebt zu werden. Erinnern wir uns an die große Familientherapeutin Virginia Satir, die einmal sagte: „Ich glaube daran, dass das größte Geschenk, das ich von jemandem empfangen kann, ist, gesehen, gehört, verstanden und berührt zu werden. Das größte Geschenk, das ich geben kann, ist, den anderen zu sehen, zu hören, zu verstehen und zu berühren. Wenn dies geschieht, entsteht Kontakt."

In der aktuellen entwicklungspsychologischen Forschung gehen viele Wissenschaftler inzwischen davon aus, dass Kinder in zunehmendem Maße *Entwicklungsunterbrechungen durch Beziehungsstörungen* erleben/erlebt haben, die es ihnen nahezu unmöglich machen, sogenannte Basisfähigkeiten aufzubauen (genannt seien hier vor allem die Bereiche Selbst-/Fremdwahrnehmungsbereitschaft, Wahrnehmungsdifferenzierung, Selbstannahme, Erleben von Personstärke, Öffnungsbereitschaft für Selbstexploration, Motivation zur Selbstentwicklung neu zu entdeckender Lernbereiche, Aktivitätsmotivation zum Stressabbau, Wertigkeitssensibilität, Gefühlsexploration, intrinsische Lernmotivation, konstruktives Konfliktmanagement). Inzwischen hat sich gezeigt, dass es sogenannte „innere, automatisierte und autonom gesteuerte Entwicklungsabläufe" im Hinblick auf den Aufbau von Fähigkeiten nicht gibt. Allerdings zeigen Beobachtungsergebnisse, dass spezifische Basisfähigkeiten in Verbindung mit einer qualitativ intensiven *Grundbedürfnisbefriedigung durch erlebte Bindungen* in sehr engen Vernetzungen stehen. Gleichzeitig ergeben sich Verhaltensirritationen spezifischer Art aus der Nichtbefriedigung bestimmter seelischer Grundbedürfnisse. Werden nun Basisfähigkeiten als Aufbauprozess und entsprechende Fertigkeiten als Ausbauentwicklung verbunden betrachtet, fokussiert sich die notwendige Aufmerksamkeit – auch und gerade in der *Elementarpädagogik* – auf zwei Elemente. Zum einen muss die gesamte pädagogische Didaktik und Methodik so gestaltet werden, dass Kinder in der täglichen Arbeit ihre Grundbedürfnisbefriedigung durch Bindungserfahrungen erleben (können). Zum anderen sind es aber auch bestimmte Verhaltensmerkmale der Erwachsenen, die notwendig sind, dem Anspruch einer bedürfnisgerechten Kommunikation und von bindungsnahen Erlebnissen gerecht zu werden.

Du hast mir das Lachen und die Freude gezeigt,
mich vom Stillstand befreit.
Du hast mir Geborgenheit und Sicherheit gegeben,
hast mir gezeigt,
wie es ist zu leben.
Du hast in mir Zuversicht, Hoffnung, Ziele und Staunen geweckt,
hast gemeinsam mit mir
die vielen eigenen verborgenen Talente entdeckt.
Und dafür liebe ich Dich.

Armin Krenz in Anlehnung an Siegfried Maier

So stehen jeweils bestimmte Vernetzungen in einer kindorientierten Elementarpädagogik im Mittelpunkt: die Befriedigung basaler Grundbedürfnisse sorgt für einen Entwicklungsaufbau von spezifischen Fähigkeiten bei Kindern (1); Basisfähigkeiten führen zu spezifischen kognitiven/emotionalen/motorischen/ sozialen Fertigkeiten (2); fehlende Basisfähigkeiten führen zu spezifischen Verhaltensirritationen (3) und eine Grundbedürfnisbefriedigung verlangt nach *bindungsintensiven und spezifischen Erwachsenenkompetenzen* (4). Doch alles fängt mit einer Kenntnis und Befriedigung der *Grundbedürfnisse* von Kindern an – diese können entwicklungspsychologisch als *tragende Entwicklungssäulen* bezeichnet werden, die Kindern helfen, *Wurzeln* für ihre Persönlichkeits- und Lebensentfaltung zu entwickeln.

Solange ich meine Individualität nicht entdecke,
kann ich keine Beziehung eingehen.

Oskar Wilde

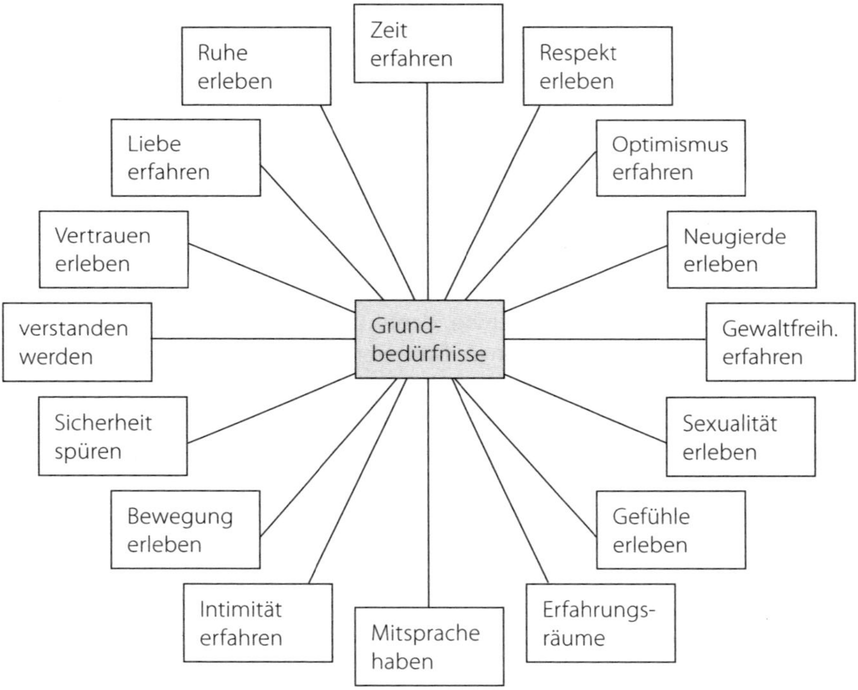

Die 16 seelischen Grundbedürfnisse

Ihre Merkmalsbezeichnungen lauten:

- **Zeit** mit bindungsnahen Menschen erleben, um sich selbst in den eigenen Entwicklungsmöglichkeiten wahrzunehmen und die Welt um sich herum zu entdecken;

- **Ruhe** in der Entwicklung erfahren, um die Basisfähigkeit *Wahrnehmungsdifferenzierung* aufbauen zu können;
- **Liebe** im Sinne einer personalen Annahme erleben, um ein Gefühl der Selbstannahme zu entwickeln und Empathie für die lebende und dingliche Welt aufzubauen;
- **Vertrauen** durch andere spüren, um eigenen Stolz erleben zu dürfen und Leistungsbereitschaft zu entwickeln;
- von Mitmenschen **verstanden** *werden*, um in den vielfältigen Lebenssituationen und Lebensherausforderungen immer wieder Kontakt zu sich selbst herzustellen und eine Mitverantwortung für Situationsverläufe zu entdecken;
- **Sicherheit** durch Nähe und feste (Sinn bedeutsame) Regeln erfahren, um in einen nachhaltigen Prozess der Selbstentwicklung zu finden;
- **Bewegung** ausdrücken können, um durch gezielte und bewusst gewählte motorische Aktivitäten Stress abzubauen und in eine gedankliche, emotionale und motorische Selbststeuerung kommen zu können;
- **Intimität** und Geheimnisse bejahend zuerkannt bekommen, um zu erkennen, dass es im Ausdrucksverhalten eine *öffentliche* und eine *private* Person gibt, die es in der Außenwirkung zu differenzieren gilt;
- **Mitsprache** erleben und umsetzen dürfen, um ein individuelles, persönliches Wertigkeitsempfinden zu entwickeln;
- **Erfahrungsräume** erkunden können, und die Vielfalt der eigenen Entwicklungspotenziale zu entdecken;
- **Gefühle** (Freude, Angst, Wut, Trauer) erleben dürfen, um ihre Existenz zu akzeptieren und in die eigene Gefühlswelt bejahend zu integrieren;
- die eigene **Sexualität** annehmen und integrieren, um sich in seinem Körper wohlzufühlen;
- **Gewaltfreiheit** als ein besonders wichtiges Lebensgut erfahren, um in den vielfältigen, Angst auslösenden Alltagssituationen immer stärker angstfrei handeln zu können;
- **Neugierde** umsetzen können, um sich und der Welt lernmotiviert zu begegnen;
- **Optimismus** von anderen spüren sowie *Respekt bzw. Achtung* in der erlebten Kommunikation erfahren, um Lebensherausforderungen als Lernchancen anzusehen und mit konstruktiven Gedanken und Handlungsweisen selbst schwierige Situationen anzunehmen und lösen zu wollen.

Es sind also primär *strukturelle Bedingungen und personale Kompetenzen* der Erwachsenen, die für eine persönlichkeitsförderliche und stark machende, ressourcenorientierte Entwicklung von Kindern sorgen.

Elementarpädagogische Fachkräfte tragen im Alltagsgeschehen der Pädagogik zur Sättigung der genannten Grundbedürfnisse durch ihr Verhalten dazu bei, dass Kinder zu folgenden Erfahrungsmomenten (vgl.: Wustmann 2004 b, S. 402 ff.) kommen:

- Erleben eines wertschätzenden, emotional warmen Klimas (Freundlichkeit, Bindung, Aufgeschlossenheit);
- Erleben einer stabilen Bezugsperson, die Vertrauen und Autonomie fördert;
- Erleben eines emotional positiven, unterstützenden Beziehungsklimas („Du bist mir wichtig!")
- Erleben einer grundsätzlich konstruktiven Kommunikation;
- Erleben einer fürsorglichen Beziehung/„Kann *ich* dir bei Schwierigkeiten helfen?"
- Erleben eines positiven Rollenmodells; – Klarheit, Ehrlichkeit, Offenheit;
- Erleben von Respekt, Wertschätzung und Achtung im Alltagsgeschehen;
- Erleben von klaren, Sinn gebenden Regeln;
- Erleben von transparenten Regeln;
- Erleben von klaren, durchschaubaren Strukturen;
- Positive Verstärkungen der Leistungsansätze;
- Positive Verstärkung der Anstrengungsbereitschaft;
- Positive Peerkontakte (Integration in der Gruppe)
- Erleben einer stabilen emotionalen Unterstützung in Konfliktsituationen (Beistand leisten);
- Erleben von Beharrlichkeit durch die Bindungsperson (Festigkeit ohne Starrheit)
- Erfahrung von Sinn und Bedeutung der eigenen Entwicklung;
- Erfahrungen machen können im Hinblick auf bedeutsame Selbstwirksamkeit („Ich kann was!").

Selbstbildungskräfte und bildungsaktive Verhaltensweisen können am besten unterstützt werden (vgl.: Wustmann 2004b, S. 402 ff.), wenn elementarpädagogische Fachkräfte und andere bindungsstarke Erwachsene …

- … das Kind ermutigen und es dabei unterstützen, seine Gefühle zu benennen und auszudrücken;
- … dem Kind konstruktive und damit entwicklungsförderliche Rückmeldungen geben;
- … dem Kind *keine* vorgefertigten Lösungen anbieten und damit vorschnelle Hilfestellungen vermeiden, sondern mit ihm gemeinsam nach Lösungsmöglichkeiten suchen;
- … das Kind konsequent wertschätzen und respektieren;
- … dem Kind Aufmerksamkeit schenken und ein aktives Interesse an den Aktivitäten des Kindes zeigen;
- … dem Kind soziale (schaffbare) Verantwortung übertragen;
- … das Kind dabei unterstützen, positiv und konstruktiv zu denken;
- … dem Kind bei schwierigen Herausforderungen zu Erfolgserlebnissen verhelfen;
- … dem Kind dabei helfen, eigene Stärken zu entdecken und zu stärken sowie eigene Schwächen zu erkennen und diese zu schwächen;
- … dem Kind helfen, erreichbare Ziele zu finden und sich erreichbare Ziele zu setzen;

- ... dem Kind aus einer eigenen, positiven Sichtweise einen Zukunftsglauben vermitteln;
- ... das Kind in Entscheidungsprozesse einbeziehen;
- ... mit dem Kind eine anregungsreiche Umgebung gestalten und Situationen bereitstellen, in denen es immer wieder selbst aktiv werden kann;
- ... sichere Strukturen und Abläufe in den Lebensalltag des Kindes bringen;
- ... ein selbstbildungsmotiviertes Vorbild (!) sind;
- ... immer wieder ihre vorhandene Authentizität im Sinne einer eigenen Lernfreude und eines hohen Engagements zum Ausdruck bringen;
- ... bindungsintensive Beziehungen anbieten;
- ... Freude an den eigenen Fortschritten und denen des Kindes zum Ausdruck bringen;
- ... als *Mensch* auftreten und nicht die *Rolle* unter Beweis zu stellen versuchen.

Wir mögen die Welt bereisen um das Schöne zu finden
aber wir müssen es in uns tragen – sonst finden wir es nicht.

W. Emerson

Diese unverzichtbaren Merkmale einer entwicklungsunterstützenden Pädagogik tragen deutlich dazu bei, dass Kinder ihre Entwicklungsressourcen entdecken und nutzen können, um Selbstständigkeit (z. B. Anstrengungsbereitschaft, Besitz einer intrinsischen Motivation zur Umsetzung von Handlungsideen, Selbstdisziplin bei einer notwendigen Aufgabenerfüllung), Autonomie (z. B. Unabgängigkeit von massiven Vorurteilen, von handlungshinderlichen Ängsten, von vorschnellen Aktionsimpulsen ...) und Soziabilität (z. B. Belastbarkeit besitzen, anderen Menschen zuhören können, einfühlsam mit Menschen und Tieren umgehen ...) auf- und ausbauen zu können. Es fällt auf, dass es bei diesen Zielsetzungen vor allem um motorische, emotionale und soziale Kompetenzen geht. Kognitive Fähigkeiten entwickeln sich bekannter Maßen *nebenbei* im Sinne eines *concomitant learnings*, ohne dass Kinder bewusst erkennen, dass sie sich kognitiv bilden.

Nun könnte man annehmen, dass zu dieser Zeit in der Elementarpädagogik gerade diese weit verbreiteten Erkenntnisse zum Ausgangspunkt einer lebendigen, handlungsorientierten, spannenden und auf der Grundlage von alltagsorientierten Kindererfahrungen gemacht werden. Doch die pädagogische Realität zeigt ein weit verbreitetes, anders gestaltetes Bild.

Bildung begegnet uns überall

Das magische Zauberwort der heutigen Elementarpädagogik heißt unzweifelhaft *Bildung*. Und so dreht sich in den meisten *Kinder*tageseinrichtungen die Frage der praktischen Pädagogik darum, „Bildung von Anfang an" zu realisieren und „Bildung nach außen sichtbar zu machen". „Bildungsdokumentationen" sind zu führen, „Bildungsbücher" zu erstellen, den Kindern immer wieder neue „Bildungserfahrungen zu vermitteln" und in ihnen „effiziente Lernkompetenzen" auf- und auszubauen. „Methodenkompetenzen" sind in Kindern zu installieren, aus „bildungsfernen Kindern" sollen Lernforscher gemacht werden, Kindertageseinrichtungen werden in „Zukunfts- und Lernwerkstätten" verwandelt, möglichst „bilinguale Sprachkompetenzen" sollen als Förderfundament berücksichtigt werden und „elementare Bildungspotenziale bei Kindern" gilt es so früh und so intensiv wie möglich" zu aktivieren. Tatsache ist, dass das gesamte Kinderleben immer stärker einem Leben gleich kommt, das fast ausschließlich einer Aneinanderreihung von „pädagogischen Arrangements" entspricht. Es wird *für* Kinder gedacht und *für* sie geplant, *für* Kinder arrangiert und *für* Kinder gehandelt, anstatt zu begreifen, dass eine „Pädagogik vom Kinde aus" eine lebendig erlebte Pädagogik *mit* dem „Ausgangs- und Mittelpunkt Kind" ist.

Zu früh, zu ausschließlich lehrt man Kinder, was sie hören, sehen, fühlen und denken dürfen. Was würden sie später doch alles können, hätten sie nicht so früh so viel gelernt.

Hans-Herbert Dreiske

Elementarpädagogik im Wandel

Deutsche Kindertagesstätten haben sich seit den Ergebnissen der ersten Pisa-Studie stark gewandelt. Wo in der *Vor-Pisa-Zeit* noch außerordentlich viel und intensiv gespielt wurde, werden heute *Bildungsfenster* im Entwicklungsalter der Kinder entdeckt und zielgerichtet/angeleitet genutzt. Wo früher mit Kindern die „Leichtigkeit des Seins" in guten Beziehungsbindungen genossen wurde, wird heute die kritische Frage gestellt, ob eine solche *Kuschelpädagogik* nicht die *Selbstbildungskräfte* von Kindern unterfordere. Wo früher tatsächlich die Kindergartentage gemeinsam *mit* Kindern geplant wurden, stehen heute förderorientierte *Bildungsprogramme* auf der Tagesordnung, die abgearbeitet werden – selbstverständlich bei einer stets gebetsmühlenartigen Versicherung, die Bildungsarbeit gehe „vom Kinde aus". Wo früher Bindungsqualitäten der elementarpädagogischen Fachkräfte im Mittelpunkt ihrer Arbeit standen, stehen heute *Bildungsanforderungen* an Kinder im Zentrum einer *zeitaktuellen Bildungspädagogik*. Wo früher der Faktor *Zeit & Ruhe* eine wesentliche Bedeutung für die Pädagogik besaß, tritt in der *Nach-Pisa-Periode* das Merkmal einer Ressource genutzten Quantitätsorientierung in den Vordergrund. Getreu dem Motto: „Was du noch heute mit Kindern verpasst, wird ihnen morgen zur Lebenslast."

Bildung als radikale „Kindergartenreform"

Die zurzeit in der Praxis beobachtbare *Kindergartenreform* trägt unzweifelhaft folgende Überschriften: Kinderbefähigung für die Zukunft, Teilleistungsförderung schulischer Fertigkeiten, Beschleunigung von einer Kindheit zu einem möglichst frühen Erwachsenwerden, Output-Orientierung an guten Lernergebnissen und kognitive Förderung zu Lasten einer emotional-identitätsorientierten Individualität. Offensichtlich hat der sogenannte Bologna-Prozess (= die Verpflichtung von 29 europäischen Staaten im Jahre 1999, bis 2010 einen vereinheitlichten Hochschulraum zu schaffen) schon im Kindergarten begonnen. Gleichzeitig scheinen dabei immer stärker elementarpädagogische Ausgangsdaten in Vergessenheit zu geraten! Es sei in diesem Zusammenhang daran erinnert, dass beispielsweise im KJHG (8.Bd., 2.Hb.) immer noch bei Kindertageseinrichtungen von einem eigenen Bildungs-, Erziehungs- und Betreuungsauftrag gesprochen wird. Diese *Eigenständigkeit* ist nicht hoch genug einzuschätzen und bezieht sich auf eine deutliche *Abgrenzung* von einem schulischen Lernen, zumal Kinder im Kindergartenalter *anders* als Schulkinder – nämlich sinn- und handlungsorientiert – lernen. Gleichzeitig sei daran erinnert, dass Kinder nach der UN-Charta „Rechte des Kindes" (ratifiziert durch den Deutschen Bundestag) laut Artikel 32.1 „ein Recht auf Ruhe und Freizeit, auf Spiel und altersgemäße Erholung haben" – ein Recht, das auch in der Elementarpädagogik immer weniger zur Kenntnis genommen, geschweige denn wertgeschätzt wird. Es sei darüber hinaus darauf hingewiesen, dass lt. dem „Berufsbild der Erzieherinnen" diese dafür zu sorgen haben, dass sie sich „in erster Linie als Partnerinnen des Kindes und Anwältin ihrer Interessen" zu verstehen haben und „insbesondere für die Erhaltung und Verbesserung der Lebensbedingungen von Kindern" eintreten. Die Realität zeigt ein diametral anderes Bild. So geben stattdessen verstärkt förderpädagogische Erwartungen von Eltern und landespolitisch vorgegebene Bildungsrichtlinien sowie bildungsfaszinierte Landesverbände, bildungsgeprägte Fachberaterinnen und bildungsorientierte Träger von Kindertageseinrichtungen die *Marschrichtung der Elementarpädagogik* vor. Und dies alles geschieht trotz der Tatsache, dass fachwissenschaftliche Erkenntnisse (beispielsweise durch die Ergebnisse der letzten Iglu-Studie belegt, dass fünfjährig eingeschulte Kinder in ihrer späteren Schulzeit häufiger und größere Schulschwierigkeiten haben als später eingeschulte Kinder) und neurobiologische Befundergebnisse im Sinne einer nachhaltigen Bildungsarbeit (Prof. Dr. Hüther) sowie die wissenschaftlich geprägte Forderung nach einer

„Bildung aus erster Hand“ (Prof. Schäfer) zu völlig anderen Bildungskonsequenzen auffordern.

Ausgangssituation für eine qualitätsorientierte Bildungsarbeit

Die Ergebnisse der Studien PISA 2000, 2003 und 2005 haben in der Kindergartenpädagogik für viel Unruhe gesorgt. So wurden in allen 16 Bundesländern u. a. Bildungsprogramme bzw. Orientierungshilfen für eine neue Bildungsoffensive gestartet, Fachtagungen in ungeahntem Ausmaße fanden bzw. finden statt und immer neue Förderprogramme für das Kindergartenalter kommen auf den Markt. Auf der einen Seite ist es völlig richtig, dass zurückliegende Bildungsziele, Bildungsbereiche und Bildungsinhalte von Zeit zu Zeit infrage gestellt werden müssen und sich dabei einer kritischen Prüfung zu unterziehen haben. Doch auf der anderen Seite muss die zentrale Frage gestellt werden, ob die aktuellen Vorschläge und *neuen Wege* tatsächlich dazu geeignet sind, Bildungsentwicklungen bei Kindern *effizient* und *grundlegend* in Gang zu setzen bzw. auszubauen.

Bildung – neuer Wein in alten Schläuchen?!

Zunächst eine Vorbemerkung: schon vor über 30 Jahren wurde den Kindertagesstätten in Deutschland (West) durch den Deutschen Bildungsrat ein *eigener Bildungsauftrag* zugesprochen! Gleichzeitig gab es in Deutschland (Ost) seit dem September 1985 ebenfalls einen Bildungsauftrag für Kindergärten (siehe „Programm für die Bildungs- und Erziehungsarbeit im Kindergarten“/Minister für Volksbildung). Damit ist das Thema „Bildung im Kindergarten“ überhaupt nichts Neues. Es verwundert daher umso mehr, dass die Länder- und Bundespolitik sowie die unterschiedlichen Träger von Kindertageseinrichtungen durch ihre vielfältigen und ständig erweiterten Aktionen den Eindruck vermitteln, der deutschen Elementarpädagogik komme seit PISA ein neues Aufgabenfeld zu. So bleibt lediglich die Frage, *warum* Bildung erneut so konzentriert in den Mittelpunkt der Elementarpädagogik gerückt wird. Bei einer sorgsamen Betrachtung können nur folgende Annahmen in Betracht kommen: Kindertagesstätten haben den Bildungsauftrag in der Vergangenheit entweder …

- … kaum und gar nicht zur Kenntnis genommen und aus der Elementarpädagogik bisher verbannt *oder*
- … anders als notwendig bzw. korrekt fehlinterpretiert und anders gestaltet *oder*
- … seit jeher anders in die Praxis umgesetzt, ohne allerdings die geleistete Bildungsarbeit ausreichend in der Öffentlichkeit vorzustellen und transparent zu machen.

Bildung – was ist das eigentlich?

Bildung bezieht sich immer auf zwei Grundsatzelemente. Zum einen versteht sich Bildung als eine „Aneignung von der Welt durch das Kind selbst" und als „Anregung aller Kräfte der Kinder durch die an der Pädagogik bindungsbeteiligten Erwachsenen". Bildung – ganz im Sinne einer nachhaltigen(!) Persönlichkeitsentwicklung, wie sie im Sinne der Agenda 21 der Bundesregierung gefordert wird – hat das Ziel, Lernprozesse in Menschen zu initiieren, „die zum Erwerb von lebensförderlichen Analyse-, Bewertungs- und Handlungskompetenzen beitragen". Das heißt, dass es um den Auf- und Ausbau von Fähigkeiten – und nicht um die „Schulung von Fertigkeiten" (!) – geht, die sich beispielsweise in folgende *Verhaltensmerkmalen* des Menschen zeigen:

- Neugierde an Entwicklungsmöglichkeiten ausdrücken.
- Freude dabei spüren, Wissen erwerben zu wollen.
- Mit unvorhersehbaren Situationen fertig werden.
- Ein interkulturelles und generationsübergreifendes Weltverständnis entwickeln.
- Ein eigenes, reflexives Urteilsvermögen besitzen.
- Selbstverantwortung und Mitverantwortung für umgebungsorientierte Situationen übernehmen.
- Weltoffenheit an den Tag legen.
- Intoleranz gegenüber Ungerechtigkeiten demonstrieren.
- Selbstmotivation und Selbstengagement zeigen.
- Empathie und Mitleid empfinden
- Ein solidarisches Handeln aktiv und furchtlos gestalten.

Bildung als Persönlichkeitsentwicklung zu verstehen erfordert daher immer wieder die Konzentration auf das Ziel, Kindern zu ihrer *eigenen, unverwechselbaren Identitätsfindung* zu verhelfen und eine Umgebung zur Verfügung zu stellen, in der Kinder ihren *Selbstwert* entdecken und entwickeln, an *eigenen Handlungsideen* dranbleiben können, den Wert von *Standpunkten* entdecken und positiv erleben, *Konflikte als Lernfelder* wertschätzen können, *Zuversicht* aufbauen und *Zusammenhänge* entdecken sowie genießen können!

Bildung ist keine Ware und Kinder sind keine Gefäße

Elementarpädagogische Fachkräfte waren und sind (ebenso wie Lehrer) durch ihr geschichtlich zurückliegendes und darin begründetes berufliches Selbstverständnis immer schon gewohnt, *Bildungsziele und Bildungsaufgaben an andere zu richten* und in diesem Fall auf Kinder zu übertragen. So versuchen sie im beruflichen Alltag immer wieder dafür zu sorgen, dass sich das Kind beispielsweise auf unterschiedlichste Herausforderungen und Aufgabenstellungen einlassen kann, Wesentliches von Unwesentlichem unterscheiden lernt und in der Lage ist, sich selbst und seine Handlungstätigkeiten genau anzuschauen, hilfreiche Arbeitsstrategien übernimmt und verinnerlicht sowie diese handlungsorientiert umsetzen kann, an neuen Erkenntnissen arbeitet um Erfolge zu erringen und unbrauchbare Strategien erkenntnisgeleitet verwirft. Diese Bildungsziele sind nur eine kleine Auswahl aus einigen „Bildungsprogrammen für Kindergärten", die zur Zeit sehr heftig in Deutschland unter Bildungswissenschaftlern und elementarpädagogischen Fachkräften diskutiert werden. So weit, so gut. Doch an dieser Stelle sei spätestens jetzt darauf hingewiesen, dass *Bildung* unter dieser Sichtweise ausschließlich wie eine Ware verstanden wird, die einem Konsumenten (dem Kind) nahe gebracht werden soll. Und so entstehen regelrechte *Bildungsblüten*.

Bildungsblüten in einer bildungsfernen Elementarpädagogik

Erfahrungswerte vieler Kinder in ihrer Kita (vgl.: Betrifft Kinder: Pro & Contra – Bildungsblüten oder Verplanung und Verregelung von Kinderzeit, 2007, S. 18 ff.) sehen zunehmend wie folgt aus: :

- Aus Bildungsbereichen werden „Fächer",
- aus den Forschungsinteressen von Kindern werden erwachsenengesteuerte Forschungsangebote,
- statt Alltagssituationen der Kinder forschend zu erkunden, werden Forschungskoffer angeschafft und gezielte Beschäftigungen initiiert,
- statt im Leben der Kinder – sowohl im Innenbereich als auch im Außenbereich – die ungezählten Alltagsphänomene zu untersuchen, werden extra arrangierte Forschungsorte, speziell hergerichtete Forschertische, Forscherecken, eingeengte Forscherinseln, zeitlich von außen fest begrenzte Forschungszeiten und Forschungsregeln implantiert. (Oberste Regel: Beim Forschen wird nicht gegessen! Umkehrschluss: Beim Essen wird nicht geforscht. Ach so! Doch die Frage bleibt: Kann man aus Spaghetti Schleifen binden und bis zu welcher Höhe können Türme aus Kartoffelpüree gebaut werden?)

Bildungsarbeit wird an vielen Orten wie folgt verstanden:

1. Die Fachkraft holt die Kinder zusammen, gibt Informationen ein, Fragen vor und Kinder dürfen reagieren.
2. In den Forschungskoffern stecken von Erwachsenen hineingelegte Forschungsgegenstände und Hilfsmittel – fein säuberlich strukturiert und fächerspezifisch ge-

ordnet – getreu dem Motto: Bildung geschieht in einem Fächerkanon und in Teilschritten!

3. Lebensbereiche und Alltagssituationen der Kinder werden fein säuberlich in Arbeits-, Lern-, Spiel- und Freizeitfelder aufgeteilt: von dann bis dann wird gespielt, von dann bis dann geforscht, von dann bis dann sich bewegt und von dann bis dann gegessen, geschlafen, philosophiert …

Dilemma der aktuellen Bildungsarbeit:

1. Die Selbstbildung des Menschen wurde und wird zu einer belehrenden (=*beleerenden*) Bildungspädagogik degradiert und funktionalisiert.
2. Nicht das Denken und Handeln der Kinder steht im permanenten Mittelpunkt, sondern die Bildungssystematik der Erwachsenen bestimmt die Bildungsarbeit.
3. Bildung wurde/wird in den „Bildungsrichtlinien …“ systematisiert und durch Erwachsene zu festgeschriebenen „Bildungsprogrammen“ zusammen getragen.
4. Dies hat zur Folge, dass diese von außen festgesetzte Systematik eine Erwachsenensystematik ist, die künstlich hergestellt wird und dazu dient, die Welt der Kinder logisch (!) – statt erlebnisnah und alltagsorientiert – zu ordnen.
5. Kinder brauchen ihre Forschungsmöglichkeiten in ihren eigenen Lebensszenarien – und das ist stets und überall dort möglich, wo *Alltagssituationen* zu spannenden Handlungserkundungen einladen.

Doch leider nicht in allen Kindertagesstätten. Denn dort ist Bildung Programm!

Eine „Bildung aus erster Hand“ (Prof. Schäfer) gerät durch eine „Bildung aus zweiter Hand“ immer mehr in den Hintergrund!

Damit bemächtigt sich die didaktisierte Schulpädagogik der Elementarpädagogik wie schon in den 70er Jahren des letzten Jahrhunderts, die ihre Eigenständigkeit damit – von vielen unbemerkt – unaufhaltsam aufgibt.

Dabei wird gleichzeitig der Begriff *Bildung* mit dem Wort *Wissenserweiterung* (=kognitive Kompetenz) gleichgeschaltet. Und hier beginnt der Kreislauf eines tradierten Bildungsbegriffes zu wirken, der allerdings – aus fachlicher Sicht betrachtet – eine tatsächlich notwendige und vor allem kinderfreundliche (und damit lerneffiziente) „Bildungsoffensive“ wiederum zum Scheitern führen wird.

Eine elementare und bedeutsame Bildung ist eine Alltagspädagogik vom Kinde aus!

Eine Annäherung an die Welt des Kindes erfordert Empathie, die Wertschätzung der Wahrnehmung und Gefühle der Kinder und ein Interesse daran, die Sicht der Kinder auf ihre Welt zu verstehen.

Friederike Heinzel

Die Lösung aus dem oben beschriebenen Dilemma der Kinder und der Abschied aus einer dogmatisierten Frühpädagogik umfasst viele Aspekte, die nun in Kürze und nur thesenartig skizziert werden sollen: (1) Erwachsene müssen sich *von dem Bild verabschieden*, Kinder seien schon in den ersten fünf oder sechs Lebensjahren zu einem „Schulkind" zu perfektionieren; (2) Erwachsene müssen die ersten sechs Lebensjahre von Kindern als einen *eigenen Entwicklungszeitraum „Kindheit"* begreifen und ihre gesamte Arbeit darauf abstimmen; (3) Kinder brauchen eine Lernumgebung im Innen- und Außenbereich, in der sie *handgreiflich*, unmittelbar, aktiv, mit allen Sinnen, *innerlich beteiligt* und engagiert Erfahrungen machen können, die ihnen tatsächlich helfen, selbstständig, unabhängig und sozial beteiligt das Leben zu spüren und *selbstaktiv gestalten zu können*. (4) Kinder brauchen vielfältige, *reale Handlungsräume* und keine künstlichen, von Erwachsenen arrangierte Welten. (5) Erwachsene müssen Kindern vielfältige, *alltagsbedeutsame* Herausforderungen zutrauen, die Kinder mit Mut und Engagement, Lebendigkeit und Stolz, Risikobereitschaft und Leistungserlebnissen ausfüllen können. (6) Erfahrungserlebnisse müssen Kindern *Sicherheit vermitteln*. (7) Erwachsene müssen *mit* Kindern leben, *mit* Kindern fühlen, *mit* ihnen planen – sie müssen sich dem Kind vor sich und dem eigenen Kindsein in sich direkt und unmittelbar zuwenden. (8) Erwachsene müssen sich der *Perspektive der Kinder* zuwenden und damit aufhören, Kinder in die Perspektive der Erwachsenen zu zerren. (9) Kinder brauchen weniger eine didaktische Vielfalt an Programmen als vielmehr *feste Bezugspersonen*, die sich selbst als den entscheidenden didaktischen Mittelpunkt begreifen – sie brauchen *zuverlässige Bindungserfahrungen* und damit engagierte, lebendige, staunende, mitfühlende, wissende, handlungsaktive, mutige, risikobereite, zuverlässige Menschen um sich herum und keine besserwissenden Rollenträgerinnen, die immer noch meinen, Belehrungen der Kinder mache Kinder klug. (10) Erwachsene müssen sich als *Bildungsvorbilder* verstehen, weil es ihre Facetten der eigenen Sprache, ihr Sprechen, ihre vielfältigen Interessensschwerpunkte, ihre unersättliche Neugierde, ihre vielen Lebens- und Umfeldfragen, ihre unterschiedlichsten Aktivitäten, ihre Gefühlskompetenzen, ihr eigener Forscherdrang, ihre ausgeprägte Lernfreude und ihre hohe Motivation zum Beruf sind, die Kinder fasziniert und die Kinder sich zu ihnen regelrecht *hingezogen fühlen*. (11) Bildungsarbeit ergibt sich aus den *Lebensthemen* der Kinder und Erwachsene *begleiten dabei das sich bildende Kind*. (12) Weil Kinder ihr Leben und ihr Umfeld *ganzheitlich* verstehen, müssen alle Lernerfahrungen für Kinder auch *ganzheitlich* möglich sein. Damit ist eine *Aufteilung der Bildungskompetenzen und Bildungs- „felder"* – wie in vielen Bildungs- und Orientierungsrichtlinien dargestellt und ausgeführt – unzulässig und für die Praxis *ausgeschlossen*. (13) Bildungsergebnisse lassen sich nur durch *Erfahrungserlebnisse* erzielen, die Kinder in ihrem Inneren tief berühren!

Bildung ist eine tägliche, aktive Selbstbewegung, Such- und Selbstbildung. Sie zeigt sich in einem alltäglichem Entdeckungs- und Neugierdeverhalten. Bildung ist die tägliche Nutzung und der gleichzeitige Ausbau eigener Energien – und nie ein Ergebnis.

Armin Krenz

Konsequenzen für die elementarpädagogische Praxis

Eine elementare Bildung fragt also zunächst danach, welche Lebensinteressen Kinder ausdrücken und sie sorgt dafür, dass Kinder auf „gebildete" Erwachsene treffen, die ihnen dabei behilflich sind, ihren eigenen Lebenswert zu erfassen, Lebensfreude (weiter-)zuentwickeln und seelische/lernunterstützende Grundbedürfnisse befriedigt zu bekommen. Das kann nur gelingen, wenn sich Erwachsene von der Vorstellung, Kinder „belehren zu müssen" und Kindern „Wissen beizubringen", radikal und *konsequent* verabschieden, um für eine *alltagsorientierte, lebendige, lernunterstützende „Bildungsatmosphäre"* zu sorgen. Bildung hat im originären Sinne nichts mit einem „schulischen" Lernen zu tun und noch weniger mit einem „vorschulorientierten" Arbeiten. Bildung orientiert sich nicht auf einen Wissenswettbewerb mit Siegern und Verlierern, sondern auf Werteentwicklungen, Zeiterleben, Kunst, Musik und die Schönheit einer sorgfältig gepflegten Sprache. Bildung kennt keine Hektik, sondern schätzt gelebte Zeiten, Ruhe und Muße. Sie lässt sich nicht nach „Nutzen" zweckentfremden, sondern schenkt – auch den kleinen – Menschen eine große Gedanken-, Handlungs- und Selbstentfaltungsfreiheit, um Widersprüche zu entdecken, quer zu denken, Gefühle zu erleben und dadurch immer wieder mit sich selbst konfrontiert zu werden. Genau dazu brauchen Kinder aktive Bildungsbegleiterinnen. All das setzt voraus, dass elementarpädagogische Fachkräfte engagiert und selbstinteressiert noch viel stärker als bisher über den eigentlichen Sinn der Bildung und ihr unterschiedliches Selbstverständnis, die Ziele von Bildungsergebnissen und deren Zweck sowie die Aufgaben einer persönlichkeitsbildenden Elementarpädagogik überhaupt grundlegend nachdenken. Nur dadurch kann eine nachhaltige Bildung auf allen Seiten gelingen. Die aktuelle Bildungspraxis ist allerdings gerade dabei, diesen Fragen immer stärker aus dem Wege zu gehen.

Bildung: Ausgangseckwerte auf den Punkt gebracht

„Es ist für ein Bildungsverständnis zu streiten, das sich nicht (...) für Schul- und/oder Wirtschaftszwecke funktionalisieren lässt, sondern die Kernkompetenzen der Kinder in den Blick nimmt." (Stahlmann 2002, S. 263 f.)

„Bildung ist kein Mittel zum Zweck, sondern hat seinen Zweck in sich selbst und dient ausschließlich dem, der sich bildet … Auf Bildung kann man die Menschen nicht abrichten oder programmieren, das gehört geradezu zu ihrem Wesen. Darum befindet sich alles, was man einem Menschen beibringen kann – Wissen, Methoden, Erkenntnisse, Fertigkeiten (…) – unterhalb der Schwelle der Bildung." (Gerster/Nürnberger 2002, S. 89)

„Kinder kann man nicht bilden. Sie bilden sich selbst, von Anfang an. Die Pädagogik muss endlich zur Kenntnis nehmen, dass wir Informationen nicht passiv wie Computer verarbeiten, sondern sie aktiv erobern, selbstständige Konstrukteure unserer eigenen Kenntnisse sind." (Laewen, zitiert in Romberg 2002, S. 25)

„Je komplexer und reichhaltiger unsere früheren Welterfahrungen, desto größer unsere Bereitschaft, auch als Heranwachsende und Erwachsene nach komplexen, differenzierten Herausforderungen Ausschau zu halten und uns nicht mit simplen Einsichten zufrieden zu geben." (Romberg 2002, S. 21)

Reflexions- und Planungsbogen

Es ist – aus professioneller Sicht betrachtet – notwendig und aus einem intrinsisch motiviertem, selbstreflektorischem Anspruch heraus sicherlich hilfreich, sich einmal mit den folgenden Fragen auseinanderzusetzen.

Dies kann in einer Eigenarbeit, aber auch gemeinsam im Kollegium geschehen.

Wichtig ist dabei, dass es bei der Auseinandersetzung mit den Fragen nicht um bloße Absichtserklärungen oder persönlich ausgesprochene Meinungen geht, ist doch bekannt, dass Selbsteinschätzungswerte in der Regel weitaus positiver ausfallen als beobachtbare Fakten. Insofern geht es darum, jede Beantwortung der einzelnen Fragen mit vielen Beispielen aus der „Praxis im Alltag" zu belegen.

1. Teil

Denken Sie bitte an Ihre Kinder(garten)-/Schulzeit: Was zeichneten die Personen aus, denen Sie eine hohe Bedeutung beigemessen haben und warum war das Ihrer Einschätzung nach so?

1. Wie schätzen Sie das „soziale Klima" in Ihrer Einrichtung ein?

a) Im Kollegium?

b) In der Kindergruppe

c) In der Beziehung zwischen Ihnen und den Kindern?

2. … und was haben Sie konkret dazu beigetragen, dass sich das „soziale Klima“ in den Intra-/Intergruppenbeziehungen so entwickelt hat, wie es zurzeit ist?

3. Was tragen Sie als Fachkraft im Alltagsgeschehen zum Auf-/Ausbau der personalen Ressourcen der Kinder (selbstwertschätzendes Erleben der Kinder) bei?

4. Wie verhindern Sie als Fachkraft im pädagogischen Alltag die Entstehung/Festigung von Vulnerabilitäten (selbstwertschädigendes Erleben) der Kinder?

5. Was unternehmen Sie konkret, um …
a) die Selbstwahrnehmung der Kinder im Alltag auf-/auszubauen?
b) die Erlebnisse einer Selbstwirksamkeit der Kinder auf-/auszubauen?
c) den Stressabbau der Kinder im Alltag zu unterstützen?
d) Problemlösungen mit Kindern zu suchen, zu entdecken und zu erleben?
e) die Partizipation der Kinder in der Einrichtung auf den unterschiedlichsten Ebenen zu aktivieren?
f) das Gefühl der Gruppen- und Einrichtungszugehörigkeit der Kinder aufzubauen und zu stabilisieren?

2. Teil

1. Versuchen Sie, den deutlichen Unterschied zwischen einer „Bildungsarbeit aus erster Hand“ und eine „Bildungsarbeit aus zweiter Hand“ herauszustellen und die typischen Merkmale auf den Punkt zu bringen.

2. Nehmen Sie eine Bestandsaufnahme der Bildungsarbeit in Ihrer Kindertageseinrichtung vor und gehen Sie der Frage nach, ob dort in erster Linie eine „Bildung aus zweiter Hand“ oder eine „Bildung aus erster Hand“ realisiert wird.

3. Gehen Sie bitte der Frage nach, welche Gründe aus Ihrer Sicht für eine „Bildung aus zweiter Hand“ oder eine „Bildung aus erster Hand“ sprechen und welche Hintergründe dazu beigetragen haben bzw. dafür verantwortlich waren/sind, dass zurzeit diese Bildungsform in Ihrer Einrichtung einen Vorrang besitzt.

4. Stellen Sie bitte – aus fachlicher Betrachtung und mit fachlichen Argumenten belegt – fest, was für eine Fortsetzung der bisherigen Bildungspraxis bzw. für eine Neuorientierung der Bildungsarbeit mit Kindern spricht.

Literatur

Baaden, A.: Bildung für morgen. Forum Caritas München (Hrsg.): Nachhaltigkeit als Prinzip für die Zukunft. München 2003 S. 105 ff.
Becker-Stoll, F./Nagel, B. (Hrsg.): Bildung und Erziehung in Deutschland. Pädagogik für Kinder von 0 bis 10 Jahren. Berlin/Düsseldorf/Mannheim 2009
Berger, M./Berger, L.: Der Baum der Erkenntnis für Kinder und Jugendliche im Alter von 1–16 Jahren. Bremen o. J.
Bredwow, R.: Bildung „Wie weinen Krokodile?“ In: Der Spiegel, 2005, Heft 15, S. 142 ff.
Deutsches PISA-Konsortium (Hrsg.): PISA 2000. Basiskompetenzen von Schülerinnen und Schülern im internationalen Vergleich. Opladen 2001
Deutsche UNESCO-Kommission (Hrsg.): Lernfähigkeit – unser verborgener Reichtum. UNESCO-Bericht zur Bildung für das 21. Jahrhundert. Berlin („Delors-Bericht“), Berlin 2001
Dreiske, H.-H.: Ohne Netz. Gedichte zur Kindheit. Freiburg 1987
Gebauer, K.: Klug wird niemand von allein. Kinder fördern durch Liebe. Düsseldorf 2007
Gerster, P./Nürnberger, Chr.: Der Erziehungsnotstand. Wie wir die Zukunft unserer Kinder retten. Berlin 2002
Gruschka, A.: Kinder stärken, Dinge klären. Die Erziehung der Erzieher. In: Welt des Kindes, 1998, Heft 4, S. 6–11
Holt, J.: Wie kleine Kinder schlau werden. Selbständiges Lernen im Alltag. Weinheim 2003
Hüther, G.: Die Macht der inneren Bilder. Wie Visionen das Gehirn, den Menschen und die Welt verändern. Göttingen 2005
Kittel, C.: Kinderrechte. Ein Praxisbuch für Kindertageseinrichtungen. München 2008
Krenz, A.: Werteentwicklung in der frühkindlichen Bildung und Erziehung. Berlin/ Mannheim 2007
Krenz, A.: Der „Situationsorientierte Ansatz“ in der Kita. Grundlagen und Praxishilfen zur kindorientierten Arbeit. Troisdorf 2008
Krenz, A.: Was Kinder brauchen. Aktive Entwicklungsbegleitung im Kindergarten. Berlin/Mannheim 5. Aufl. 2007
Krenz, A.: Kinder brauchen Seelenproviant. Was wir ihnen für ein glückliches Leben mitgeben können. München 2008
Krenz, A.: Psychologie für Erzieherinnen und Erzieher. Grundlagen für die Praxis. Berlin/Mannheim 2007
Krenz, A.: Werteentwicklung in der frühkindlichen Bildung und Erziehung. Berlin/ Mannheim 2007
Laewen, H.-J./Andres, B. (Hrsg.): Bildung und Erziehung in der frühen Kindheit. Bausteine zum Bildungsauftrag von Kindertageseinrichtungen. Weinheim/Berlin/Basel 2002
Lee, J.: Abenteuer für eine echte Kindheit. München 2005
National Coalition für die Umsetzung der UN-Kinderrechtskonvention in Deutschland (Hrsg.): Kinderrechte sind Menschenrecht. Impulse für die 2. Dekade 1999–2009. Berlin, 4. Aufl. 2005
Pohl, G.: Kindheit – aufs Spiel gesetzt. Berlin 2006
Rau, J.: Den ganzen Menschen bilden – Wider den Nützlichkeitszwang. Weinheim 2004

Romberg, J.: Aufbruch mit Null – ein etwas anderes Vorwort. In: Forscher, Künstler, Konstrukteure. Werkstattbuch zum Bildungsauftrag von Kindertageseinrichtungen. Hrsg.: Laewen, H.-J. und Andres, B., Weinheim/Basel/Berlin 2002, S. 9–28

Schäfer, G. E. (Hrsg.): Bildung beginnt mit der Geburt. Ein offener Bildungsplan für Kindertageseinrichtungen und Nordrhein-Westfalen. Weinheim und Basel, 2. erw. Aufl. 2005

Schäfer, G. E.: Bildungsprozesse in der frühen Kindheit. Bildung ist keine Ware. In: Sozialextra, 2005, Heft 1, S. 6 ff

Schäfer, G. E.: Bildung: Ein Begriff – viele Bedeutungen. In: Welt des Kindes. 2004, Heft 2, S. 22 ff.

Senckel, B.: „Bildung" – zur Aktualität eines „veralterten" Begriffs. In: Unsere Jugend, 2004, Heft 12, S. 504 ff.

Stahlmann, M.: Immer auf die Kleinen …? PISA und die Folgen: Eine neue Chance für die Kindertagesstätten. In: Unsere Jugend, München. Heft Nr. 6, S. 259–265

von der Beek, A.: Bildungsräume für Kinder von Null bis Drei. Weimar/Berlin 2006

Wustmann, C.: Resilienz. Widerstandsfähigkeit von Kindern in Tageseinrichtungen fördern. Weinheim 2004 (a)

Wustmann, C.: Von den Stärken der Kinder ausgehen. In: Unsere Jugend, München. Heft 10, 2004 (b), S. 402–412

Silvia Ingenfeld

Bildung aus erster Hand: Die besondere Bedeutung der Selbsterfahrung im Sinne einer nachhaltigen Bildung

Bildung – Alle Welt spricht davon!

Bildung, dieses Wort ist (spätestens seit der Studie PISA 2000) in aller Munde. Kein Tag vergeht, ohne dass in der Öffentlichkeit über Bildung gesprochen bzw. geschrieben wird. Viele Menschen haben zur Bildung etwas zu sagen und meinen zu wissen, was zu tun ist, damit Bildung möglich wird. Doch dabei stellt sich die Frage: Wer weiß hier wirklich, wovon er spricht?

Es gibt unzählige Bücher und Lernprogramme zum Thema Bildung. Dies gilt auch für den Bereich der frühkindlichen Bildung. Viele Kindertagesstätten bieten „Förderprogramme" am laufenden Band an.

Worauf kommt es an, wenn es um Bildung geht? Wodurch wird frühkindliche Bildung möglich? Werden Kinder gebildet oder wie bildet sich ein Kind?

Ständig mehr Erlebnisse, aber weniger Bildung.
Viele Informationen, aber immer weniger Interaktionskultur.
Wir rasen durch die Zeit, regen uns über vieles zu sehr auf,
lesen zu wenig, sehen zu viel fern und tun Dinge,
die wenig selbsterfahrungsorientiert und entwicklungsförderlich sind.
Wir wissen, wie man den eigenen Lebensunterhalt verdient –
aber nicht, wie man lebt.
Wir haben dem Leben Jahre hinzugefügt,
aber nicht den Jahren Leben.
Wir kommen zum Mond und zum Mars,
aber nicht mehr an die Türe zum Bewohner nebenan.
Wir haben den Weltraum erobert,
aber nicht den Raum in uns.
Wir können Atome spalten,
aber nicht unsere Vorurteile und die Art der Oberflächlichkeiten,
zurückliegende und gegenwärtige Dinge der Welt zu betrachten,
zu verstehen und vor allem zu verändern.

Verfasser unbekannt

Bildung – Was ist das?

Bildung ist im „Delors-Bericht" (1997) der UNESCO wie folgt definiert: „Bildung ist der Kern der Persönlichkeitsentwicklung und der Gemeinschaft. Ihre Aufgabe ist es, jeden von uns, ohne Ausnahme, in die Lage zu versetzen, all unsere Talente voll zu entwickeln und unser kreatives Potential, einschließlich der Verantwortung für unser eigenes Leben und der Erreichung unserer persönlichen Ziele, auszuschöpfen."

Aus dieser Definition geht hervor, dass Bildung die Grundlage für die Persönlichkeitsentwicklung eines jeden Menschen und einer Gemeinschaft ist. Hier ist nicht die Rede von Wissensvermittlung, sondern es geht darum, Kompetenzen zu entwickeln, mit denen der Mensch sein eigenes Leben mit einer unendlichen Neugierde selbstständig, aktiv und verantwortungsvoll gestalten kann.

Von nachhaltiger Bildung ist demnach die Rede, wenn ein Mensch Schlüsselkompetenzen entwickelt hat (vgl. Krenz 2007). *Schlüsselkompetenzen* versetzen den Menschen in die Lage:

- Wissen zu erwerben und immer wieder neu erwerben zu wollen, Freude zu haben an lebenslangem Lernen und daran interessiert zu sein, in möglichst vielen Schwerpunkten zu vertiefenden Erkenntnissen zu gelangen.
- Notwendigkeiten zu erkennen und in effizientes Handeln umzusetzen, um mit unterschiedlichsten, oftmals unvorhersehbaren Lebenssituationen und Herausforderungen kompetent umgehen zu können.
- Mit anderen Menschen achtsam und friedlich umzugehen und sozial verträglich zusammenzuleben, Verständnis für die Mitmenschen zu besitzen und die eigene Geschichte und die der anderen Menschen zu verstehen, interkulturelles und generationsübergreifendes Verständnis aufzubringen sowie jede Art von Konflikten situationsangemessen zu klären.
- Das eigene Leben mit bedeutsamen, verinnerlichten Werten zu versehen, z. B. durch klares Urteilsvermögen, Selbstverantwortung für das eigene Tun, Selbstständigkeit, Gradlinigkeit im Verhalten.

Der Zusammenhang von Bildung und Werten wird in der Definition des Bibliographischen Instituts Mannheim/Wien/Zürich hergestellt: „Bildung ist die (bewusste) Entwicklung der Anlagen des Menschen mithilfe der Erziehung und des eigenen Strebens zur inneren Erfassung der religiösen, sittlichen, künstlerischen und wissenschaftlichen Werte."

Diese Definition besagt, dass Bildung nicht etwas Angeborenes ist, sondern Bildung ergibt sich aus einer Entwicklung. Diese Entwicklung ist einerseits durch Selbststeuerung möglich und andererseits wird sie durch Erlebnisse, Erfahrungen und Eindrücke geprägt. In Form eines Bildungsprozesses bestehen viele Möglichkeiten, eigene menschliche Ressourcen zu entdecken und zu entfalten. Dabei gibt es zwei Einflusspotenziale, die Bildung bewirken. Dies ist der Bereich der Erziehung, der sich direkt und indirekt auf die Bindungsorientierung und die Bildungspotenzen des Kindes auswirkt, und es ist das Kind selbst. Erziehung bzw. Entwicklungsbegleitung wird nur wirksam, wenn das Kind selbst aktiv im Sinne einer Selbstbildung in den Bildungsprozess eintritt.

Bildung bezieht sich ganz besonders auf die Erfassung von Werten, d. h. Einstellungen, Einschätzungen und Sichtweisen zu entwickeln. Wenn diese Werte verinnerlicht und zu fest integrierten Persönlichkeitsmerkmalen wurden, dann hat nachhaltige Bildung stattgefunden.

Bildungsanspruch

Kinder, die eine Kindertagesstätte besuchen, haben einen Anspruch auf Bildung, der (auch) im Bildungsauftrag des jeweiligen Bundeslandes formuliert ist.

Für die Kindertagesstätten in Nordrhein-Westfalen gilt die Bildungsvereinbarung NRW. Dort heißt es: „(...) Die Entwicklung von Selbstbewusstsein, Eigenständigkeit und Identität ist die Grundlage jeden Bildungsprozesses. (...) Ziel der Bildungsarbeit ist es daher, die Kinder in der Entwicklung ihrer Persönlichkeit zu unterstützen und ihnen Gelegenheit zu verschaffen, ihre Entwicklungspotenziale möglichst vielseitig auszuschöpfen und ihre schöpferischen Verarbeitungsmöglichkeiten zu erfahren."

Auch hier geht es im Wesentlichen um *Persönlichkeitsentwicklung*. Dabei werden *Selbstbewusstsein*, *Eigenständigkeit* und *Identität* als bedeutsame Grundlagen hervorgehoben. Und als die entscheidende Lernform wird auch hier die *Erfahrung* genannt.

Bildung aus erster Hand

Bildung hat etwas mit Selbstständigkeit zu tun. Man kann nicht gebildet werden, bilden muss man sich selbst.

Gerd E. Schäfer

Mit Bildung aus erster Hand ist ein Lernen aus eigenen Erfahrungen gemeint, ein Lernen aus dem, was man wahrgenommen, geordnet, in Bilder gefasst und in Sprache übersetzt hat.

„Es ist wissenschaftlich nicht haltbar, anzunehmen, Bildung könne einem Menschen beigebracht, weitergegeben oder auf ihn übertragen werden. Nach wie vor wird Bildung nur dann von Kindern initiiert, wenn sie aus ihrer subjektiven Sicht und Einschätzung heraus innerlich spüren, dass die Wahrnehmungsimpulse etwas mit ihrer eigenen Motivation, ihrer aktuellen Lebenssituation und Neugierde zu tun haben – Kinder müssen immer wieder einen Kontext erleben!“ (Krenz 03/2006)

Mit anderen Worten: Kinder (und Erwachsene) lernen am besten und intensivsten, wenn es sie emotional berührt und sie die neuen Impulse mit sich persönlich in Verbindung bringen. Das „Neue“ braucht einen Berührungspunkt, einen Anknüpfungspunkt an bisherige Erfahrungen, dann wird es im Gehirn neuronal vernetzt und geht so schnell nicht wieder verloren.

Kinder kommen als Forscher und Entdecker auf die Welt. Sie wollen sich selbst und ihr Umfeld kennenlernen. Sie wollen alles mit ihrem Herzen, ihrem Geist und ihren Händen begreifen. Dazu brauchen sie unendlich viele sinnvolle Erfahrungsmöglichkeiten.

Erzähle mir und ich vergesse.
Zeige mir und ich erinnere.
Lass es mich tun und ich verstehe.

Konfuziuz

Wissenswertes aus der Neurobiologie

Neurobiologische Erkenntnisse besagen, dass das Gehirn sich so entwickelt, wie es selbstaktiv benutzt wird. Es sind die Erfahrungen, die das Gehirn formen und prägen. Darum sind gerade die ersten Lebensjahre in der Entwicklung eines Menschen so bedeutsam. Hier wird die Grundlage dafür gelegt, ob ein Mensch in Zukunft z. B. neugierig und aufgeschlossen Aufgaben annimmt oder ob er z. B. ängstlich und zurückhaltend Aufgaben löst oder versucht ihnen aus dem Weg zu gehen. Eine Lebenshaltung und damit auch die Art der Nutzung des Gehirns kann in späteren Jahren noch verändert werden, doch dann ist es viel anstrengender und schwieriger.

In den ersten Lebensjahren entwickelt ein Kind aufgrund von Erfahrungen mit sich und seinen Mitmenschen *die Haltung*, mit der es sich selbst und anderen begegnet. Es geht darum, dass das Kind lernt, *wie* es Aufgaben lösen kann und nicht darum, in möglichst kurzer Zeit möglichst viel zu können und möglichst viel zu wissen. Denn lernen braucht Zeit, damit Kinder sich immer wieder neu ausprobieren können, damit sie aus Fehlern Auswertungen vornehmen können und damit das Gelernte fest verankert werden kann. Lernen braucht Zeit, damit man sich an dem Gelernten erfreuen kann. Wichtig ist, dass eine Lernfreude aufgebaut wird!

Sehr deutlich beschreibt auch der Neurobiologe und Hirnforscher Prof. Dr. G. Hüther, wie wichtig die eigene Erfahrung ist: „(…) Hier werden diejenigen inneren Bilder generiert und als charakteristische neuronale und synaptische

Aktivierungsmuster gebahnt und gefestigt, die für die höchsten Leistungen des menschlichen Gehirns entscheidend sind: Die Fähigkeit, eine Vorstellung von sich selbst (Selbstbild) und seinen eigenen Wirkungen (Selbstwirksamkeitskonzept) zu entwickeln, sich in andere Menschen hineinzuversetzen (sich ein Bild von anderen zu machen), seine Handlungen zu planen und seine eigenen inneren Impulse zu kontrollieren und in eine bestimmte Richtung zu lenken (sich ein Bild von dem zu machen, was man will). Mithilfe dieser inneren Bilder entscheidet ein Mensch, was ihm wichtig ist, womit er sich beschäftigt, wofür er sich einsetzt, worauf er seine Aufmerksamkeit fokussiert und wie er seine Vorstellungen umsetzt (…)" (46+47/2009, S. 10 f))

Somit sind wir wieder bei den Schlüsselkompetenzen angelangt. Kompetenzen, die die Persönlichkeit eines Menschen darstellen. Hier stellt sich nun die entscheidende Frage: *Was brauchen Kinder wirklich, um diese Schlüsselkompetenzen auf- und ausbauen zu können?* Denn Erfahrungslernen bedeutet nicht, Kinder sich selbst zu überlassen!

Bildung aus erster Hand – Wie geht das?

Eigentlich braucht jedes Kind drei Dinge:
Es braucht Aufgaben, an denen es wachsen kann,
es braucht Vorbilder, an denen es sich orientieren kann,
und es braucht Gemeinschaften,
in denen es sich aufgehoben fühlt.

Gerald Hüther

Kinder brauchen eine Entwicklungsatmosphäre

Kinder können sich nur entwickeln, wenn sie entspannt sind. Ängste blockieren Entwicklung. In einer Atmosphäre der Heiterkeit und Freude fühlt sich ein Kind wohl. Damit sich das Gefühl von Sicherheit in einem Kind aufbauen kann, braucht es die sichere Bindung zu einem Menschen

Bildung durch Bindung

Im Grunde sind es immer
die Verbindungen mit Menschen,
die dem Leben seinen Wert geben.

Wilhelm von Humboldt

Unser Leben wird vor allem von unseren Gefühlen gesteuert

Die Bindungsforschung hat sich intensiv mit der emotionalen Entwicklung des Menschen befasst, sodass wir heute wissen, dass jedes neugeborene Kind auf der Suche nach Bindung ist. Der Säugling baut zu der Person eine Bindung auf, die sich am meisten mit ihm beschäftigt. Eine Bindung kann auch zu mehreren Personen entstehen. Entscheidend dabei sind die *Bindungserfahrungen*, die das Kind dabei erlebt. Ein Kind, das *Liebe*, *Vertrauen* und *Zuverlässigkeit* spürt, wächst mit einem Gefühl der *Sicherheit* auf.

Es erlebt, da ist jemand, der liebt mich so, wie ich bin (Zugewandtheit), der ist da, wenn ich ihn brauche (Zuverlässigkeit) und der versteht mich in meinen Gefühlen und Absichten (Einfühlsamkeit).

Ein Kind, das eine *sichere Bindung* zu einem Bindungspartner aufgebaut hat, findet inneren Halt, um sich dann von dieser Bindungsperson zu lösen und lebensfroh und aktiv die Welt zu entdecken. Durch die erlebte *Zugewandtheit* ist dann das Persönlichkeitsmerkmal der *Verantwortungsbereitschaft* entstanden. Aus der erfahrenen *Zuverlässigkeit* bildete sich das Merkmal *Selbständigkeit* und *Eigeninitiative*. Und durch die erlebte *Einfühlsamkeit* gelingt nun die *Selbstöffnung* und *Weltöffnung*.

Gleichzeitig *orientiert* sich ein Kind an seinem Bindungspartner. Somit braucht das Kind Erwachsene (Eltern, Fachkräfte), die lebenslange Bildung vorleben. Hierbei ist es von Bedeutung, dass sich der Erwachsene als Person einbringt, die sich dem Kind gegenüber mit ihren Stärken und Schwächen zeigt, eigene Fehler benennt, sich mit ihren Gefühlen mitteilt und dabei dem Kind zeigt, wie man größtenteils seine Gefühle aktiv steuern kann. Kinder brauchen Erwachsene, die sich von Kindern emotional berühren lassen. Die sich liebevoll und ernsthaft dafür interessieren, was Kinder bewegt, was sie denken und fühlen.

■ Vom Staunen und Philosophieren

Kannst du einen Stern berühren, fragte man es.
– Ja, sagte das Kind, neigte sich und berührte die Erde.

Hugo von Hofmannsthal

Kinder erforschen und entdecken sich und die Welt. Dabei geraten sie immer wieder aufs Neue ins Staunen. Mit dem Staunen beginnt das Philosophieren.

Sei es bei dem Spielen, Spazierengehen oder bei dem Geschichten hören, Kinder nehmen überall viele Eindrücke wahr, über die sie nachdenken und bei denen sie auf der Suche nach Antworten sind. Dabei stellen sie Fragen, mit denen sie Erwachsene überraschen: „Wie groß ist der Himmel? Warum ist der Schmetterling so leise? Wo ist der Schnee im Sommer? Wo komme ich her?“

Durch das Philosophieren erlangen Kinder Selbst- und Bewusstwerdung. Sie erkennen sich mit ihren Gefühlen und entdecken ihre Möglichkeiten und Grenzen. Auf diesem erkenntnisorientierten Lebensweg brauchen Kinder Erwachsene, die einen gleichwertigen, partnerschaftlichen Dialog ermöglichen. D. h. sie lassen sich auf eine Phantasiereise mit dem Kind ein, sich suchen mit dem Kind nach Antworten und verzichten auf Belehrungen und „vernünftige" Antworten. Sie können das Philosophieren des Kindes anregen, indem sie wertschätzend auf ihre Fragen reagieren. Hierbei ist die andere Denkweise des Kindes zu beachten. Krenz (2007) beschreibt dies mit folgenden Worten:

> Kinder besitzen ein so genanntes mythisches Denken – sie denken in Bildern, entwickeln eigene Vorstellungsbilder, beseelen die belebte und unbelebte Natur und haben ihre subjektive Logik. Und das ist gut so, weil sie damit auf das Engste mit sich selbst verbunden sind.
>
> *Armin Krenz*

Das Staunen und Philosophieren ist nichts, was den Kindern beigebracht wird, es ist eine Gabe, die das Wachstum der Kinder begleitet. Kinder besitzen die Fähigkeit tief zu schauen und nutzen dabei viele Möglichkeiten etwas wahrzunehmen. *(Vgl. Lewis 1999)*

Wer die Fragen des Kindes belächelt oder ignoriert, braucht sich nicht zu wundern, wenn das Kind dann den Dialog mit ihm nicht weiter sucht. Damit hindert er das Kind unter anderem daran, eigenständig Gedankengänge entwickeln zu lernen und sich sprachlich weiterzuentwickeln. Denn das Philosophieren regt dazu an, sich immer differenzierter ausdrücken zu wollen.

Erwachsene, die das Philosophieren mit Kindern pflegen und genießen, werden dabei selbst reichhaltig beschenkt. Jeder, der dies selbst schon spüren durfte, weiß um den ganz besonderen Wert dieses Elements der Sprachkultur.

Zeitreise

> Nimm ein Kind an die Hand und lass dich von ihm führen.
> Betrachte die Steine, die es aufhebt und höre zu, was es dir erzählt.
> Zur Belohnung zeigt es dir eine Welt, die du längst vergessen hast.
>
> *Unbekannter Verfasser*

Märchen – ein Medium zur Bildung

Die Volksmärchen, wie die gesammelten Kinder- und Hausmärchen der Brüder Grimm, sind als ein wertvoller Teil der Bildungsarbeit anzusehen. Sie sprechen eine Sprache, die die Kinder sehr berührt. Hier gibt es z. B. sprechende Tiere und Dinge, die lebendig werden. Die Geschichten vermitteln eine klare Struktur von Gut und Böse, von Groß und Klein, von Richtig und Falsch. Dadurch geben Märchen Kindern *Sicherheit*. Gleichzeitig ist dieser Moment des Miteinanders beim Märchenerzählen ein ganz besonderer. Hier kann ein Kind *Bindungsnähe* spüren, wenn der Erzähler Augenkontakt zum Kind aufnimmt und mit einer ruhigen, entspannten, leisen Stimme spricht.

Märchen sind in einer wunderbaren Sprache verfasst. Die Kinder hören dabei von Begriffen, wie sie sie aus ihrem Alltag nicht kennen (Wortschatzbildung). Und die bildhaften, blumigen Beschreibungen laden den Zuhörer dazu ein, eigene innere Vorstellungen zu entwickeln.

Märchen sind Alltagsgeschichten mit eng zusammengefassten Weisheiten und Wahrheiten. Der umfangreiche Märchenschatz der Brüder Grimm bietet Erzählungen zu den unterschiedlichsten Lebenssituationen an. Es gibt die Symbiose-Märchen für die ca. 3 ½ bis 4 jährigen Kinder, die Trennungs-Märchen für die 4 ½ bis 7 Jahre alten Kinder und die Individuations-Märchen für die ca. 7 Jahre alten Kinder.

Kinder können beim Hören eines Märchens eine Verbindung von einem Märchen zu ihrer eigenen Lebenssituation erkennen. Märchen dienen Kindern (und Erwachsenen) als *Orientierungshilfe und Wertevermittler* (Selbstfindung).

Raeder (12/2006, S. 26) formuliert es so: „In ihrer Symbolik weisen sie (die Märchen) auf Problematiken hin und zeigen ohne erhobenen Zeigefinger, worauf es ankommt:

- Gehe sorgsam mit Lebewesen um!
- Lasse dich nicht von Oberflächlichkeiten blenden!
- Behalte deine Aufgabe und dein Ziel immer vor Augen!
- Habe Geduld, und wenn die Zeit gekommen ist, handle!
- Widme dich deiner Aufgabe, auch wenn sie mühsam ist!
- Habe Vertrauen. Auch wenn mitunter etwas aussichtslos erscheint, kommt Hilfe, vielleicht gerade von dort, von wo du es am wenigsten erwartest!
- Misserfolge und Rückschläge gehören zum Leben dazu!
- Habe Mut, gehe ohne Furcht weiter!"

Neben dem inneren Dialog eignen sich Märchen dazu, in einen Dialog mit dem Märchenerzähler und möglicherweise noch weiteren faszinierten Zuhörern zu führen. Man kann sich einander von seinen Gefühlen erzählen und miteinander staunen und philosophieren (Selbstauseinandersetzung, Auf- und Ausbau einer Sprach- und Sprechkultur). Ebenso lassen sich phantastische Spiele und Lieder aus den Volksmärchen entwickeln. Nicht selten ist zu beobachten, dass Kinder mit Hingabe ihr Lieblingsmärchen immer und immer wieder nachspielen. Und dabei werden sie aus *eigenem inneren Antrieb* heraus kreativ, indem sie z.B. Kulissen bauen und Kostüme gestalten. Das sind wahre Lernerlebnisse!

Wir meinen, das Märchen und das Spiel
gehören zur Kindheit: Wir Kurzsichtigen!
Als ob wir in irgendeinem Lebensalter
ohne Märchen und Spiel leben möchten.

Friedrich Wilhelm Nietzsche

Entwicklungshindernisse – Oder: Wodurch verlieren Kinder ihre Neugierde und Lernfreude?

In Verbindung mit dieser Frage bin ich auf einen Text von Prof. Dr. G. Hüther (2006, S. 28f) aufmerksam geworden, in dem er sechs Gründe nennt, die Kinder daran hindern, sich zu entwickeln: „Die Herausbildung komplexer Verschaltungen im kindlichen Gehirn kann nicht gelingen, wenn …

1. Kinder in einer Welt aufwachsen, in der die Aneignung von Wissen und Bildung keinen Wert besitzt (Spaßgesellschaft);
2. Kinder keine Gelegenheit bekommen, sich aktiv an der Gestaltung der Welt zu beteiligen (passiver Medienkonsum);
3. Kinder keine Freiräume mehr finden, um ihre eigene Kreativität spielerisch zu entdecken (Funktionalisierung);
4. Kinder mit Reizen überflutet, verunsichert und verängstigt werden (Überforderung);
5. Kinder daran gehindert werden, eigene Erfahrungen bei der Bewältigung von Schwierigkeiten und Problemen zu machen (Verwöhnung);
6. Kinder keine Anregungen erfahren und mit ihren spezifischen Bedürfnissen und Wünschen nicht wahrgenommen werden (Vernachlässigung)."

Wer führen will, darf denen,
die er führen möchte, nicht im Wege stehen.

Lao-tse

Konsequenzen für die elementarpädagogische Fachkraft

Bildungsentwicklung beginnt immer mit Selbstentwicklung. D. h., die Ziele, die eine Fachkraft für Kinder formuliert, hat sie zunächst an sich selbst zu stellen.

Erfülltsein entsteht wenn ich das, was ich mir wünsche,
in das Leben anderer bringe nach dem Motto: Sei die Quelle!

Neale Donald Walsch

Die Fachkraft als Person ist der Ausgangswert für Bildungsprozesse

Armin Krenz (2009, S. 50 ff) beschreibt sehr deutlich, worum es geht: „Entwicklungsarbeit in allen pädagogischen Einrichtungen beginnt dort, wo Fachkräfte selbst Freude und ein hohes Interesse daran haben, …

- immer wieder neues Wissen zu erwerben,
- vertiefende Kenntnisse zu gewinnen,
- Lernherausforderungen zu suchen und Handlungskompetenzen zu erweitern,
- Konfliktkompetenzen zu erwerben, um vorurteilsfrei, offen und neugierig schwierige Situationen zu meistern,
- an der eigenen Lern- und Lebensgeschichte zu arbeiten,
- bisher verborgene Talente zu entdecken und neu zu nutzen,
- weltoffen auf alles Unbekannte zuzugehen,
- sich immer wieder selbst zu motivieren, mit Engagement und Risikofähigkeit
- die Welt humaner mitzugestalten."

Selbsterfahrung bedeutet, sich selbst immer besser kennenzulernen und sich weiterzuentwickeln. Lernen hört nie auf. Selbsterfahrung bedeutet, sich als Bewirker zu erleben und dadurch ein Selbstwertgefühl auf- und auszubauen. Lernen heißt, alte Erfahrungen neu zu durchdenken und Konsequenzen daraus zu ziehen.

Das große Ziel der Bildung ist nicht Wissen, sondern Handeln.

Herbert Spencer

Eine elementarpädagogische Fachkraft bringt sich als eine lernende Person ein.

Sie sucht die Auseinandersetzung mit sich und anderen. Sie ist Impulsgeberin und verfügt über eine ausgeprägte Reflexionsfähigkeit. Wenn etwas nicht gelingt, stellt sie sich Fragen wie z. B. „Was kann ich tun, damit Eltern den Wert des Spielens erkennen? Was kann ich tun, damit das Kind sich in der Kindertagesstätte wohler fühlt?"

Damit Kinder sich in einer Kindertagesstätte entwickeln können, sorgt die Erzieherin dafür, dass die entsprechenden Voraussetzungen vorhanden sind.

- Die Grundbedürfnisse der Kinder werden geachtet und erfüllt.
- Kinder erleben Wertschätzung und Respekt unabhängig von ihrer Leistung.
- Kinder haben ein aktives Mitspracherecht bei der Planung des Tages.
- Kinder erfahren sinnvolle Regeln und Strukturen.
- Kinder erleben die Erzieherin als einen aktiven Spielpartner.
- Kinder sind nicht zu perfektionieren.
- Kinder erleben die Atmosphäre als fehlerfreundlich.
- Kinder lernen durch Alltagserfahrungen in realen Handlungsräumen und nicht in künstlichen Welten.
- Kinder erleben die Erzieherin als eine Person, die mit ihnen fühlt und sich selbst mit ihren Gefühlen mitteilt.
- Kinder dürfen Erfahrungen mit allen Sinnen machen.
- Kinder haben ein Recht auf ungeteilte Zeiten, um Dinge zu Ende führen zu können.
- Kinder bekommen attraktives Spielmaterial zur Verfügung gestellt.

Ich möchte es lernen:
Ich möchte es lernen, dir Halt zu geben,
dich aber nicht zwingen,
dir Stütze sein, dich aber nicht hemmen;
dir Hilfe sein, dich aber nicht abhängig machen;
dir nahe sein, dich aber nicht einengen;
dir Raum geben, dich aber nicht ängstigen;
dir Geborgenheit geben, dich aber nicht festhalten.
Ich möchte lernen, für dich da zu sein.
Nur so kannst du wachsen, wirklich wachsen.
Wie ich auch.

M. Feigenwinter

Literatur

Deutsche UNESCO-Komission (Hrsg.): Lernfähigkeit – unser verborgener Reichtum. UNESCO-Bericht zur Bildung für das 21. Jahrhundert. Delors-Bericht. Berlin 1997

Gebauer, K.: Klug wird niemand von allein. Kinder fördern durch Liebe. Düsseldorf 2007

Große-Lindemann, I.: Das Lernhaus-Konzept: genial einfach lernen im Alltag. Kirchzarten 2008

Hüther, G.: Lernen durch Erfahrung. Neurobiologische Erkenntnisse als Rückenstärkung für Wegbereiter einer neuen Schulkultur. In: Lernende Schule, Ausgabe 46+47/2009

Hüther, G.: Wie Kinder lernen. In: Matzen, J. (Hrsg.): Die Konstruktion der Welt – wie Kinder ihre Wirklichkeit entdecken: Bausteine für einen zukunftsfähigen Kindergarten. Hohengehren, 2006

Krenz, A.: Spiele(n) mit geistig behinderten Kindern und Jugendlichen. Wehrheim, 5. erw. Aufl. 1995

Krenz, A.: Ist mein Kind schulfähig? Ein Orientierungsbuch. München 2003

Krenz, A.: Bildungsarbeit in der Elementarpädagogik. in: Krenz, Armin (Hrsg.): Handbuch für ErzieherInnen in Krippe, Kindergarten und Hort. München 2006

Krenz, A. (Hrsg.): Psychologie für Erzieherinnen und Erzieher, Berlin 2007

Krenz, A.: Werteentwicklung in der frühkindlichen Bildung und Erziehung. Berlin 2007

Krenz, A.: Zweifeln, Staunen, Fragen stellen. In: Kinderzeit 03/2007

Krenz, A.: Der „Situationsorientierte Ansatz" in der Kita. Troisdorf 2008

Krenz, A.: Kinder brauchen Seelenproviant. Was wir ihnen für ein glückliches Leben mitgeben können. München 2008

Krenz, A.: Die Persönlichkeit der Erzieherin. In: klein & groß 06/2009

Lee, J.: Abenteuer für eine echte Kindheit. München 2005

Lewis, R.: Leben heißt Staunen. Von der imaginativen Kraft der Kindheit. Weinheim und Basel 1999

Lill, G. (Hrsg.): Bildungswerkstatt KiTa. Bildungsmöglichkeiten im Alltag entdecken. Weinheim und Basel 2004

Matzen, J. (Hrsg.): Die Konstruktion der Welt – wie Kinder ihre Wirklichkeit entdecken: Bausteine für einen zukunftsfähigen Kindergarten. Hohengehren, 2006

Ministerium für Schule, Jungend und Kinder des Landes Nordrhein-Westfalen: Bildungsvereinbarung NRW. Düsseldorf 2003

Oerter, R.: Psychologie des Spiels. Weinheim und Basel 1999

Pohl, G.: Kindheit – aufs Spiel gesetzt. Berlin, 2006

Raeder, C.: Märchen als Medium zur Bildung. In: klein & groß 12/2006

Rödiger, A.: Es war einmal in einem fernen Land. In: klein&groß 10/2007

Schäfer, G. E.: Bildung beginnt mit der Geburt. Ein offener Bildungsplan für Kindertagesstätten in Nordrhein-Westfalen. Weinheim und Basel 2005

B QUALITÄT UND PROFESSIONALITÄT: ECKWERTE HEUTIGER ELEMENTARPÄDAGOGIK

Armin Krenz

Qualität von Anfang an – Grundsatzmerkmale einer Professionalität

Ein Blick in die Vergangenheit – selbst bis in die Gegenwart hinein – macht deutlich, dass in vielen Kindertagesstätten Deutschlands der anspruchsvolle Begriff „Qualität" häufig nicht mehr bedeutet(e) als ein Zierbegriff für einen hohen Anspruch und gleichzeitig einer inflationär genutzten Bedeutung.

Seit vielen Jahren arbeiten Wissenschaftler, Forschungseinrichtungen, Trägerverbände, politische Gremien und Berufsvertreter an ganz unterschiedlichen Qualitätsmanagementverfahren für die Elementarpädagogik. Spezifische Evaluationsprogramme helfen, die Organisationsstruktur der Einrichtung und die Einstellung der Beschäftigten zu ihren Aufgaben sowie die Arbeitsqualität zu verbessern.

Seit vielen Jahrzehnten herrschte in der institutionalisierten Erziehung von Kindern bis zum sechsten Lebensjahr (der Elementarpädagogik) eine rein sozial-pädagogische Denkweise vor. Demnach war die pädagogische Qualität der Arbeit etwas vollkommen Individuelles; die pädagogischen Fachkräfte (Erzieherinnen) konnten ihre subjektiv geprägten Arbeitsvorstellungen zum Ausgangspunkt ihrer Tätigkeit erklären. Die Fachkräfte waren (und sind teilweise auch heute noch) davon überzeugt, dass sie aufgrund ihrer emotional-sozialen Arbeitsmotivation sowie ihrer erfolgreichen Berufsausbildung und ihrer Fortbildungen in der Lage waren bzw. sind, das jeweils Richtige für ihre Tätigkeit einzubringen und dementsprechend das Beste zu leisten. Aus diesem Arbeitsverständnis heraus erwuchsen nicht selten Selbstüberschätzung und Allmachtsphantasien, aber auch eine subjektive Positionsverteidigung gegenüber geäußerter Kritik. Gleichzeitig wurden subjektiv erlebte persönliche Stärken in den Mittelpunkt der pädagogischen Arbeit gesetzt, um in der Folge beispielsweise einen persönlich bevorzugten pädagogischen Ansatz für die Einrichtung festzulegen. Dies geschah oft fernab von soziokulturellen, infrastrukturellen oder gesellschaftlichen Gegebenheiten, die eine andere Grundlagenorientierung zwingend notwendig gemacht hätten.

Das Außerordentliche
geschieht nicht auf glattem, gewöhnlichem Wege.

Johann Wolfgang von Goethe

Qualität in den Mittelpunkt

Seit Mitte der 1990er Jahre haben unterschiedliche Wissenschaftler und wissenschaftlich orientierte Praktiker, die im Arbeitsfeld der Elementarpädagogik Forschung betreiben, deutlich machen können, dass die unterschiedlichen Arbeitsfelder innerhalb der Elementarpädagogik deutliche Qualitätsdefizite aufwiesen: vor allem in der Zusammenarbeit mit den Eltern, der grundlegenden elementarpädagogischen Didaktik und der Methodenkompetenz der Erzieherinnen (Bild 1). Kaum ein Arbeitsbereich erwies sich dabei von Qualitätsdefiziten verschont. Zum ersten Mal in der Geschichte des Kindertagesstättenwesens wurde deutlich, dass eine qualitätsgeprägte Neu- bzw. Umorientierung erforderlich war und als dringlich eingestuft werden musste.

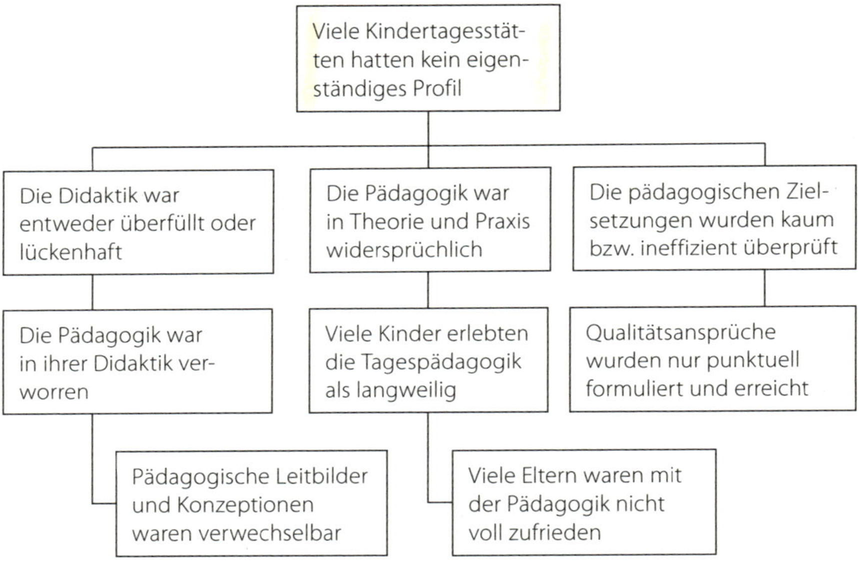

Die häufigsten „Qualitätssünden" der Kindertagesstätten

Sowohl die Bundes- und Länderpolitik als auch die unterschiedlichen Träger von Kindertagesstätten, Fachberaterinnen und Berufsverbände von Erzieherinnen öffneten sich aufgrund der offenkundigen Qualitätsmängel sehr schnell für die Forderung nach einer Qualitätsoffensive. Diese Hinwendung zur Qualität hatte vor allem zwei Ursachen. Zum einen belegte eine empirische Studie, die von der Bundesregierung in Auftrag gegeben worden und die erste ihrer Art war, dass die pädagogische Qualität in mehr als zwei Dritteln der deutschen Kindergärten nur mittelmäßig oder gar schlecht war. Zum anderen schienen die Studien PISA 2000, 2003 und 2005 gravierende Qualitätsmängel in der Frühpädagogik aufzudecken. Und so waren sich politische Mandatsträger, Wissenschaftler mit dem Arbeitsschwerpunkt Elementarpädagogik, Einrichtungsträger, Berufsvertreter und engagierte Erzieherinnen darin einig, die Kindertagesstätten mit (mehr oder weniger) geeigneten Evaluationsverfahren zur zielorientierten Qualitätsverbesserung zu verpflichten und in den Qualitätsentwicklungsprozessen zu begleiten. Mehrere Bildungs- bzw. Kultusministerien einzelner Bundesländer waren sich darin einig, dass Qualitätsmanagement und Qualitätskontrolle für die Arbeit in Kindertagesstätten keine fremden Worte mehr sein werden. Einerseits gab und gibt es elementarpädagogische Fachkräfte, die diese neue Aufforderung und Verpflichtung als eine willkommene Möglichkeit ansahen, endlich ihren Beruf und ihre Tätigkeit anhand beschriebener Qualitätsmerkmale auch öffentlich zu dokumentieren. Andererseits gab und gibt es solche, die es als eine persönliche und fachliche Beleidigung erleben, „Beweise für ihre qualitätsgeprägte Tätigkeit liefern zu müssen". Doch eines ist unbestritten: endlose Supervisionssitzungen, ineffiziente Teambesprechungen, fehlende Qualitätsstandards und ebenso fehlende Dokumentationssysteme trugen zu einer individuellen Qualitätsbeurteilung subjektiver Prägung bei, die objektiven Maßstäben nur selten standhalten konnte.

Seit Mitte der 90er Jahre sind in Deutschland sehr unterschiedliche Evaluationsverfahren für Kindertagesstätten entwickelt worden:

- Das Kieler Instrumentarium für Elementarpädagogik und Leistungsqualität, (K. I. E. L.)
- Total Quality Management in Kindertagesstätten (TQM),
- Kindergarten-Einschätz-Skala-R (KES-R),
- Kronberger Kreis für Qualitätsentwicklung,
- Qualitätsmanagement für Kindertagesstätten nach DIN EN ISO 9000 ff.,
- Qualitätsentwicklung für Kindertagesstätten, (QfürK)
- Integrierte Qualitäts- und Personalentwicklung (IQUE),
- Qualitäts-Check KiTa plus der Paritätischen Gesellschaft für Qualität (PQ)
- QM-elementar, Qualitätsmanagement in Kindertageseinrichtungen,
- Qualitäts-Check KiTa PQ sys plus
- QMS-pragma – Qualitätsentwicklung in KiTas

Darüber hinaus haben einige große Träger von Kindertagesstätten eigene trägerspezifische Verfahren zusammengestellt, die entsprechend ihren Vorstellungen die besonderen Merkmale des Trägerprofils berücksichtigen.

Zähes Ringen um Qualität

Nicht nur in der Vergangenheit, sondern auch heutzutage sind in Deutschland unzählige Kindergärten damit beschäftigt, ihr fachliches Profil zu schärfen. Meist beginnen sie damit, die unterschiedlichen Qualitätssicherungsverfahren kennenzulernen und deren spezifische Vor- und Nachteile gegeneinander abzuwägen, um sich dann für ein bestimmtes Verfahren zu entscheiden und in Absprache mit dem Träger in der Praxis zu installieren.

Dabei steht zunächst der interne Organisationsentwicklungsprozess mit seinen drei Hauptteilen im Vordergrund: Beschreibung der Vision und Ethik der Organisation (das normative Konzept); Beschreibung der Tätigkeitsbereiche, Ziele und der Art und Weise, wie diese erreicht werden sollen (das strategische Konzept) und die konkrete Umsetzung (das operationale Konzept).

Anhand des selbst gewählten Leitziels „Identitätsführung nach innen, Erkennbarkeit nach außen", bei dem es um verbindliche Grundsätze, die zielgerichtete Festschreibung von Zielen und deren effiziente Umsetzung und langfristige Verwirklichung geht, zeigen sich aus den unterschiedlichen Qualitätssicherungsverfahren und deren Qualitätsbereichen konkrete Ansatzpunkte, die für eine Innen- und Außenqualität verantwortlich sind.

Lernen ist wie das Rudern
gegen den Strom.
Sobald man aufhört,
treibt man zurück.

Unbekannter Verfasser

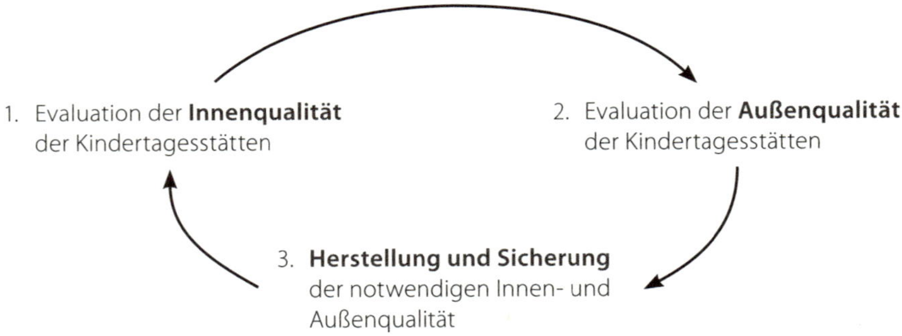

Struktur und Aufbau der Qualitätssicherung in Kindertagesstätten

Schon hier zeigen sich in den unterschiedlichen Qualitätsverfahren auch sogleich unterschiedliche Vorgehensweisen.

So gibt es Qualitätsverfahren, die zunächst mit der Erhebung und Verbesserung der Innenqualität beginnen. So stehen beispielsweise das berufliche Selbstverständnis der Erzieherinnen ebenso im Mittelpunkt wie die Überprüfung der Grundlagenqualität, der Teamqualität oder der Leitungsqualität. Andere Verfahren beginnen mit einer Überprüfung der pädagogischen Qualität, ohne die Personqualitäten der Fachkräfte zum Ausgangspunkt zu erklären. Und wiederum andere Verfahren überlassen es den Mitarbeiterinnen, subjektiv auswählen und bestimmen zu können, mit welchem Qualitätsbereich die Evaluation begonnen werden soll.

Die erarbeiteten Ausgangsdaten dienen einer exakten Grundsatzbestimmung von Qualität und ermöglichen eine operationalisierte Beschreibung von Qualitätsitems. Letztere beziehen sich beispielsweise im K. I. E. L. im Sinne eines *ganzheitlichen Evaluationskonzeptes* auf folgende Qualitätsbereiche:

Die basalen Bereiche der Qualitätsbestimmung in Kindertagesstätten nach dem K. I. E. L.

1. professionelle Grundlagenorientierung einer Einrichtung
2. professionell gestaltete Kindorientierung im Erziehungs-, Bildungs- und Betreuungsprozess
3. professionelles Selbstverständnis als elementarpädagogische Fachkraft
4. professionelle Arbeit mit Kindern (Didaktik & Methodik)
5. professionelle Wahrnehmung der Leitungsfunktion
6. professionell gestaltete kollegiale Zusammenarbeit
7. entwicklungsfördernde Raumgestaltung im Innen- und Außenbereich

8. professionelle Öffentlichkeitsarbeit
9. professionelle Fort- und Weiterbildung
10. professionelle Zusammenarbeit mit den Eltern
11. professionelle Zusammenarbeit mit dem Träger
12. professionelle Zusammenarbeit mit anderen Institutionen
13. professionelle Anleitung und Beratung von Praktikanteninnen
14. die Qualität einer verantwortungsvollen Trägerschaft
15. und die Qualität einer verantwortungsvollen Stadt-, Gemeinde- und Landespolitik.

Dabei geht es primär darum, festzustellen, wo, wie, womit, durch wen oder was und bis wann entsprechende Qualitätsdefizite zu Qualitätsstärken verändert werden müssen. Viele Kollegien der Kindertageseinrichtungen erleben diese Arbeit immer wieder als eine außergewöhnlich große Herausforderung. Für alle entsteht viel zusätzliche Arbeit neben der alltäglichen Praxis, geht es doch nicht selten um das Ringen um neue, tragfähige pädagogische Eckpfeiler, die die gesamte bisherige Konzeption neu gestalten. Rechnet man im Durchschnitt diese Arbeitszeit auf die Personenzeitstunden um, so kommen in der Regel über 1500 Stunden zusammen. Sie werden genutzt, um alle Qualitätsitems zu besprechen und in die Praxis zu übertragen. Über diese gemeinsame, intensive Arbeitszeit des Austausches und des konstruktiv-kritischen Dialogs entstehen letztlich Qualitätshandbücher, die mit Fug und Recht als Grundlagen bildende Prozesswerke bezeichnet werden dürfen. Kein Satz darin, der nicht von der kritischen Runde inhaltlich bestimmt, formuliert und vielfach mehrmals wieder verworfen wird. Keine Festlegung, die nicht überdacht und auf die Lebensnähe im Alltag der Einrichtung überprüft wird. Und vor allem keine Idee, Anregung oder Vereinbarung, die nicht ohne Berücksichtigung der anvertrauten Kinder und deren Wohl und Zukunft entsteht. Es ist ein Konzept für die Kinder, Eltern und Erzieherinnen, die sich hier begegnen und einen großen Teil des Alltäglichen miteinander leben wollen.

Für alle Beteiligten ist der Aufwand allerdings der Mühe wert. Neben der inhaltlichen Basis eines Leitbilds, das gleichzeitig Rückgrat und Stütze einer Einrichtung sein soll, entsteht ein neues Verständnis für die Einschätzungen im Kollegium, sodass sich Vertrauen in die Stärken des Anderen und eine gemeinsame Identität entwickeln. Dies ist die wichtigste Basis für einen gelingenden Alltag. Die Mitarbeiterinnen der Kindertagesstätten bemerken selbst, dass sich mit der Qualitätsevaluation und der Erstellung eines Qualitätshandbuches ein neuer, umfassender Standard für die Einrichtung entwickelt, der gemeinsam definiert und anhand ungezählter Beispiele mit Leben gefüllt wird. Strukturen werden völlig neu geordnet und eigene pädagogische Ziele und Inhalte exakt aufeinander abgestimmt.

Dabei wenden sich die Mitarbeiterinnen von Kindertagesstätten in der Regel vier Schwerpunktbereichen zu:

- einer sorgsamen Institutions- und Umfeldanalyse,
- der Klärung der professionellen Grundlagen unter besonderer Berücksichtigung des Kinder- und Jugendhilfegesetzes, der UN-Charta Rechte des Kindes, des Kindergartengesetzes und der Bildungsrichtlinien aus dem entsprechenden Bundesland mit all seinen bedeutsamen Ausführungen, aktueller Ergebnisse aus der elementarpädagogischen Forschung im Hinblick auf die Auswirkungen einer Neuorientierung und -gestaltung der Arbeit, der Analyse aktueller Daten heutiger Kindheiten und ihre Bedeutung für die praktische Didaktik, des professionellen Selbstverständnisses als Erzieherin und bedeutsamer humaner Qualitäten, die für eine wirksame Pädagogik unerlässlich sind,
- den acht Eckwerten der täglichen Arbeit und deren Umsetzung: altersgemischte und/oder offene Gruppen, Kinderkonferenzen, entwicklungsförderliche Projekte, Werteerziehung in einer pluralistischen Gesellschaft, gesunde körperliche, seelische und soziale Entwicklung; Sprach- und Kulturförderung, Raumgestaltung als dritter Erzieher sowie die qualitätsgeprägte Zusammenarbeit mit Eltern,
- den Rahmenbedingungen: Arbeit im Team, Ansprüche für eine qualitätsgeprägte, kontinuierliche Fort- und Weiterbildung, qualitätsgeprägte Anleitung und Beratung von Praktikantinnen, effektive Zusammenarbeit mit dem Träger und effiziente Zusammenarbeit mit den Institutionen, die mit dem Kindergarten in Kooperation stehen.

Das professionelle Fachwissen während der Qualitätsevaluation und -sicherung wird dabei ständig erweitert, die kollegiale Zusammenarbeit verbessert sich häufig in einer kaum erwarteten Dimension. Auch können sich neue Kolleginnen umfassend orientieren und schnell einarbeiten bzw. im Vorweg erkennen, welche Erwartungen und unveränderlichen Ansprüche in dieser Einrichtung bestehen.

Nach außen bietet die Kindertagesstätte mit dem Qualitätshandbuch eine hohe Transparenz über die geleistete und zu leistende Arbeit. Den „Kunden", d. h. Kindern und Eltern garantieren die Mitarbeiterinnen spezifische, erlebbare Qualitätsstandards und damit eine große Verlässlichkeit. Das Qualitätshandbuch wird ständig überprüft und dort, wo es nötig erscheint, fortgeschrieben. Dabei wird es mit einem Anhang, in dem Verfahrensanweisungen, Stellenbeschreibungen, Aufnahmebögen, Einstellungsverfahren und Beobachtungsbögen standardisiert werden, ergänzt.

Das „Kieler Instrumentarium für Elementarpädagogik und Leistungsqualität" (K. I. E. L.)

Das Kieler Instrumentarium für Elementarpädagogik und Leistungsqualität (K. I. E. L.) entstand aus der offenkundigen und dringlichen Notwendigkeit, die verantwortungsvolle Arbeit von Kindertageseinrichtungen weiter zu qualifizieren. Dabei legt das K. I. E. L. höchsten Wert auf eine Basisorientierung – gemeint ist dabei vor allem die Ausrichtung auf entwicklungspsychologische Erkenntnisse im Hinblick auf eine entwicklungsförderliche Unterstützung der Selbstbildungskräfte von Kindern, Ergebnisse aus der Bildungsforschung im Sinne einer „nachhaltigen Bildungsarbeit mit (und nicht an) Kindern", eine Alltagsorientierung und eine bindungsgeprägte Pädagogik.

Ausgangspunkt ist ein humanistischer Ansatz sowie ein Selbstverständnis von Qualität, dass zunächst eine Innenqualität (Person-, Grundlagen- und Teamqualität), dann eine Außenqualität und schließlich eine Qualitätssicherung herzustellen ist.

Dieses Verfahren versteht sich dabei als eine klare Alternative zu den gebräuchlichen Evaluationsverfahren und grenzt sich deutlich von anderen Zielsetzungen und anderen Schwerpunkten ab. Das K. I. E. *L.* kann überall dort eingesetzt werden, wo humanistisch geprägte Ansätze die Grundlage der Arbeit bildet.

In erster Linie richtet es sich an Erzieherinnen in Kindertagesstätten, die daran interessiert sind, ihre Einrichtung einer Qualitätsüberprüfung zu unterziehen, um Qualitätsstärken zu erkennen und -schwächen aufzudecken, damit zielorientiert an einer Verbesserung von Qualität gearbeitet werden kann. Insoweit ist das Verfahren zunächst ein Selbstevaluationsprogramm – prozess- und *selbsterfahrungsorientiert* sowie zugleich ergebnisausgerichtet.

In zweiter Linie richtet sich das K. I. E. L. an Träger von Kindertagesstätten, die der pädagogisch und politisch geforderten Qualitätsoffensive aufgeschlossen gegenüberstehen und immer schon ein Verfahren gesucht haben, das umfassend und praktikabel in der Durchführung zu einer aussagekräftigen Qualitätsanalyse führt und dabei „Stärken stärkt und Schwächen schwächt".

Die Qualitätsanalyse zeigt anhand von belegten bzw. belegbaren Beispielen eine ausgezeichnete (++), eher gute (+), unzureichende (–) oder völlig unzureichende (– –) Qualität. Hier wird deutlich, dass das K. I. E. L. mit einer so genannten 4er-Skalierung arbeitet – entsprechend der üblichen Bewertungsstruktur im *Total Quality Management* (TQM).

Das K. I. E. L. ist in 15 thematisch miteinander vernetzte Themenbereiche gegliedert und besteht aus insgesamt 425 exakt beschriebenen Qualitätskriterien. Dabei bieten die Items präzisierte Anhaltspunkte, um auf der einen Seite Stärken zu erkennen und auf der anderen Seite Schwachstellen der Einrichtung zu orten und entsprechende Strategien zur Verbesserung der Qualität zu entwickeln.

Das K. I. E. L. ist ein sogenanntes „ganzheitliches Evaluationskonzept" und umfasst daher folgende Qualitätsbereiche: Seit seiner Veröffentlichung (2001) und seit der Nutzung von unterschiedlichen Seiten durch kommunale Träger, freie Träger, Jugendämter, Landeseinrichtungen hat es sich als ebenso brauchbar und gewinnbringend für den Qualitätszuwachs elementarpädagogischer Einrichtungen in Deutschland, Österreich, Italien, den Niederlanden, Dänemark und der Schweiz erwiesen wie in der Qualitätsdiskussion auf Hochschulebene und in (sozial-)politischen Diskussionen.

Arbeitsweise und Ablauf

Das Vorgehen zur Einführung und Nutzung des K. I. E. L. gestaltet sich in der Regel in folgenden Arbeitsschritten (Aufbaustruktur eines idealtypischen Ablaufs):

1. Das Kollegium der Kindertagesstätte setzt sich mit den unterschiedlichen Verfahren zur Qualitätserhebung inhaltlich sorgsam auseinander und stellt eine begründete Prioritätenliste auf.
2. Dann stellt das Kollegium dem Träger – inhaltlich genau begründet – diese Prioritätenliste vor und findet durch ergiebige, inhaltlich gehaltvolle Diskussionen eine Einigung bezüglich der Festlegung auf ein entsprechendes Qualitätsverfahren.
3. Im Falle der Entscheidung für das K. I. E. L. nimmt der Träger bzw. das Kollegium Kontakt zum Kieler Institut auf.
4. Es wird ein Treffen vereinbart, an dem ein Trägervertreter, das gesamte Kollegium und ein Institutsvertreter teilnehmen. Hier werden Ablauf und Arbeitsweise besprochen, alle offenen Fragen geklärt, sodass ein Vertrag vorbereitet werden kann.
5. Vertragsabschluss
6. Erstes Treffen mit dem Kollegium (1 Tag), um die Vorgehensweise exakt festzulegen, damit alle MitarbeiterInnen über den Ablauf und die Arbeitsweise ausreichend informiert sind. Dabei werden auch alle offenen Fragen angesprochen und geklärt. Am 2. Tag werden vom Auditor – während eines „normalen" Arbeitstages – Beobachtungen angestellt, protokolliert und Grundlagen bildend ausgewertet. Am 3. Tag werden mit allen Mitarbeiterinnen besondere Beobachtungsmerkmale angesprochen und klare Aufgabenstellungen zur Verbesserung der Praxis diskutiert.
7. Die Mitarbeiterinnen beginnen in Eigenarbeit (!) damit, die Items des K. I. E. L. zur Evaluation heranzuziehen, wobei für jedes Item jeweils drei Belegbeispiele gefunden werden, um diese dann einer Bewertung zuführen zu können.
8. Im Anschluss daran finden 1–2 Tagestreffen – als Einzeltag(e) oder bei zwei Tagen als Block – statt, um die Selbstevaluationsergebnisse dem Auditor vorzustellen.
9. Es werden „Soll-Vorhaben" formuliert, an denen die Mitarbeiterinnen gemeinsam mit dem Auditor spezifische Verbesserungen zur Qualitätserhöhung ansprechen und präzise formulieren.
10. Die Mitarbeiterinnen sorgen für eine Verbesserung der Qualität anhand der präzisierten Zielformulierungen. Dabei ist ein Qualitätshandbuch zu führen.
11. Es werden – je nach Bedarf und Notwendigkeit – mindestens 2, höchstens 3 Tage vereinbart, an denen es zu „Zwischenergebnis-Treffen" kommt. Daran hat die Leitungskraft und eine „Abordnung" des Kollegiums teilzunehmen. Eine Teilnahme des gesamten Kollegiums ist zwar wünschenswert, aber keine Bedingung.
    Wurden alle Qualitätsbereiche evaluiert und Soll-Vorgaben nach Auskunft des Kollegiums und der Leitungskraft erfolgreich erreicht, wird ein Abschlusstag in der Einrichtung angesetzt, bei dem anhand aller Aufzeichnungen stichprobenartig eine Überprüfung von Soll-Vorhaben stattfindet. Entspricht das Ergebnis

einer Bewertung in Höhe des Skalenwertes bis 1,99, ist die Voraussetzung zur Verleihung des Qualitätszertifikates durch das Kieler Institut gegeben. Entspricht das Ergebnis einer Bewertung in Höhe des Skalenwertes ab 2.0, werden sofort Planungsschritte entwickelt und als neue „Soll-Werte" formuliert, damit restliche Qualitätsschwächen verändert werden können. Während der gesamten Zusammenarbeit haben Träger und Mitarbeiterinnen die Möglichkeit, telefonischen Kontakt zum Auditor oder einer stellvertretenden Kraft aufzunehmen.
Abschlusstag: Verleihung des Zertifikats, auf dem bescheinigt wird, dass die Einrichtung eine den Standards erforderliche Qualität, ausgerichtet auf die Qualitätsmerkmale des K. I. E. L., erfüllt.

12. Dieses Zertifikat hat eine Gültigkeit von exakt 3 Jahren – berechnet vom Zeitpunkt des Ausstellungsdatums an.
13. In dieser Zeit verpflichten sich Träger und Mitarbeiterinnen, für eine gleich bleibende und im K. I. E. L. exakt beschriebene Qualität der Einrichtung zu sorgen. Bei einem festzustellenden/festgestellten Qualitätsverlust innerhalb des Gültigkeitszeitraums erlischt der Wert des Zertifikats, sofern der Qualitätsmangel nicht innerhalb von zwei Monaten aufgehoben wurde.

Im Anschluss an die drei Jahre erfolgt keine Wiederholung der Gesamtevaluation. Vielmehr werden insgesamt 3 Tage angesetzt, um eine Zertifikatsverlängerung zu prüfen. (1 Tag Beobachtung, 2 Tage Besprechung aktueller Fragen bzw. Planung neuer Qualitätsaspekte.)

Diese Vorgehensweise stellt einen idealtypischen Verlauf dar. Einzelabweichungen sind bei Besonderheiten und besonderen Fragestellungen möglich.

Qualität im Dialog

Auch wenn Kindertagesstätten auf der einen Seite seit 1972 einen gesetzlich verankerten und eigenständigen Erziehungs-, Bildungs- und Betreuungsauftrag besitzen und darüber hinaus durch weitere Grundlagen(texte) verpflichtet sind, bestimmte Aspekte einer elementarpädagogischen Qualität zu beachten, so darf eine Qualitätsentwicklung auf der anderen Seite sicherlich nicht unter Ausschluss der Eltern passieren, zumal viele von ihnen einen hohen Anspruch auf eine gute pädagogische Qualität legen. Dabei wirken sich vor allem die folgenden Teilbereiche auf die unmittelbare pädagogische Qualität aus:

Qualitätsmanagement-Projekte kommen durch vielerlei Anstöße in Gang. Auf der einen Seite gibt es Träger von Kindertagesstätten und Landesverbände der freien Wohlfahrtspflege, die ein grundlegendes Interesse daran haben, dass ihre Einrichtungen ihre besondere Qualität unter Beweis stellen. Auf der anderen Seite fordern die unterschiedlichen Bildungsprogramme einzelner Bundesländer die Kindertagesstätten auf, Qualitätsmanagement-Prozesse in ihren Ein-

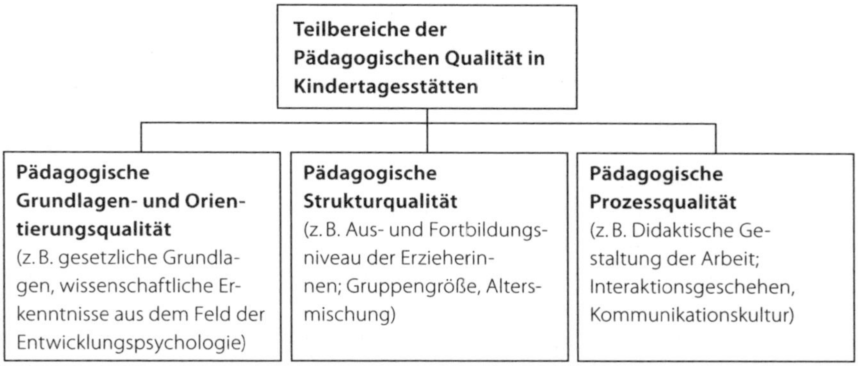

Differenzierungsfelder der Qualitätsschwerpunkte in Kindertagesstätten

richtungen zu installieren. Es gibt aber auch Träger und Einrichtungen selbst, die sich abwartend, desinteressiert oder ablehnend bezüglich einer Qualitätssicherung verhalten. In diesem Fall hat es sich in der Praxis als förderlich erwiesen, wenn Eltern selbst – auch in Zusammenarbeit mit den elementarpädagogischen Fachkräften – die Initiative ergreifen und die Einführung eines Qualitätsmanagements fordern.

Die Erfahrung in einigen Gemeinden und Städten hat gezeigt, dass Eltern in zunehmendem Maße ein Interesse an einer Qualitätsentwicklung ihrer Kindertagesstätten zeigen. Dabei kommt es immer wieder zu Impulsfragen an Erzieherinnen, durch die die einzelnen Einrichtungen auf dem Weg zum Qualitätsmanagement unterstützt werden können. Eine Checkliste für qualitätsinteressierte Eltern hat sich in der Praxis als ein hilfreiches Instrument erwiesen, um einen konstruktiven Einfluss auf die Qualitätsentwicklung der Einrichtung zu nehmen (siehe Fragebogen).

Fragebogen

Qualitätsinteressierte Eltern können die nachfolgenden Impulsfragen an Erzieherinnen zur Einführung oder Unterstützung des Qualitätsmanagements ihrer Kindertagesstätte einsetzen.

Fragen zur Konzeption:

- Nach welchem pädagogischen Konzept wird in der Einrichtung gearbeitet?
- Welche besonderen Merkmale zeichnen dieses pädagogische Konzept besonders aus?
- Warum wird dieses pädagogische Konzept favorisiert im Unterschied zu anderen Konzepten?

- Seit wann gibt es eine pädagogische Konzeption? Wann wurde sie das letzte Mal überarbeitet? Worin liegt das Besondere in dieser Konzeption?
- Welche beruflichen Werte der Erzieherinnen bestimmen ihre eigenen beruflichen Sichtweisen und wie zeigen sie sich in der Praxis?

Fragen zum Personal:
- Welche Visionen und Perspektiven bezüglich der Arbeit haben die Erzieherinnen zurzeit?
- Wie hoch sind Engagement, Arbeitsmotivation, Lebendigkeit und Freude im Umgang mit den Kindern ausgeprägt?
- Wird die Arbeit regelmäßig und strukturiert reflektiert? Auf welche Art und Weise?
- Welche Fort- und Weiterbildungsmaßnahmen haben die Mitarbeiterinnen in den letzten zwei Jahren besucht und welche praktischen Auswirkungen haben sie auf die Arbeitsgestaltung gehabt?

Fragen zur Praxis der Elementarpädagogik:
- Wie sieht der Tagesablauf aus und wie begründet sich diese Aufbaustruktur?
- Wie entstehen pädagogische Projekte? Wie werden sie aufgebaut, durchgeführt und ausgewertet?
- Welche pädagogischen Projekte wurden im letzten Jahr durchgeführt und welche pädagogischen Projekte sind für das kommende Jahr vorgesehen?
- Beziehen sich die Projekte auf reale Lebenssituationen der Kinder?
- Wie werden Selbständigkeit, Autonomie, Verantwortlichkeit und Initiative der Kinder praktisch angeregt und unterstützt?
- Geschieht die Arbeit aufgrund didaktischer Planung und methodischer Schrittfolgen? Welche Beispiele können hier genannt werden?
- Welche Regeln bzw. Normen bestimmen den Kindergartenalltag?

Fragen zur Zusammenarbeit mit den Eltern:
- Werden regelmäßige Beobachtungsbögen zur Entwicklung der Kinder eingesetzt und werden die Ergebnisse regelmäßig mit Eltern besprochen?
- Wie werden Widersprüche und kritische Äußerungen der Eltern von den Erzieherinnen aufgenommen?
- Können die Erzieherinnen ihre Handlungsschritte fachlich begründet darlegen?
- Stehen alle Erzieherinnen den Fragen, Anregungen und kritischen Äußerungen der Eltern offen und interessiert gegenüber?
- Erfahren die Eltern praktische Hilfestellungen bei Erziehungsfragen?
- Werden alle wichtigen und notwendigen Informationen für Eltern regelmäßig und umfassend weitergegeben?
- Schaffen es die Erzieherinnen, die Eltern für den Kindergarten, die (Mit-)Arbeit zu begeistern?

Fragen zur Qualitätssicherung:

- Beteiligen sich die Mitarbeiterinnen an der europaweiten Qualitätsoffensive?
- Welche Qualitätsinstrumentarien sind den Erzieherinnen bekannt?
- Welche Qualitätsinstrumentarien werden abgelehnt? Aus welchen Gründen?
- Für welches Qualitätsmanagement hat sich die Kindertagesstätte entschieden? Warum?
- Welche Qualitätsbereiche wurden bisher bearbeitet mit welchem Ergebnis?
- Welche Qualitätsbereiche stehen als Nächste zur Bearbeitung an?
- Gibt es ein Qualitätshandbuch?
- Was hat die Qualitätsevaluation bisher an praktischen Veränderungen mit sich gebracht? Welche Beispiele sind besonders bedeutsam?

Literatur

Boeßenecker, K.-.H. u.a. (Hrsg.): Qualitätskonzepte in der Sozialen Arbeit. Eine Orientierung für Ausbildung, Studium und Praxis. Weinheim/Basel/Berlin 2003

Dettweiler, U.: Vom Prozessmanagement zur Selbstevaluation. Einige (selbstverständliche) Maßnahmen der Qualitätssicherung. In: Unsere Jugend, Heft 1/2006, S. 28 ff.

Erath, P.: Von der Konzeption zum Qualitätshandbuch. Weiterentwicklung und Qualitätssicherung in der Kita. München 2001

Glöckner-Hertle, U./Wünsche, M.: Qualitätsmanagement in Kindertagesstätten. Maßstäbe setzen – Profil gewinnen. Offenbach 2000

Göthe, J. W.: http://infarbeundbunt.blogspot.com/2007/08/weiseworte.html

Heimlich, U./Behr, I.: Pädagogische Qualität in integrativen Kitas. Das Projekt QUINTE. In: klein&groß, Heft 02–03/2005, S. 47 ff.

Honig, M.-S. (im Gespräch mit klein&groß): Was macht einen Kindergarten zu einem guten Kindergarten? In: klein&groß, 02–03/2004, S. 24–30

Juran, J. M.: Handbuch der Qualitätsplanung. Landsberg 3. Aufl. 1999

König, J.: Ein Praxisleitfaden zur Selbstevaluation in der Jugendhilfe. In: Unsere Jugend, Heft 1/2006, S. 13 ff.

Krenz, A.: Qualitätssicherung in Kindertagesstätten. Kieler Instrumentarium für Elementarpädagogik und Leistungsqualität, K. I. E. L. München 2001

Kronberger Kreis für Qualitätsentwicklung in Kindertageseinrichtungen: Qualität im Dialog entwickeln. Wie Kindertageseinrichtungen besser werden. Seelze 1998

Kulbach, R.: Qualitätsmanagement in Kindertageseinrichtungen. In: KiTa – Kindertageseinrichtungen aktuell NW, Heft Nr. 4, April 2000, S. 76–79

Ott-Hackmann, H./Hagemann, J.: Die systemische Kita – Das Qualitätssiegel. In: Betrifft KINDER, Heft 01/02/2008, S. 56 f.

Peterander, F./Speck, O. (Hrsg.): Qualitätsmanagement in sozialen Einrichtungen. München 1999

Schlecht, D. et al.: Kita – Wie gut sind wir? Skalen zur Einschätzung der pädagogischen Qualität nach internationalen Standards unter Einbeziehung aller Bildungspläne in Deutschland. Berlin/Düsseldorf/Mannheim 2008

Ziesche, U. et al.: Qualitätswerkstatt Kita – Zusammenarbeit von Kita und Familie. Weinheim/Basel/Berlin 2003

Helga Hupperts

Die hohe Bedeutung der Qualität für eine humanistisch-professionell gestaltete Elementarpädagogik

Was ist Qualität?

Qualität kommt aus dem lateinischen („qualitas") und bedeutet Beschaffenheit, Merkmal, Eigenschaft, Zustand.

Bei der Frage nach der Definition von Qualität hilft die „Deutsche Gesellschaft für Qualität" weiter. Dort ist Folgendes zu lesen: „Die Gesamtheit von Eigenschaften und Merkmalen eines Produkts oder einer Tätigkeit, die sich auf deren Eignung zur Erfüllung gegebener Erfordernisse bezieht."

Obgleich die Bezeichnung „Qualität" an sich keine Bewertung beinhaltet, wird der Begriff im Alltag oft wertend gebraucht. So wird Qualität etwa als Gegenstück zu Quantität verstanden. „Quantität" bezeichnet lediglich die *Menge* von qualitativen Eigenschaften und drückt sich daher in Mengen- oder Messwerten aus. „*Quantität ist nicht gleich Qualität*". Die Redewendung bezieht sich darauf, dass in der Alltagssprache Qualität oft ein Synonym für Güte ist. Kauft ein Kunde ein Produkt oder eine Dienstleistung und erfüllen diese ihre Zwecke für den Kunden, so haben sie im allgemeinen Sprachgebrauch „Qualität". Dieses subjektive Qualitätsverständnis lässt sich nur schwer durch Marktforschung erfassen, da es sich individuell stark unterscheiden kann.

Qualität ist weder ein abstrakter noch ein rein theoretischer Begriff. Vielmehr lebt der Qualitätsanspruch aus der Forderung, dass Menschen, die eine Dienstleistung in Anspruch nehmen, einen Anspruch auf Qualität haben.

Die Elementarpädagogik ist immer in der Verpflichtung gewesen, eine qualitätsorientierte Arbeit zu leisten, geht es doch darum, den Kindern in den Einrichtungen bestmögliche Entwicklungsunterstützung zu geben.

Kindertageseinrichtungen haben für die Umsetzung dieser Qualitätsziele einen eigenständigen Auftrag in der Jugendhilfe, der von der Betreuung, Bildung und Erziehung der Kinder bestimmt wird.

In Tageseinrichtungen für Kinder soll die Entwicklung des Kindes zu einer eigenverantwortlichen und gemeinschaftsfähigen Persönlichkeit gefördert werden. Dies umfasst die Betreuung, Bildung und Erziehung des Kindes. Im Kinder- und Jugendhilfegesetz § 22 SGB VIII (KJHG) wird dies wie folgt beschrieben:

„Die Einrichtungen sollen durch geeignete Maßnahmen die Qualität der Arbeit sicherstellen und weiterentwickeln. Dazu gehören die Vorlage einer ausgearbeiteten pädagogischen und organisatorischen Konzeption als Grundlage für die Erfüllung des Förderungsauftrages und der Einsatz von Instrumenten und Verfahren zur Evaluation der Arbeit in den Einrichtungen und bei den Trägern. Die Entwicklungs- und Lernprozesse der Kinder sind regelmäßig und systematisch zu dokumentieren."

Folgende Qualitätsziele sind besonders hervorzuheben, die sowohl im KJHG als auch in Landesausführungsgesetzen der Länder ausdrücklich genannt sind:

- Das Leistungsangebot der Kindertageseinrichtung soll sich pädagogisch und organisatorisch an den Bedürfnissen der Kinder und ihrer Familien orientieren.
- Die Entwicklung des Kindes zu einer eigenverantwortlichen und gemeinschaftsfähigen Persönlichkeit soll gefördert werden unter Berücksichtigung der individuellen und sozialen Situation jedes einzelnen Kindes.
- Die gemeinsame Erziehung von behinderten und nichtbehinderten Kindern soll gefördert werden.
- Die Betreuung in Kindertageseinrichtungen soll auch dazu beitragen, Benachteiligungen zu vermeiden oder abzubauen.
- Die unterschiedlichen Lebenslagen von Mädchen und Jungen sollen berücksichtigt und die Gleichberechtigung gefördert werden.
- Ganzheitliche Erziehung soll gewährleistet sein und soziale, individuelle, kulturelle und ökologische Aspekte Berücksichtigung finden.
- In Zusammenarbeit mit den Eltern ergänzen und unterstützen Kindertageseinrichtungen die kindliche und familiäre Lebenswelt.

Schon 1970, als der Deutsche Bildungsrat den Kindertagesstätten einen spezifischen Wert im Bildungssystem der Republik zugesprochen hat, kam zum Ausdruck, dass Kindertagesstätten diesen eigenständigen Bildungs-, Erziehungs- und Betreuungsauftrag zuerkannt bekamen und diesen auch bestmöglich zu erfüllen hatten.

In den Jahren danach kamen die Aussagen des Kinder- und Jugendhilfegesetzes (KJHG), die länderspezifischen Richtlinien und die späteren Kindertagesstättengesetze, die Verpflichtungen durch die ratifizierten Artikel der UNO-Charta „Rechte des Kindes", spezifische Leitlinien der Träger und freien Wohlfahrtsverbände sowie das „Berufsbild der Erzieherin" mit seinen dezidierten Anforderungen dazu. Es verwundert daher sehr, dass einerseits der Qualitätsbegriff für manche immer noch etwas Neues zu sein scheint, andererseits durch die Bestimmungen und (gesetzlichen) Grundlagen schon seit über drei Jahrzehnten Qualitätsanforderungen bestehen.

Durch den gesetzlich verbrieften Anspruch auf einen Kindertageseinrichtungsplatz und durch die notwendigen Aus-, Neu- und Erweiterungsbauten veränderte sich die Kindertagesstättenlandschaft. Auf einmal waren in vielen Bundesländern, Kreisen und Gemeinden mehr Plätze als Platzansprüche vorhanden. Vorbei ist die Zeit, in der viele Eltern nur froh waren, überhaupt einen Kindergartenplatz zu bekommen. Immer häufiger ist zu beobachten, dass sich Eltern vor einer Anmeldung ihres Kindes über den Schwerpunkt der Einrichtung, die Arbeitsweise und das besondere Profil informieren, um aus einem Vergleich von unterschiedlichen Institutionen eine Entscheidung zu treffen.

Gleichzeitig wurden die Gelder für Kindertagesstätten immer stärker gekürzt, mit der Folge, dass qualitative Einbrüche auf unterschiedlichsten Ebenen festzustellen sind. Unter diesen neuen Bedingungen kann es notwendig werden, den Bestand der eigenen Institution (und damit auch die Arbeitsplätze) zu sichern. Und dabei gilt es, Qualität als Gütesiegel zu demonstrieren.

Und die pädagogische Qualität einer Kindertageseinrichtung wird insbesondere daran gemessen, inwieweit sie den verschiedenen Bedürfnissen des Kindes, seinem Anspruch auf Förderung, seiner Entwicklung sowie der Erwartung der Eltern auf Beratung und Unterstützung bei der Erziehung ihres Kindes entspricht. Dabei muss es immer wieder Überprüfungen und Reflexionen und gegebenenfalls auch Veränderungen geben.

Die Rahmenbedingungen und die Qualität der pädagogischen Arbeit in den Kindertageseinrichtungen werden im Wesentlichen bestimmt durch:

- die pädagogische Konzeption,
- die Fachlichkeit der pädagogischen Kräfte (Aus- und Weiterbildung),
- die Evaluation der Umsetzung der Konzeption sowie durch
- die Relation zwischen Fachpersonal und Kinderzahl,
- die Gruppengrößen,
- die räumlichen Bedingungen und die Ausstattung und
- das Leitbild des Trägers.

Die Pädagogik der Kindertageseinrichtungen sollte konzeptionell so ausgelegt sein, dass eine ganzheitliche Erziehung gewährleistet ist, die insbesondere soziale, individuelle, kulturelle, integrative und ökologische Aspekte berücksichtigt. Tageseinrichtungen für Kinder sollen die Integration der Kinder, unabhängig von ihrer sozialen oder kulturellen Herkunft, ihrem Geschlecht oder ihrer physischen und psychischen Leistungsfähigkeit fördern, indem sie Unterschiedlichkeit und Vielfalt aufnehmen, anerkennen und zulassen. Die Erziehung in Kindertageseinrichtungen hat auch die Aufgabe, lebendige Beziehungen zu Natur und zur Umwelt zu entwickeln.

Wenn das Wort Qualität aber nur dann eine Berücksichtigung findet, wenn Menschen sich quasi gezwungen fühlen, qualitativen Erfordernissen zu entsprechen, wird es problematisch. Es geht eben nicht bloß um die Erfüllung vielfältiger Erwartungen, sei es von Seiten der Politik, der Fachberatung, der Eltern oder des Trägers. Qualität gewinnt ihren Sinn erst aus der bewussten, bejahenden Entscheidung von Menschen, diesen Anspruch in ihrer pädagogischen Arbeit erfüllen zu wollen.

Wenn du ein Schiff bauen willst, dann trommle nicht Männer zusammen,
um Holz zu beschaffen, Aufgaben zu vergeben und die Arbeit zu verteilen,
sondern lehre sie die Sehnsucht nach dem weiten endlosen Meer.

Antoine de Saint Exupéry

Ein dermaßen „gelebter pädagogischer Anspruch“ wird dann auch der Gefahr widerstehen, den Qualitätsbegriff im Hinblick auf eine bloße demonstrative Außenwirkung – etwa durch besonders viele Angebote in einer Einrichtung – in oberflächliche Quantität aufzulösen.

Der Qualitätsbegriff muss von innen gelebt und nach innen und außen engagiert umgesetzt werden. Deshalb ist es besonders hilfreich, zunächst immer erst die Innenqualität in einer Einrichtung zu optimieren. Dazu gehört:

- eine professionell erarbeitete Grundlagenorientierung, die sich aus der Kenntnis der Gesetze und Richtlinien, der Aneignung aktueller Forschungsergebnisse aus dem Bereich der Entwicklungspsychologie und -pädagogik, sowie der intensiven Auseinandersetzung mit den verschiedenen pädagogischen Ansätzen und einer Entscheidung für einen Ansatz ergibt,
- eine eindeutige Orientierung am Kind, d. h. die seelischen Grundbedürfnisse müssen im Zentrum stehen und dementsprechend müssen entwicklungsförderliche Voraussetzungen in der Einrichtung geschaffen werden,
- ein humanes und professionelles Selbstverständnis der Fachkräfte, die ihre Selbst-, Sach- und Sozialkompetenz reflektieren, ausbauen und dort verändern, wo es notwendig erscheint. Selbsterfahrung, Lerninteresse und Engagement werden zu handlungsleitenden Erfahrungen, um mithilfe eines ständig wachsenden Fachwissens und neuer Handlungsstrategien eine fundierte Grundlage für Qualität zu bilden,
- die professionelle Arbeit mit Kindern, bei der durch persönlich-beruflich kompetente Verhaltensweisen eine zielorientierte, methodisch-didaktisch begründete Arbeit die Folge ist.

Im übertragenen Sinne heißt dies nichts anderes, als eine Pädagogik – im Innen- und Außenbereich – so zu gestalten, dass Verhaltensweisen und Arbeitsmerkmale aller Personen darauf ausgerichtet sind, ihre Tätigkeit so zu vollziehen, dass es zu einer optimalen Erfüllung der aufgabenspezifischen Notwendigkeiten kommt.

Die Notwendigkeiten ergeben sich aus den gesetzlichen Grundlagen, den Ergebnisse aus der Kindheitsforschung und den daraus abgeleiteten Erfordernissen, der berufsspezifischen Handlungskompetenz zur Erfüllung der fachspezifischen Aufgaben und der gesellschaftlichen Verantwortung aus der Aufgabenstellung einer familienunterstützenden und gemeinwesenorientierten Notwendigkeit. Erst wenn alle Innenqualitäten überprüft und auf- und ausgebaut wurden, kann es zu einer Bestandsaufnahme der Qualitäten im Außenbereich kommen.

Dazu gehören:

- die Merkmale einer professionellen Öffentlichkeitsarbeit,
- die Qualität der regelmäßigen und sachorientierten Fort- und Weiterbildungen aller MitarbeiterInnen,
- die Qualität einer professionellen Zusammenarbeit mit den Eltern/Bezugspersonen der Kinder,
- die professionell gestaltete Kooperation mit dem Träger, den vernetzten Einrichtungen im Gemeinwesen des Einzugsbereiches der Kindertagesstätte,
- die professionelle Anleitung und Beratung von Praktikantinnen und
- die regelmäßige Qualitätsverbesserung aller genannten Schwerpunktfelder für Qualität.

Qualitätsmanagement in Kindertageseinrichtungen bezieht sich auf die Zielgruppen Träger, Eltern, Kinder und das Personal. Die Zugänge und Blickwinkel hinsichtlich „Qualität" sind unterschiedlich, je nach Träger, Einzugsgebiet, Verfahren und Bundesland.

Neben der pädagogischen Qualität muss auch die strukturelle, wirtschaftliche und organisatorische Qualität mit eingeschlossen werden.

In einer Kindertageseinrichtung beeinflussen sich alle Bereiche gegenseitig. Um effektiv handeln zu können, ist es wesentlich, die Zusammenhänge zu verstehen und Instrumente zu nutzen, die dies erfassen und steuern helfen. Dabei müssen sowohl:

- die menschliche Ebene (die Würde des Einzelnen, Kommunikation und Interaktion),
- als auch die Ebene der Arbeitsorganisation (mit der Fähigkeit zur Beteiligung und Selbstorganisation der Mitarbeitenden),
- die Ebene der Dienstleistungsprozesse (pädagogische, hauswirtschaftliche und organisatorische Prozesse),
- die Ebene der strukturellen Voraussetzungen (Erzieher-Kind-Schlüssel, Finanzierung u.Ä.)
- und die Ebene der Dienstleistungsergebnisse und deren Rückkoppelung mit den Kinder, und Familien beachtet werden.

Bisher gibt es noch keine vollständige Zusammenfassung von eingeführtem Qualitätsmanagement in Tageseinrichtungen für Kinder. Beispielsweise trifft in Nordrhein-Westfalen jede Fachberatung in jedem evangelischen Kirchenkreis (mehr als 60) eine eigene Entscheidung darüber, wie mit dem Thema Qualitätsmanagement umgegangen werden soll. Aber selbst bei zentraleren Strukturen wie in einer kath. Diözese ist es vielfach so, dass es jeder Region, ja jeder Einrichtung selbst überlassen wird, ob und wie sie sich in Sachen Qualität auf den Weg macht.

„Management von Qualität in Tageseinrichtungen für Kinder" umfasst alle Bemühungen und Arbeitsansätze, die auf die Feststellung, Entwicklung und Sicherung von Qualität in Kindertageseinrichtungen für Träger, Kinder, Eltern und Personal ausgerichtet sind.

In einem pädagogischen Qualitätsmanagement sind diese Schlüsselsituationen und Prozesse zu berücksichtigen:

- Anmelde- und Aufnahmeverfahren: Wann? Wie? Wer? Welcher Inhalt?
- Elterngespräche (Beobachtungsmanagement): Wie oft als Mindeststandards? Wann beobachte ich Kinder mit welchem Verfahren und mit welchem Ziel? An welcher Stelle beziehe ich die Eltern mit ein?
- Beschwerdemanagement: Wie gehen wir mit Beschwerden um? Wann sprechen wir über Beschwerden im Team?
- Elternmitwirkung, genaue Regelung zu den gesetzlichen Vorgaben der Elternmitwirkung
- standardisierte Elternbefragung: Jeder Hinweis und jedes Gespräch tragen dazu bei, das pädagogische Handeln noch besser an den Kindern auszurichten! Die Zusammenarbeit mit Familien ist ein wichtiges Anliegen. Das beginnt in den Einrichtungen mit der täglichen individuellen Begrüßung und Verabschiedung von Eltern und Kindern. Wünsche von Eltern an die Einrichtung soll z.B. durch eine Bedarfsabfrage (z.B. bei den Öffnungszeiten) möglichst nachgekommen werden.
- Es ist zu empfehlen, die Verfahrensweisen in einem Handbuch als Standards zu hinterlegen.

Literatur

Braun, U.: Zur Zukunft von Qualitätssicherung in Kindertageseinrichtungen. Beiträge zur Entwicklung der sozialen Arbeit. Band 11. Hrsg. vom Institut Forschung und Entwicklung der sozialen Arbeit (FESA e.V.). Zur Zukunft von Qualitätssicherung in Kindertageseinrichtungen. Bochum 2004

Krenz, A.: Qualitätssicherung in Kindertagesstätten. Kieler Instrumentarium für Elementarpädagogik und Leistungsqualität – K.I.E.L. München 2001

Schrader, M.: Qualitätsmanagement in Kitas. In: Krenz, A. (Hrsg.): Handbuch für ErzieherInnen in Krippe, Kindergarten, Kindertagesstätte und Hort. München, NL 34, 2006

Textor, M. R.: Qualität in Kindertageseinrichtungen. In: Schüttler-Janikulla, K. (Hrsg.): Handbuch für ErzieherInnen in Krippe, Kindergarten, Vorschule und Hort. Neuausgabe. München 1996, 18. Lieferung

Wagner, H.-J.: „Kommunale Qualitätsoffensive" – Wege zur regionalen Umsetzung von Bildungs- und Betreuungsstandards. In: Krenz, A. (Hrsg.): Handbuch für ErzieherInnen in Krippe, Kindergarten, Kindertagesstätte und Hort. München. NL 47, 2008

Wagner, H.-J.: Qualitätsentwicklung konkret – Praxiserfahrungen und Praxisvorschläge. In: Krenz, A. (Hrsg.): Handbuch für ErzieherInnen in Krippe, Kindergarten, Kindertagesstätte und Hort. NL 35, 2005

Zendel, A.: Qualität konkret. Der professionelle Weg einer Kindertagesstätte zum individuellen Handbuch. In: Krenz, A. (Hrsg.): Handbuch für ErzieherInnen in Krippe, Kindergarten, Kindertagesstätte und Hort. München, NL 37, 2006

C DER SITUATIONSORIENTIERTE ANSATZ: HANDELN AUF HUMANISTISCHER GRUNDLAGE

Christel Spitz-Güdden

Der besondere Stellenwert des Situationsorientierten Ansatzes im weiten Feld der unterschiedlichen elementarpädagogischen Ansätze

Bereits seit 1970 gibt es in der Bundesrepublik Deutschland den eigenständigen Bildungs-, Erziehungs- und Betreuungsauftrag für die Kindertagesstätten.

In diesem wird deutlich, dass Kindertagesstätten sich als Orte für Kinder zu verstehen haben, in denen tagtäglich Bildungsprozesse initiiert, auf- und ausgebaut werden.

Es wurde aber nicht im Bildungsrat festgelegt, nach welcher Methode verfahren werden sollte. Die Verantwortung wurde in die Hände der Träger des Teams (das pädagogische Fachpersonal) der Kindertagesstätte gelegt.

Bevor ein Team einer Kindertagesstätte eine Konzeption verfasst, ist es von Nöten, sich mit pädagogischen Ansätzen auseinanderzusetzen und sich für einen Ansatz zu entscheiden.

Da wir uns in der Kindertagesstätte Lebensgarten, in der ich als Leitung tätig bin, für den Situationsorientierten Ansatz entschieden haben, möchte ich in diesem Beitrag deutlich machen, was die Unterschiede zu anderen Ansätzen sind und auf welchen Eckpfeilern der Situationsorientierte Ansatz aufgebaut ist.

Man will Sicherheiten und keine Zweifel,
man will Resultate und keine Experimente,
ohne darauf zu achten,
dass nur durch Zweifel Sicherheiten
und nur durch Experimente Resultate entstehen können.

Carl Gustav Jung

Der eigenständige Betreuungs-, Bildungs- und Erziehungsauftrag

Im achten Buch des KJHG (Sozialgesetzbuch), sind in § 22 unter der Überschrift „Grundsätze der Förderung von Kindern in Tageseinrichtungen" folgende Aussagen getroffen: „In Kindergärten, Horten und anderen Einrichtungen, in denen sich Kinder für einen Teil des Tages oder ganztags aufhalten (Tageseinrichtungen), soll die Entwicklung des Kindes zu einer eigenverantwortlichen und gemeinschaftsfähigen Persönlichkeit gefördert werden. (2) Die Aufgabe umfasst die Betreuung, Bildung und Erziehung des Kindes. Das Leistungsangebot soll sich pädagogisch und organisatorisch an den Bedürfnissen der Kinder und ihrer Familien orientieren."

Ebenso hat der deutsche Bildungsrat bereits (1970/1973) von einem eigenständigen Betreuungs-, Bildungs- und Erziehungsauftrag für Kindertagesstätten gesprochen. Zu den pädagogischen Förderungen wurden hier genannt:

- Die Persönlichkeitsentwicklung von Kindern im Hinblick auf Eigenverantwortlichkeit und Gemeinschaftsfähigkeit.
- Die Bedürfnisse der Kindern und ihrer Familien gelten als Ausgangspunkt für die Arbeitsstruktur der Pädagogik.
- Somit ist die pädagogische Förderung von Kindern Ausgangspunkt für die Pädagogik und nicht die Vorlieben der Erwachsenen.

Was beinhalten die Begriffe Betreuungs-, Bildungs- und Erziehungsauftrag? Wenn sie die gesetzliche Grundlage der pädagogischen Arbeit bilden, muss man wissen, was hinter diesen Begriffen steckt! Denn ein pädagogischer Ansatz sollte den gesetzlich geforderten Grundlagen entsprechen und diese somit erfüllen.

Der Betreuungsauftrag

In dem Wort Betreuung steckt die Bedeutung „treu sein". Was bedeutet dies für die elementarpädagogische Fachkraft? Als Person kann ich nur treu sein, wenn ich in einer Beziehung zu einer Person oder einem Inhalt stehe. Das heißt, dass ich als Erzieherin aufgefordert bin, zu den mir anvertrauten Kindern eine Beziehung auf- und auszubauen. Treu sein bedeutet hier eine zuverlässige Partnerin zu sein, die Kindern wertschätzend, respektvoll und achtsam begegnet. So mache ich es möglich, dass Bindung aufgebaut werden kann, was wiederum (dies wissen wir aus der Neurobiologie) Voraussetzung für nachhaltige Bindung ist. Konkret im Alltag bedeutet das:

- gemeinsam mit Kindern Situationen durchzustehen, wo sie Hilfe und Beistand eines Erwachsenen brauchen;
- Versprechen einhalten;
- Kinder in Situationen nicht allein zu lassen, wo sie sich einsam fühlen;
- mit Kindern eine Freundschaft einzugehen, sodass sie Erzieherinnen als Fürsprecher und als Bündnispartner erleben;
- als Erzieherinnen Anwalt des Kindes sein;
- dass das Kind in Erzieherinnen zuverlässige Ansprechpartner findet und Zuwendung erfährt;

- dass eine Atmosphäre der Achtung und Wertschätzung die Basis allen Handelns bildet (Umgangskultur);
- Treue kann nur dort erlebt werden, wo es für Kinder feste überschaubare Gruppen gibt.

Der Bildungsauftrag

Das Bibliographische Institut Mannheim/Zürich/Wien definiert den Begriff „Bildung" folgendermaßen: „Bildung ist die (bewusste) Entwicklung der Anlagen des Menschen mithilfe der Erziehung und des eigenen Strebens zur innerlichen Erfassung der religiösen, sittlichen, künstlerischen und wissenschaftlichen Werte."

Nach dieser Definition von Bildung ist diese in einem ganzheitlichen Kontext zu betrachten. Der Bildungsauftrag ist hier nicht definiert als eine funktionsorientierte Wissensvermittlung, sondern zielt vielmehr auf die Grundlage einer Persönlichkeitsbildung, die wiederum die Vernetzung von Fertigkeiten und Fähigkeiten mit Wissen sowie einer Verinnerlichung gelebter Verhaltensweisen darstellt. In der Bildungsarbeit geht es aus dieser Sicht um ein Begreifen. Desweiteren geht es um das Erkennen der eigenen Anlagen, also des persönlichen Leistungs- und Aktivitätsvermögens des Kindes. Im Bildungsauftrag enthalten ist Sorge für die Unterstützung der Lernfähigkeit eines Kindes zu tragen, das mit den Merkmalen wie Neugierde, Interesse, Motivation und Auseinandersetzung mit bekannten und unbekannten Dingen einhergeht. Diese Auseinandersetzung mit der Welt und sich selbst soll unterstützt werden durch das Erleben religiöser, sittlicher, künstlerischer und wissenschaftlicher Werte.

Der Erziehungsauftrag

Im Erziehungsauftrag liegt die Aufgabe, Kinder in eigenverantwortlichem Handeln zu unterstützen und somit ein Teil der gesellschaftlichen Gemeinschaft zu werden. Dies beinhaltet die emotionalen und sozialen Aspekte der Persönlichkeitsentwicklung eines Kindes. Kindern also zu ermöglichen, in eine Verantwortung für sich selbst und für die Gemeinschaft hineinzuwachsen. Das geht nur über Personen, die Kindern Vorbild und treue Partner sind.

Diesen Dreier-Auftrag auszuführen, in einer Kindertagesstätte, der ein Ort für Kinder sein soll, ist eine große Herausforderung. Für das elementarpädagogische Fachpersonal bedeutet dies konkret, dass das pädagogische Handeln die genannten Kriterien erfüllen muss, bilden diese doch die gesetzliche Grundlage. Aus diesem Verständnis heraus muss ein pädagogischer Ansatz gemessen werden, soll der gesetzliche Auftrag Erfüllung finden.

Der Situationsorientierte Ansatz

Er wurde Mitte der 1980er bis Anfang der 1990er Jahre entwickelt. Grundlage dieses Ansatzes ist ein humanistisch geprägtes Menschenbild (C.R. Rogers; J. Korczak; Th. Gordon). Er zielt darauf ab, Kinder in ihrer Selbstkompetenz zu stärken und die gesamte Persönlichkeitsentwicklung des Menschen auf- und auszubauen. Der Situationsorientierte Ansatz orientiert sich an den individuellen Lebenssituationen von Kindern, ihren Familien vor Ort sowie an aktuellen Erkenntnissen aus der Kindheits- und Jugendforschung und der Entwicklungspsychologie (um nur einige zu nennen: G. Haug-Schnabel; R. Oerter; R. Largo), der Bindungsforschung (J. Bowlby; K./K. Grossmann), Bildungsforschung und Neurobiologie.

Er versteht sich nicht als therapeutische Technik und auch nicht als didaktisierte Programmplanung. Vielmehr ist er ausgerichtet auf die individuelle Entwicklungsgeschichte von Kindern und ihre aktuellen Lebensbezüge. So setzt er auf die Bewältigung (die Entlastung) der Vergangenheit in der Gegenwart, um in der Zukunft aus Ressourcen schöpfen zu können.

Folgende Leitgedanken liegen zugrunde:

- Kinder haben ein Recht auf ihre persönliche Entfaltung, die Entdeckung ihrer Talente und verschiedenen Ausdrucksmöglichkeiten.
- Durch persönliche und fachliche Qualifikation tragen Erzieherinnen Sorge dafür, dass Kinder zu ihren Entwicklungsmöglichkeiten finden.
- Erzieherinnen sind Vorbild und Modell, an denen Kinder sich orientieren, um selbstständige und selbst bestimmte Verhaltensweisen aufzubauen.
- Kinder haben ein Recht auf ihren eigenen Lebensraum, in dem sie selber Kind sein dürfen (d.h. Entwicklungswege stehen im Vordergrund und nicht perfektionierte Ergebnisse).
- Erzieherinnen wenden sich bewusst gegen eine verplante Kindergartenzeit und nehmen die lebensbedingten und persönlichkeitsgeprägten Themen der Kinder in die Arbeit auf.
- Kinder erfahren eine Kultur der Wertschätzung und Achtung, der Offenheit für ihre Bedürfnisse (Vertrauen, Optimismus, Sicherheit) und eine beziehungsorientierte Annahme.
- Erzieherinnen sind Bündnispartner für Kinder und ihre Bedürfnisse. Erst in zweiter Linie sind sie erwartungserfüllende Personen für Eltern.
- Professionelles Handeln, Qualitätssicherung, -verbesserung und -überprüfung sind selbstverständlich.
- Als bedeutsam wird die Erfahrung von Werten in einer gepflegten und achtsamen Interaktions- und Kommunikationskultur, einer sorgsamen Sprachkultur, einer stilvollen Esskultur und einer vielfältigen Spielkultur bezeichnet.

Neben den gesetzlichen Grundlagen erlangen in der Umsetzung zwei Schwerpunkte eine besonders hohe Priorität:

- Situationsanalyse: Lebensbedingungen und Situationen von Kindern und Familien vor Ort erfordern eine Analyse, um daraus Handlungsbedarf abzuleiten. Das geschieht auf der Basis einer humanistisch geprägten Umgangs- und Arbeitsweise der Erzieherinnen, die sowohl an der Entwicklung und Professionalisierung der Innen- und Außenqualität der Einrichtungen ein großes Interesse haben und sich mit Freude weiterentwickeln (fortbilden):
- Projektarbeit: Kern der pädagogischen Arbeitsqualität bildet die Projektarbeit. Projekte sind mit Kindern gemeinsam gefundene Handlungs- und Erfahrungsaktivitäten aus den direkten Erlebniswelten der Kinder. Grundlage dieser Arbeit bildet die Beobachtung der sechs Ausdrucksformen (Sprache, Spiel, Verhalten, Träume, Malen und Zeichnen sowie Motorik), aus denen der Lebensplan des Kindes abgeleitet wird. Lebensplan ist ein Begriff aus der analytischen Psychologie, der das jeweilige individuelle Verhaltensmuster eines jeden Menschen betrachtet. Die Lebenspläne aller Kinder zu erfassen ist Aufgabe der Erzieherinnen. Ist dies geschehen, werden in der Kinderversammlung die Lebenspläne durch Beispielnennungen aktualisiert und gemeinsam mit den Kindern die Planung des Projektes in Angriff genommen. Ein Projekt kann von sechs Wochen bis zu einem halben oder dreiviertel Jahr dauern. Es ist nicht ergebnis-, sondern prozessorientiert und die Kinder erleben hier Partizipation. Der Verlauf des Projektes wird mit den Kindern dokumentiert und am Ende mit Kindern, Kollegen und Eltern ausgewertet.

Was aber macht den Situationsorientierten Ansatz aus?

„Der Situationsorientierte Ansatz gibt Kindern die Möglichkeit, individuelle Erfahrungen und Erlebnisse zu verarbeiten und zu verstehen, bedeutsame Fragen zu beantworten und Zusammenhänge zu begreifen, um aus der Bewältigung erlebter Situationen und Ereignisse (Erfahrungen) individuelle und soziale Kompetenzen auf- und auszubauen.“ (Krenz 2008, S.107)

Im Situationsorientierten Ansatz geht es darum, dass Kinder die Möglichkeit erhalten, ihre individuellen Erfahrungen und Erlebnisse zu verarbeiten. Das geschieht nicht unter Zwang und Druck, sondern in einer grundlegenden Atmosphäre der Mitsprache, Wertschätzung, Achtung der individuellen Bedürfnisse und der Akzeptanz unterschiedlicher Interessen. Dabei geht es nicht um eine „Laissez-faire-Pädagogik“; sondern um Mitsprache statt Bestimmung, um Beteiligung statt Vorgaben und dies zeigt sich in Beispielen wie der Kinderkonferenz, Projektplanung und dem gemeinsamen Suchen nach Lösungen.

„Der Situationsorientierte Ansatz ist ein geplantes und strukturiertes Leben und Lernen mit Kindern, in dem pädagogische Absichten überprüft, Entscheidungen getroffen und praktische Arbeitsvorhaben sorgfältig aufgebaut werden." (Krenz 2008, S. 104; 107)

Durch Verarbeitung der Vergangenheit in der Gegenwart werden alte Belastungen zurückgelassen. In einer entlasteten Situation ist es dem Kind möglich, die eigenen Ressourcen zu nutzen. Der Blick der Pädagogik richtet sich hier nicht allein auf die Zukunft, wie in funktionsorientierten Ansätzen, wo es darum geht, dem Kind möglichst viel für die Zukunft mitzugeben und anzutrainieren.

Hier geht es vielmehr darum, eine nachhaltige Pädagogik für die Zukunft aufzubauen, indem Vergangenheit in der Gegenwart bewältigt wird. Dadurch bekommt die handlungsbezogene Gegenwart einen hohen Stellenwert (hierin liegt die Begründung der Prozessorientierung und nicht der Ergebnisorientierung, die auf die Zukunft ausgerichtet ist).

Vergangenheit ↔ Gegenwart ↔ Zukunft

Die Grundlage der Vergangenheitsbewältigung durch die Projektarbeit setzt ein Basiswissen entwicklungspsychologischer Erkenntnisse der Fachkräfte voraus. Was braucht ein Kind, um sich aus belastenden Situationen zu befreien, damit Fähigkeiten und Kompetenzen sich aufbauen und ausbilden können? Damit wir Kindern den richtigen Seelenproviant mit auf die Reise ins Leben geben, müssen wir aus den Ausdrucksformen erkennen (deuten) können, in welchem seelischen Grundbedürfnis das Kind noch nicht befriedigt wurde. Diese Arbeit versteht sich nicht als Psychotherapie, dennoch ist es durchaus akzeptabel zu sagen, dass es eine Pädagogik ist, die der Seele dient (Therapie – dem Menschen dienlich sein).

Ist diese Pädagogik, die doch einen ganz eigensinnigen Ausgangspunkt ihrer praktischen Handlungen findet, denn überhaupt mit den gesetzlichen Grundlagen zu vereinbaren? Im Gegensatz zu anderen Ansätzen wird hier auf Vergangenheitsbewältigung in der akuten Gegenwart gesetzt, um dann erst auf die Zukunft zu schauen, während in anderen Ansätzen die Gegenwart genutzt werden soll, um benötigtes Wissen für die Zukunft zu erlangen und Fertigkeiten aufzubauen. Wie werden denn tatsächlich die frühen Jahre nun richtig genutzt, um Fähigkeiten und Fertigkeiten aufzubauen?

Im Gesetzestext (KJHG) heißt es, dass die Aufgabe die Betreuung, Bildung und Erziehung des Kindes umfasst. Wird diese Aufgabenstellung im Situationsorientierten Ansatz berücksichtigt?

„Der Situationsorientierte Ansatz spricht Erzieherinnen ganzheitlich als Person (personale Ebene) und als Fachfrau (berufliche Ebene) an." (Krenz 2008, S. 101)

„Der Situationsorientierte Ansatz ist eine Vernetzung von Einstellungen der Erzieherinnen, einer bestimmten, humanistisch geprägten kontinuierlichen (!)

Arbeitsweise mit Kindern und einem bestimmten Arbeitsverhältnis, um Kindern dabei zu helfen, sich in ihrer Persönlichkeit zu entwickeln." (Krenz 2008, S. 103)

„Der Situationsorientierte Ansatz greift bei seiner Planung von Projekten keine *nach außen gerichteten Situationen* auf, sondern vielmehr Ausdrucksformen der Kinder, um aus ihrem Erzählwert (symbolische Interaktion) die *inneren Themen* der Kinder zu verstehen und in einem möglichen Projekt zu berücksichtigen." (Krenz 2008, S. 101; 103; 106)

Diese Kernaussagen von Krenz zeigen deutlich auf, dass die Personenqualität einen sehr hohen Stellenwert hat. Somit wird an dieser Stelle klar, dass der Betreuungsauftrag der Sozialgesetzgebung hier erfüllt wird. Erzieherinnen sind mit ihrer ganzen Person gefragt, die personale Ebene betrifft die Punkte: treu zu sein, Verlässlichkeit zu bieten, Beziehung und Bindung aufzubauen und dies in einer humanistisch geprägten kontinuierlichen Arbeitsweise. Es bleibt aber nicht bei der „Vorbildfunktion" des Erwachsenen. Im gleichen Atemzug wird die Fachlichkeit der elementarpädagogischen Fachkräfte festgeschrieben.

Hier geht es um den Bildungsauftrag, der eine ganzheitliche Förderung der Persönlichkeitsentwicklung verfolgt und in dem religiöse, sittliche, künstlerische und wissenschaftliche Werte auf- und ausgebaut werden sollen. Im elementarpädagogischen Bereich geht es um die Entwicklungsunterstützung, sodass sich Handlungs-, Bildungs-, Leistungs- und Lernfähigkeit des Kindes aufbauen und entfalten können. Im ganzheitlichen Kontext gesehen kommt das Kind vom *Begreifen* zum *Erkennen*. Didaktisch wird diese Entwicklung unterstützt durch das *Erleben*.

Kinder

„Elementare Erfahrungen, auf denen die weitere Entwicklung aufbaut, wie in Pfützen planschen, auf Bäume klettern, sich in Wäldern und hinter Büschen verstecken, über Zäune springen, in der Erde tiefe Höhlen ausbuddeln, mit Obstkernen weit spucken, in Brombeersträuchern Höhlen bauen, nachts mit Freunden unter freiem Himmel in einem Zelt schlafen, Klingelstreiche unternehmen und weglaufen, Grimassen ziehen und die Hosentaschen voller Schätze haben, sind nicht nachholbar! Basteln hingegen kann man im Altenheim immer noch." (Krenz 2008, S. 141)

In der eingeforderten Mitsprache und Partizipation für Kinder liegt die Erfüllung des Erziehungsauftrages, die da lautet, Kinder in eigenverantwortlichem Handeln zu unterstützten, um somit ein Teil der gesellschaftlichen Gemeinschaft zu werden. Dies beinhaltet die Auseinandersetzung mit der eigenen Person, den eigenen Gefühlen und ein sich in Bezug stellen zu den anderen Personen in der Gruppe. So bauen sich soziale und emotionale Kompetenzen auf.

Zusammenfassend kann gesagt werden, dass der Situationsorientierte Ansatz den Betreuungs-, Bildungs- und Erziehungsauftrag in seinem grundlegenden Konzept beinhaltet und erfüllt.

Des Weiteren kann aus den Erklärungen zu der Erfüllung des gesetzlichen Auftrages abgeleitet werden, dass vier Säulen das Fundament des Situationsorientierte Ansatzes bilden. So baut er auf den Erkenntnissen der:

1. Bindungsforschung
2. Entwicklungspsychologie
3. Bildungsforschung
4. Neurologie

auf.
Hier liegt ein wesentliches Merkmal der Unterscheidung zu anderen Ansätzen: Im Situationsorientierten Ansatz sind alle vier Disziplinen vertreten.

In der praktischen pädagogischen Arbeit ergeben sich daraus folgende Eckwerte:

1. Kinderrechte
2. Personenqualität durch Bindung
3. Die Verarbeitung der Vergangenheit
4. Der Lebensplan und die besondere Bedeutung der Gefühle
5. Die besondere Bedeutung der Gegenwart
6. Die Befreiung aus der Angst
7. Die besondere Bedeutung der Selbsttätigkeit – Partizipation in der Form der Projektarbeit
8. Werteentwicklung
9. Personenqualität durch Fachlichkeit

In den nun folgenden Kapiteln möchte ich die vier Fundamentpfeiler und die Eckwerte näher erläutern, sodass deutlich wird, was im Einzelnen darunter zu verstehen ist und wie sich dies auf die praktische Arbeit mit Kindern auswirkt.

Gedankensplitter:
Wachsen in Freiheit
ist mehr als erziehen!
Gezogenes Wachsen
Schafft Brüche und Risse
im Inneren der Welt.
Zu spät wird erkannt,
dass das „Gestern" und „Heut"
gedankenlos zu Gunsten des „Morgen"

geopfert wurde –
weil wenige nur
der Bedeutungslosigkeit
eine hohe
Bedeutung beimessen.

Armin Krenz

Entwicklungspsychologie

Jeder Mensch bedarf der Befriedigung nicht nur der körperlichen Grundbedürfnisse wie Nahrung, Wärme, Kleidung und ein Dach über dem Kopf, sondern wir verlangen auch nach der Befriedigung unserer seelischen Grundbedürfnisse. Die Erfüllung dieser ist die Voraussetzung für den Aufbau von Fähigkeiten und Fertigkeiten. Wird z.B. das Grundbedürfnis nach Ruhe nicht erfüllt, so ist die Folge eine mangelnde Wahrnehmungsdifferenzierung. Die Entwicklungspsychologie zeigt somit das Prinzip der Ursache und der Folge auf. Hier liegen die Erkenntnisse, die von besonderer Bedeutung sind, bei der Entschlüsselung des Lebensplans des Kindes und dem daraus resultierenden pädagogischen Handlungsbedarf (was braucht das Kind).

Der Ausgangspunkt einer entwicklungspsychologischen Grundlagenarbeit ist folgende Erkenntnis: Fähigkeiten bilden die Grundlage für die Existenz von Fertigkeiten. Seelische Grundbedürfnisse müssen befriedigt werden, damit sich ein Fundament für die Entwicklung von Fähigkeiten aufbaut. (Vgl. Krenz 2005, S. 36)

So braucht das Kind zu einer positiven Entwicklung die Erfüllung seiner seelischen Grundbedürfnisse, damit es die eigenen Ressourcen in vollem Umfang ausschöpfen kann.

Neurobiologie

Kinder handeln aus ihrem Fühlen heraus! Zunächst werden nach einer Wahrnehmung bei Kindern Gefühle aktiviert (emotionale Ebene), die die Qualität des Handelns (motorische Ebene) beeinflussen. Im Anschluss an eine ausgeführte Handlung erfolgt ein erneutes Fühlen der Kinder (emotionale Ebene), das dem Gehirn eine gefühlte Rückmeldung über die Zufriedenheit bzw. Unzufriedenheit gibt. Aus dem Zusammenschluss der Handlungs- und Emotionsebene finden Kinder in ihr Denken (kognitive Ebene). Darauf aufbauend erfolgt ein Nachdenken über das gesamte Ereignis.

Im Situationsorientierten Ansatz, der von der Lebenssituation des Kindes ausgeht, werden die Fragen gestellt: Wie geht es dem Kind? Was fühlt das Kind?

Was fehlt dem Kind? Was braucht das Kind? Welche inneren Lebensthemen beschäftigen das Kind? Es geht hier um das Verstehen der eigenen Gefühle, denn erst dann kann ich Empathie für andere aufbauen.

Hüther (2005) beschreibt, dass unser Fühlen unser Denken bestimmt. Und auch Gebauer (2007) belegt, dass sich Synapsen und Verschaltungen erst dann im Gehirn breiter anlegen, wenn das Kind in einer emotionalen Bindung zum Erwachsenen steht. Wie in der Entwicklungspsychologie ist auch dies ein Hinweis darauf, von welcher besonderen Bedeutung die emotionale Ebene in der pädagogischen Arbeit ist. Das heißt konkret auf den Ansatz bezogen, dass durch die Lebensplanarbeit Gefühle zum Thema gemacht werden und dies eine nachhaltige Voraussetzung für das Lernen bildet. Eine Freiheit im Fühlen bewirkt eine Freiheit im Denken mit der Folge zur Freiheit im Handeln.

■ Bindungsforschung

Wie sich bereits aus Erkenntnissen der Neurobiologie ergibt, ist die emotionale Bindung zum Erwachsenen Grundlage für ein gelingendes Leben miteinander und gleichzeitig für eine nachhaltige Bildung. Grossmann und Grossmann (2005) stellten fest, dass die Bindungssicherheit die Fähigkeit aufbaut und aktiviert, Lösungen für emotional belastende Situationen zu finden. „Dies ist die innere Freiheit sicherer Kinder. Sie können durch Handeln und Sprechen ihre Gefühle und Vorstellungen über sich selbst als liebenswert und über ihre Bindungspersonen als zuwendungsbereit deutlich machen, auch bei Ereignissen, die Ärger, Kummer und Angst machen. Sie bleiben dadurch handlungsfähig, sei es in Überforderungssituationen, beim Wetteifern oder im Kindergarten.“ (Grossmann/Grossmann 2005, S. 300)

In der Resilienzforschung zeigt sich deutlich, dass, wenn Kinder im Elternhaus keine emotionale Bindung erfahren haben, dies durch Erzieher als Resilienten einen Ausgleich erfahren kann. So bekommt die pädagogische Arbeit im Elementarpädagogischen Bereich einen hohen Stellenwert.

■ Bildungsforschung

Hier schließt sich der Kreis. Um Handlungs- und Anstrengungsbereitschaft sowie Lern- und Bildungsfähigkeit zu erlagen, ist der Ausbau des emotionalen Fundamentes grundlegend. Somit muss eine nachhaltige Bildungspädagogik gestaltet werden. Die Angebote müssen den Kindern eine Mitsprache ermöglichen, weil sich daraus Selbstwirksamkeit und Selbstwert aufbaut. Eine ganzheitliche Pädagogik versteht sich auch nur dann, wenn alle neun Entwicklungsbereiche einbezogen werden. (Vgl. S. 90)

Geht man bei dem Begriff Bildung von einer Persönlichkeitsbildung aus, so ist eine pädagogische Arbeit, die die sittlichen, religiösen, künstlerischen und wissenschaftlichen Werte einbindet, eine Notwendigkeit. Dies zeigt sich in der Praxis im Besonderen in der Gestaltung der Projektarbeit.

Das wichtigste Haus baut sich der Mensch in seiner Seele.
Und es ist ein Haus, das nicht im Feuer verbrennt und nicht im Wasser untergeht.
Dauerhafter als Ziegelsteine und Diamanten.

Fjodor Abramow

Der Situationsorientierte Ansatz erklärt aus seinem Grundsatzverständnis heraus immer wieder, dass es ihm vor allem darum geht, dass Kinder in alltagsorientierten Sinnzusammenhängen „lernen" können. Ohne aufgesetzte Themen und vor allem auch ohne teilisolierte Förderprogramme, bei denen es üblich ist, dass nur einzelne Teilbereiche in den Fokus einer Förderung von Fertigkeiten gerückt werden.

Eine sogenannte „ganzheitliche" Pädagogik wird im Situationsorientierten Ansatz dadurch zur Alltagsrealität, wenn in einer Aktivität des Kindes bzw. in einem Beschäftigungsbereich möglichst alle Entwicklungsbereiche gleichzeitig angesprochen und beteiligt sind. Entwicklungspsychologisch betrachtet sind es daher die neun Entwicklungsfelder, die eine Vernetzung miteinander besitzen. Sie voneinander zu trennen hieße demnach, eine neurobiologische Verknüpfung zu leugnen, was aufgrund der heutigen Erkenntnisse allerdings in keinem Fall fachlich vertretbar wäre.

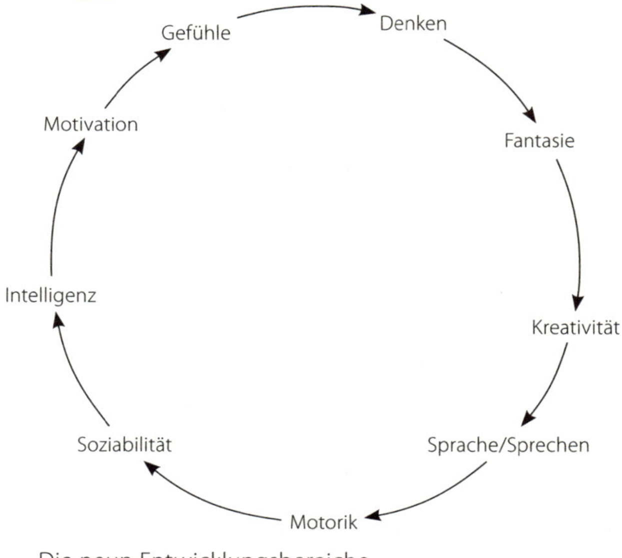

Die neun Entwicklungsbereiche

Hierbei zeigt sich eindeutig, dass das Fundament einer personalen Kompetenz die emotionale Kompetenz bildet. Um es mit der Metapher eines Hauses zu vergleichen, könnte man sagen: Ist ein Fundament schlecht angelegt, droht ein Haus einzustürzen.

Das Kind setzt sich in allen seinen Tätigkeiten mit den Fragen auseinander:

- Wer bin ich? – „Ich – Identität" – Dach
- Wozu brauche ich andere Menschen? – Soziale Kompetenzen – 2. Etage
- Was denke ich? – Kognitive Kompetenzen – 1. Etage
- Was kann ich? – Motorische Kompetenzen – Keller
- Was fühle ich? – Emotionale Kompetenzen – Fundament

Eckwerte des Situationsorientierten Ansatzes

I. Die Berücksichtigung der Kinderrechte

Am 20.11.1989 wurde das „Übereinkommen über die Rechte des Kindes" von der Generalversammlung der Vereinten Nationen in New York verabschiedet und 1992 hat auch Deutschland diese UN-Konvention ratifiziert. Diese verlangt unter anderem (nur um einige zu nennen), dass:

- jede Form der Diskriminierung eines Kindes verboten ist;
- alle Maßnahmen zum Wohle des Kindes ausgerichtet sein müssen;
- Kinder ein Recht auf eine personale Identität haben;
- jedes Kind das Recht hat, sich eine eigene Meinung zu bilden und diese frei äußern darf;
- jedes Kind ein Recht auf Gedanken-, Gewissens- und Religionsfreiheit besitzt;
- jedes Kind vor jeder Form körperlicher oder geistiger Gewaltanwendung, Schadenszufügung oder Misshandlung, vor schlechter Behandlung oder Ausbeutung geschützt werden muss (Gewaltfreiheit);
- jedes Kind ein Recht auf Bildung hat. Diese Bildung muss darauf ausgerichtet sein, die Persönlichkeit, die Begabung und die geistigen sowie körperlichen Fähigkeiten voll zur Entfaltung zu bringen, sowie auf ein verantwortungsbewusstes Leben in freier Gemeinschaft im Geist der Verständigung, des Friedens und der Gleichberechtigung der Geschlechter vorzubereiten;
- jedes Kind ein Recht auf Ruhe und Genesung hat;
- jedes Kind ein Recht auf Freizeit (ohne Verplanungen) hat;
- jedes Kind ein Recht auf die Vielfalt des Spiels hat.

Kinder mit Respekt und Achtung zu behandeln verhindert Diskriminierung. Vom Lebensplan auszugehen und zu erkennen, was das Kind braucht, garantiert, dass die Pädagogik zum Wohle des Kindes geschieht. Partizipation/Mitsprache garantiert Meinungsfreiheit und bildet das Fundament für Gedanken, Gewissens- und Religionsfreiheit. In einer wohlwollenden Lernatmosphäre hat Gewalt keinen Platz. Eine ganzheitlich ausgerichtete Bildung ist Garant dafür, dass das Recht auf Bildung eines jeden Kindes erfüllt wird. Dem Kind Ruhe zuzugestehen, nicht nur in der Krankheit, sondern es auch keiner Verplanung des Alltags auszuliefern, welche vom Erwachsenen bestimmt wird, hat erste Priorität. So kann es in Ruhe zum Spiel finden und sich spielerisch entwickeln.

II. Personenqualität durch Bindung

„Wer anders denkt, sieht anders, und wer bisher nicht Geschautes plötzlich zu sehen imstande ist, fängt an, anders zu denken. Falls es der Wissenschaft vom Leben irgendwann gelingt, ihre bisherige analytische, zerspaltende Denkweise zu ersetzen, könnte aus der alten Biologie der Angst eine künftige Biologie der Liebe werden." (Hüther 2007, S. 87)

Die Erzieherin ist nicht nur Vorbild für Kinder, sondern auch einer humanistisch geprägten Arbeitsweise verpflichtet, die es erfordert, in die Selbstauseinandersetzung zu gehen und dabei nicht nur die Entwicklung von Kindern begleitet, sondern auch eigene Entwicklungen zulässt. Das heißt konkret, dass ein positives Entwicklungsklima nur dort entstehen kann, wo der Erwachsene auch an seiner eigenen Entwicklung selbst interessiert ist und sich mit Freude jeden Tag neu auf das Entdecken und Wachsen mit Kindern einlässt. Mit Kindern Beziehungen einzugehen und sich als Bindungsperson anzubieten, erfordert Zuverlässigkeit, Durchhaltevermögen und den Mut, sich als Anwalt der Kinder einzusetzen. Hier steht nicht das fachliche Wissen im Vordergrund, sondern die innere Haltung.

III. Die Verarbeitung der Vergangenheit und die Befreiung aus der Angst

Jedes Kind kommt mit einer ganz persönlichen Lebensgeschichte zu uns in die Einrichtung. Das Kind dort abholen, wo es steht, verlangt von uns, dass wir das Kind nicht losgelöst von seiner Geschichte sehen können. Ist sein Rucksack mit Belastungen gefüllt, so gilt es diesen zu leeren. Wenn wir uns mit den Lebenssituationen von Kindern heute beschäftigen, stellen wir immer wieder fest, dass Kinder großen Belastungen ausgesetzt sind und dadurch ein hohes Maß an Unsicherheit erfahren. Diese Unsicherheit hat wiederum zur Folge, dass Ängste das Handeln des Kindes in besonderer Weise beeinflussen und einengen. Verängstigte Menschen engen sich im Handeln ständig selbst ein, aus der Angst heraus, Fehler zu begehen, ausgelacht zu werden oder durch andere selbst verletzt zu werden.

Wenn wir Bildung nachhaltig gestalten wollen, bedeutet das, dass wir uns mit den Gefühlen der Kinder auseinandersetzen müssen, damit eine Befreiung aus der Angst möglich wird.

An dieser Stelle kommt der Beobachtung durch Erzieherinnen eine besondere Bedeutung zu.

Das heißt, dass wir das Kind in seinen Ausdrucksformen betrachten.

Klar ist, dass Ausdrucksformen, die in den Bereichen Verhalten, Malen und Zeichnen, Sprache, Spiel, Träume und Motorik gezeigt werden, eines richtigen Verstehens bedürfen. Aus diesen Beobachtungen, die ein typisches Verhalten sind, wird im Situationsorientierten Ansatz der Lebensplan eines Kindes erstellt.

IV. Der Lebensplan und die besondere Bedeutung der Gefühle

Jeder Ausdruck hat einen Bedeutungs- und Erzählwert. Hier geht es nicht um Interpretationen, sondern um Wissen des Symbolgehaltes. In diesen Ausdrucksformen zeigt sich ein vielfältiges, facettenreiches und ausdruckstarkes Feld eines jeden Kindes. Jedes Kind erzählt uns durch seine Ausdrucksformen Tag für Tag, wie sein Seelenleben gestaltet ist. Haben wir für jede Ausdrucksform drei typische Verhaltensweisen des Kindes beobachtet, so geht aus der Deutung hervor, von welchem Grundgefühl das Kind bestimmt wird. Konkret heißt das, dass die Auseinandersetzung mit den Ausdrucksformen die Fragen aufwirft:

- Wie geht es dem Kind?
- Was fühlt das Kind?
- Was fehlt dem Kind?
- Was braucht das Kind?
- Welche inneren Lebensthemen beschäftigen das Kind?

In der Psychoanalyse nennt man die Bündelung emotional-sozialer Persönlichkeitsstrukturen „Lebensplan“ oder das „Lebensschema“.

Es bedeutet, dass es das Grundmuster allen Handelns darstellt. Häufig sind diese Grundmuster nicht mehr positiv gestimmt, wie z.B. Lebensfreude besitzen, Optimismus und Neugierde. Durch die veränderten Kindheiten wachsen Kinder zunehmend unter Leistungsdruck und in Unsicherheiten auf, was zur Folge hat, dass das Grundgefühl von Ängsten geprägt ist.

Durch die Lebensplanarbeit werden im Situationsorientierten Ansatz somit stets zwei Elemente verbunden. Da sind zum ersten die für die Lebenspläne auslösenden Erfahrungen und zum zweiten die gesuchten Grundbedürfnisse, die ein Kind befriedigen möchte.

Eine Angst kann nur dann verarbeitet werden, wenn auf der einen Seite Angst auslösende Situationen hergestellt oder aufgesucht werden. Gleichzeitig muss für das Kind Sicherheit und Vertrauen erlebbar werden, um diese Angstsituation zu meistern. In der Lernpsychologie spricht man hier von Duplizität.

Nur wenn beide Elemente gleichzeitig erfahren werden, ist eine Veränderung alter Lebensplanstrukturen möglich und wahrscheinlich.

So ist die Lebensplanarbeit ein wichtiger Eckpfeiler des Situationsorientierten Ansatzes, geht es doch um ein wirklich tiefes Verstehen des Kindes. Denn wenn ich verstehe, wie ein Verhalten zustande kommt, kann ich auch Verständnis und wirkliche Empathie entwickeln. Gleichzeitig bedeutet dies aber auch, dass es durch die Lebensplanarbeit, die pädagogische Arbeit mit Kindern, in großem Maße um das Kennenlernen und den Umgang mit den eigenen Gefühlen geht.

V. Die besondere Bedeutung der Gegenwart

Geht es bei der Verarbeitung der Vergangenheit darum, den Lebensrucksack zu leeren, so stellt sich die Frage, welche Rolle dabei die Gegenwart spielt. In der Pädagogik und vor allem in der Bildungsarbeit ist alles auf eine gute Zukunft ausgerichtet. Wieso spielt dann im Situationsorientierten Ansatz die Gegenwart eine so große Rolle? Aus der Entwicklungspsychologie wissen wir, dass es von besonderer Bedeutung ist, dass die seelischen Grundbedürfnisse befriedigt werden. Durch die Befriedigung der Grundbedürfnisse baut das Kind Fähigkeiten auf, aus denen sich Fertigkeiten ausbauen. Somit ist es eine logische Folge, dass die Verarbeitung der Vergangenheit in der Gegenwart geschehen muss, damit Ressourcen für die Zukunft frei werden. Denn nur wenn wir als Menschen entlastet sind, können wir uns offen auf Neues einlassen und all unsere Fähigkeiten zur Geltung bringen. Eine pädagogische Arbeit, die nur den Blick auf die Zukunft lenkt, wird Fertigkeiten trainieren, aber diese werden keine Nachhaltigkeit besitzen, weil das emotionale Fundament instabil ist und Fähigkeiten nicht aufgebaut wurden. Der folgerichtige Aufbau wäre, durch die Befriedigung seelischer Grundbedürfnisse zu Fähigkeiten und schließlich zu Fertigkeiten zu gelangen. Somit ist die pädagogische Arbeit mit Kindern stets an Grundlagen orientiert (nachhaltig) und nicht kurzfristig produktorientiert.

VI. Die besondere Bedeutung der Partizipation und des Aufbaus von Selbstwert

„Der Kreislauf des Motivationssystems, der sich durch Vertrauen, Selbstwirksamkeit und Freude auszeichnet, ist aktiv. Im Gehirn gibt es eine Entsprechung. Die Botenstoffe des Gelingens sind angeregt: Oxytocin für Vertrauen, Dopamin für Motivation und körpereigene Opioide für das Erleben von Freude." (Gebauer 2007, S. 111)

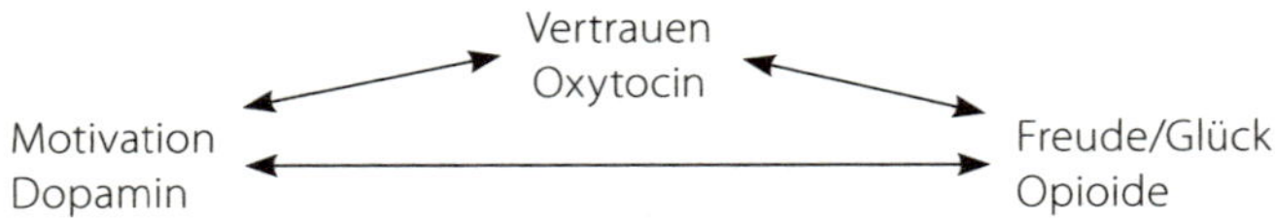

Gebauer (2007) erklärt, dass das Zusammenspiel von Vertrauen, Selbstwirksamkeit und Freude entscheidend ist für ein Motivationssystem. Genau dies wird im Situationsorientierten Ansatz aufgegriffen. Das Vertrauen wird durch ein Beziehungs- und Bindungsangebot aufgebaut und durch einen achtsamen, wertschätzenden Umgang manifestiert. Um nun einen hohen Selbstwert für das Kind zu erreichen, sind Selbstwirksamkeitserfahrungen unerlässlich. Diese zeigen sich in der Mitsprache und Partizipation. Kinderkonferenzen und Morgenkreise (Gesprächsrunden) sind eine Selbstverständlichkeit. Hier erhalten Kinder die Chance, von eigenen Erlebnissen und Erfahrungen zu erzählen; aktuelle Vorkommnisse und Wünsche zu äußern; Hoffnungen und Erwartungen anzusprechen. Erzieherinnen können diese nutzen für die Mitteilung eigener Beobachtungen oder die Bestandsaufnahme zurückliegender Ereignisse. Weiter finden hier alle die Möglichkeit, gemeinsam abgesprochene Regeln zu überprüfen oder diese zu verändern und neue Absprachen zu treffen. In den Morgenkreisen werden auch die Projekte mit den Kindern besprochen. Hier bringen Kinder Ideen ein und erfahren, dass sie Mitgestalter (Akteure) und somit aktiv sind. Dies stärkt ihre Erfahrung der Selbstwirksamkeit. So entsteht das Gefühl der Freude und des Glücks. Partizipation ist somit gepaart mit Vertrauen, ein wichtiges Kriterium für die Persönlichkeitsentwicklung, die sich den Auf- und Ausbau des Selbstwertes zum Ziel setzt.

Im nächsten Abschnitt zum Thema Projektarbeit werden noch verschiedene Aspekte der Mitsprache angesprochen.

VII. Die Projektarbeit – vorgestellt an Hand der sieben Schritte

Im Situationsorientierten Ansatz ist die Ausgangslage für ein Projekt nicht irgendeine von außen geschehene Situation noch ein fremdbestimmt gesetztes Thema, sondern es geht ganz konkret von den Kindern der Gruppe aus. Hier sei an die Punkte Verarbeitung der Vergangenheit, die besondere Bedeutung der Gegenwart und den Lebensplan erinnert. Ein Projektthema findet sich durch die Häufigkeit der Lebensthemen der Kinder. Ein Projektaufbau und dessen Durchführung findet im Situationsorientieren Ansatz immer in einer siebener Schrittfolge statt.

Im *ersten Schritt* ist es die Aufgabe das Erzieherinnen, sich mit dem Umfeld der Kinder, ihrer Biografie und ihren Lebensbereichen vertraut zu machen. An dieser Stelle ist ein Interesse des Fachpersonals gefragt. Wie sieht das wirkliche Leben des Kindes aus? Hat es Geschwister? Wie ist das Wohnumfeld? Hat es Freundschaften? Besitzt es ein eigenes Zimmer und welche Spielsachen? Besucht es Förderkurse? Welche Rolle spielen die Großeltern? Gab es Schwierigkeiten, die die Eltern mit dem Kind bestehen mussten?

Im *zweiten Schritt* werden beobachtete, immer wiederkehrende Äußerungssituationen in eine Liste eingetragen. Diese sollte regelmäßig geführt werden, weil sonst Zusammenhänge verloren gehen.

Jede Liste enthält die sechs Ausdrucksformen Verhalten, Malen und Zeichnen, Sprache, Spiel, Träume und Motorik. Das Aufschreiben der Beobachtungen schließt die Gefahr des Vergessens aus, weil sich aus der Erinnerung Sichtweisen verschieben.

Im *dritten Schritt* werden aus den Beobachtungen erste Zusammenhänge zu den möglichen Hintergründen fantasiert. An dieser Stelle sei gesagt, dass es nicht um wissenschaftlich richtige Verknüpfungen geht, sondern um eine Suche nach Vernetzung von Ausdrucksformen und individueller Lebensgeschichte des Kindes.

Im *vierten Schritt* wird der Lebensplan erstellt. Aus den im zweiten Schritt gewonnenen Beobachtungen werden zu jeder der sechs Ausdrucksformen drei typische Beispiele herausgesucht. An dieser Stelle ist nun ein kompetentes Fachwissen gefragt, denn es gilt hier den Symbolgehalt der gezeigten Verhaltensweisen zu erfassen, um zu dem emotionalen Erleben zu gelangen, welches das Denken, Fühlen und Handeln des Kindes bestimmt.

Im *fünften Schritt* erfolgt die praktische Umsetzung mithilfe folgender Teilschritte:

- Es werden die Lebensthemen aller Kinder angeschaut. An dieser Stelle gilt es auszuwerten, welches Thema an Häufigkeit überwiegt. Themen können unter anderem sein: „Angst haben“, „Suche nach dem Glücklichsein“, „Überforderung“, „Einsamkeit“, „Neugierde besitzen“, „Trauer in sich tragen“.
- Wurde z. B. das Thema „Angst“ als häufigstes festgestellt, so bildet dies das Projektthema. An dieser Stelle würden viele sagen, aber das ist nicht das Thema aller Kinder. Richtig! Dennoch richtet sich ein Projekt nach einer Häufigkeit aus, weil in einer Gruppe die Mehrzahl die Arbeitsrichtung vorgibt.
- Ist das mögliche Projektthema gefunden, setzen sich Kinder und Erwachsene im Morgenkreis zusammen. Es ist darauf zu achten, dass jeder jeden sehen kann. Kein Kind sollte zur Teilnahme gezwungen werden.
- In diesem Gesprächskreis beginnt die Erzieherin, jedem Kind ein Beispiel zu erzählen, das zu dem Projektthema passt. Das bedeutet, dass die Erzieherin sich im Vorfeld Gedanken dazu gemacht hat, welche Situation es gab, in dem das Kind z. B.

„Angst“ hatte. Das könnte so lauten: „Saadeddin, kannst du dich noch an Montag erinnern, als die Mama so spät kam, um dich abzuholen. Du hattest Angst, sie könnte dich vergessen haben.“ Die Achtsamkeit und Wertschätzung verlangt es, jedes Kind mit Namen anzusprechen, was gleichzeitig auch die Aufmerksamkeit der Kinder erhöht. Im Folgenden ist es von besonderer Bedeutung, dass auch die Erzieherinnen eine Situation benennen, in denen sie selbst „Angst“ erlebten. Im nächsten Schritt können zwei Dinge geschehen. Zum einen können die Kinder die Erzieherinnen mit großen Augen anschauen und es passiert gar nichts. Dies ist dann der Nachweis, dass das gefundene Projektthema nicht das Richtige war. Zum anderen kann es passieren, dass nach der Benennung der Beispiele die Kinder ihre Erfahrungen und Erlebnisse nur so heraussprudeln. Dann steht fest, es wurde das richtige Thema gefunden. Alle Ideen und Schilderungen werden schriftlich festgehalten.

- Sind die Kinder zu klein oder der Sprache nicht mächtig, so wird aus Sicht der Lebenspläne das Projektthema aufgebaut. Die Erzieherinnen suchen dann Inhalte dazu.
- Aus dem gesammelten Ideenpool werden die Beispiele geordnet: Was kann in der Kindertagesstätte umgesetzt werden? Was muss außerhalb stattfinden? Welche Lieder, Werktätigkeiten, Spiele können dazu in der Gruppe in einem Sinnzusammenhang gebracht und durchgeführt werden? Welche Impulse ergeben sich daraus für die Zusammenarbeit mit Eltern? Gibt es andere Einrichtungen, mit denen kooperiert werden kann?
- Aus dieser Struktur ergibt sich die Durchführung des Projektes.

Im *sechsten Schritt* folgt die Phase der konkreten Durchführung des Projektes. Hier ist darauf zu achten, dass die Planung in keinem Fall starr sein darf. In regelmäßigen Morgenkreisen werden der Stand des Projektes und das weitere Vorgehen mit den Kindern besprochen. So erleben Kinder Mitsprache und Selbstwirksamkeit. Das Projekt wird ihr Eigen und sie erleben sich als Gestalter. Aus diesem Grund ist der Verlauf eines Projektes nie vorhersehbar. Es kann durch die Kinder eine völlig andere Richtung nehmen als die Erzieherinnen es im Kopf haben. Dies setzt die Fähigkeit voraus, sich darauf einlassen zu können und eine Produktorientierung zurückzustellen. In der Durchführung wird ein Tagebuch geführt, sodass Kinder auch die Möglichkeit haben, nachzuschlagen und eigene Entwicklungen zu entdecken. In Aushängen erfahren Eltern den Stand des Projektes und was Kinder in dieser Zeit ganzheitlich an neuen Kompetenzen lernen konnten.

Im *siebten Schritt* wird nach Beendigung des Projektes eine Auswertung vorgenommen. Nun werden Fotoalben, Tonbandaufnahmen, Videos oder andere Dokumentationen betrachtet und bewundert. Kinder erzählen gerne davon, wie sie die Dinge erlebten.

Geht ein Projekt zu Ende, sollte die Erzieherin wieder verstärkt in die Beobachtung einsteigen, um das neue Projektthema zu finden.

Projekte faszinieren Kinder und Erwachsene gleichermaßen, weil sie lebendig, aktiv, lustvoll und spannend sind. Es ist eine Reise in das Leben.

IX. Fachlichkeit

Das hohe Maß an fachlich erforderlicher Kompetenz wird deutlich aus allen vorangegangen aufgezählten Eckpfeilern. Im Situationsorientierten Ansatz wird vorausgesetzt, dass sich Mitarbeiterinnen von Kindertagesstätten mit den neuesten Erkenntnissen aus der Entwicklungspsychologie, der Neurobiologie, der Bindungs- und Bildungsforschung auseinandersetzen und mit diesem Wissen ihre Arbeit evaluieren. Nur so schafft es ein pädagogischer Ansatz tatsächlich nah beim Kind zu sein und gesellschaftliche Bedingungen jetzt einzubeziehen. Neben diesem pädagogischen Fachwissen geht es aber auch um das Wissen, wie Personenqualität entsteht. Sich mit seinem eigenen Verhalten zu reflektieren und stets auch in Bezug zu setzen, welche Wirkung dies auf Kinder hat, erfordert ein hohes Maß an Selbstreflexion und der Bereitschaft, sich mit inneren Prozessen auseinanderzusetzen. Neben all dem darf aber die fachliche Fähigkeit nicht vergessen werden, all die Theorie auch in die Praxis (Didaktik) zu integrieren.

X. Die besondere Bedeutung einer Werteentwicklung in der frühkindlichen Bildung und Erziehung

Werteerziehung hat in der Pädagogik eine besondere Bedeutung und ist das Fundament des Situationsorientierten Ansatzes, weil Werte für ein geglücktes Leben unerlässlich sind. Sie tun uns gut, machen uns stark und helfen uns in schweren Zeiten. Unsere Haltung ist geprägt von unseren inneren Werten, deshalb ist eine pädagogische Arbeit mit Kindern auch immer mit Werten verbunden.

Werte sind Voraussetzungen, um eine glückliche Beziehung zu sich, zu anderen Menschen und zur Umwelt herzustellen und zu pflegen. So sieht der Situationsorientierte Ansatz es als seine Aufgabe an, Kinder in ihrem Werteaufbau zu unterstützen. Werte erfahrbar zu machen geht nur, wenn Erzieherinnen Vorbild sind.

Die Hürden in der Praxis

Drei Aspekte sind aus meiner Sicht häufig die Blocker. Zum einen die Selbstauseinandersetzung, zum anderen die völlig entgegensetzt laufende Erzieherausbildung und zum dritten der fachliche hohe Anspruch.

Die Umsetzung des Ansatzes in der pädagogischen Arbeit verlangt von den pädagogischen Fachkräften einen Perspektivwechsel. Es ist nicht der Erwachsene, der den Kindern den Weg in die Zukunft weist, sondern das Kind zeigt, welchen Weg es gehen möchte und der Erwachsene begleitet und unterstützt es auf dieser Suche.

Der zweite Aspekt betrifft den Bereich der Persönlichkeit der Erzieherin. Durch die Lebensplanarbeit wird die Fachkraft automatisch und stetig auch mit dem eigenen Lebensplan konfrontiert, den es vielleicht auch zu verändern gilt. Nur so kann die Person authentisch sein, wenn sie selbst bereit ist, an der eigenen Entwicklung zu arbeiten. Dieses Wachsen ist aber häufig mit Schmerz verbunden. Dem möchten sich nicht alle stellen. Ein entwicklungsfreundliches Klima entsteht aber nur dort, wo der Erwachsene selbst stets Bereitschaft zeigt, immer wieder Neues zu lernen.

Der dritte Aspekt betrifft eine Haltung zu fachlicher Arbeit. Es reicht nicht aus, eine Ausbildung abzuschließen. Als Erzieherin im Situationsorientierten Ansatz bin ich immer wieder gefordert, Fachliteratur zu lesen (um auf dem neuesten Stand zu sein), mir notwendige Fortbildungen und Weiterbildungen auszuwählen und nicht nach dem Lustprinzip vorzugehen. Dies bedeutet, eine innere Disziplin zu haben, die Notwendigkeit vor persönliche Belange zu stellen. Ist das pädagogische Fachpersonal nicht dazu bereit, kann dieser Ansatz nicht gelebt werden.

■ Fazit

Der Situationsorientierte Ansatz erfüllt die gesetzlichen Grundlagen in einem besonders hohen Maße. Es gilt, dass vom Kind nichts verlangt wird, was der Erwachsene nicht auch zu tun bereit ist. Da sich die pädagogische Fachkraft auch als Lernende versteht, schafft sie automatisch ein entwicklungsfreundliches Klima. Die vier wissenschaftlichen Disziplinen bilden das Fundament des Ansatzes, sodass Erkenntnisse auch praktisch zum Tragen kommen. Bildung wird nicht als Wissensvermittlung verstanden, sondern als ein Lernen im gemeinsamen Tun und Zusammenleben mit Kindern. Beide Seiten lernen gleichermaßen. Nur so kann eine Partnerschaft entstehen, in der Mitsprache selbstverständlich ist. Im Kontext von Achtung und Wertschätzung wird genau geschaut, was Kinder brauchen, um daraus den pädagogischen Handlungsbedarf abzuleiten.

Die Person als Erzieherin ist ganz gefragt und bringt sich mit dem eigenen Wertekontext und der Persönlichkeit ein. So kann wirklich Beziehung und Bindung entstehen, die, wie wir wissen, Grundvoraussetzung für das Lernen und die Entstehung der Hirnstruktur ist.

Leben heißt lernen,
dass wir uns Zeit nehmen müssen,
wenn wir welche haben wollen.
Dass wir verantwortlich sind
für Gedachtes und Nichtgedachtes.
Dass der Sinn des Lebens darin liegt,
immer die Liebe und das Leben im Sinn zu haben.
Leben heißt lernen,
dass es nicht darauf ankommt,
ob wir uns etwas schenken, sondern darauf,
ob wir imstande sind, uns gegenseitig etwas zu geben.
Dass das Wesen des Lebens die Veränderung ist.
Dass wir Liebe säen müssen, wenn wir welche ernten wollen.
Leben heißt lernen,
die Kunst der Gelassenheit auszuüben –
das Weglassen, das Zulassen, das Loslassen.
Dass die schwierigste Aufgabe unseres Lebens darin besteht,
nie aufzugeben.
Dass unser Mensch-Sein untrennbar mit dem Mensch-Werden verbunden ist.

Ernst Ferstl

Literatur

Gebauer, K.: Klug wird niemand von allein – Kinder fördern durch Liebe. Düsseldorf 2007

Grossmann, K. E./Grossmann, K.: Bindungen das Gefüge psychischer Sicherheiten. Stuttgart 2002

Hüther G.: Die Evolution der Liebe. Göttingen 2007

Krenz, A.: Mit Kindern jeden Tag erleben. Darmstadt 1996

Krenz, A.: Ist mein Kind schulfähig? München 2003

Krenz, A.: Was Kinder brauchen – Aktive Entwicklungsbegleitung im Kindergarten. Weinheim/Basel 5. Aufl. 2005

Krenz, A.: Werteentwicklung in der frühkindlichen Bildung und Erziehung. Berlin/Düsseldorf/Mannheim 2007

Krenz, A.: Der „Situationsorientierte Ansatz" in der Kita. Troisdorf 2008

Krenz, A. (Hrsg,): Handbuch für ErzieherInnen. München 51. Aufl. 2009

Pighin, G.: Kindern Werte geben – aber wie? München/Basel 2. Aufl. 2005

Pousset R. (Hrsg.): Handwörterbuch für Erzieherinnen und Erzieher. Weinheim 2006

Spitz-Güdden, C.: Lebensplanarbeit – Umsetzung, Entwicklung und Schwierigkeiten in einer integrativen Kita. Fachzeitschrift klein&groß Heft 07–08/08 München

Brigitte Falkenhain

Die besondere Bedeutung eines Werteerlebens, Werteaufbaus und einer Werteentwicklung

Im Grunde sind es die Verbindungen mit Menschen, die dem Leben seinen Wert geben.

Wilhelm von Humboldt

Das Zitat von *Wilhelm von Humboldt* und dieses Thema bilden für mich persönlich ein ausgewogenes Ganzes. Denn genau genommen bzw. grundsätzlich sind es die Vernetzungen mit Menschen, die der Daseinsform das bedeutsame Gewicht geben, das den wertvollen Sinn des Lebens zum „Geschenk" macht. Das Thema umfasst demzufolge die Bedeutung der zwischenmenschlichen Beziehungen und die damit verbundene Verkettung des Werteerlebens, Werteaufbaus und der Werteentwicklung.

Jeder Mensch hat bestimmte Wertvorstellungen verinnerlicht und ist geprägt von seiner Familie und seinem Lebensumfeld, in dem er aufgewachsen ist. Eigene Werte und gesellschaftliche Werte auf ihre Aktualität und ihre Berechtigung zu überprüfen beugt einer Werteverschiebung vor und lässt Werte zwischenmenschlicher Beziehungen in Familie, Beruf und Gesellschaft bedeutsam werden. Sie machen das Leben lebenswert.

Die Beziehung auf das Leben des Menschen, die die höchste Form der Evolution darstellt, soll im Allgemeinen und mit Blick auf den „Situationsorientierten Ansatz" beschrieben werden. Zuvor werden die Ursachen des Wertewandels kritisch hinterfragt und die gewonnen Erkenntnisse genutzt, um einer weiteren Werteverschiebung entgegenzuwirken. Welche bedeutungsvolle Rolle dabei der Erzieherin als Wertevermittlerin zukommt, wird im Folgenden thematisiert.

Werte und ihre Bedeutung

Damit sich der Mensch als handelndes Wesen zielgerichtet und bewusst verhalten kann, braucht er Orientierung. Dabei helfen ihm Werte. Werte zeigen dem Menschen die Richtung für sein Handeln an.

- Werte sind humane Qualitäten.
- Werte sind „leise" Worte mit „großer" Wirkung.

- Werte sind kostenlos, jedoch nicht wertlos, weil sie kostenlos sind.
- Werte sind eine Beschaffenheit von Dingen oder Sachverhalten, die sie der Wertschätzung würdig macht.
- Werte sind notwendig, um Verbindungen von sich zu anderen herzustellen.
- Werte machen, sprichwörtlich, das Leben lebenswert.

Man unterscheidet vor allem Sachwerte und personale Werte. Die Sachwerte haben die Eigenschaft oder die Beschaffenheit einer Sache, die diese „wertvoll" macht. Personale Werte haben die Eigenschaften der Menschen oder einer Gesellschaft, die sie „wertvoll" machen. Beide Werte prägen die individuelle Art des Fühlens, Denkens und Handelns.

Werte sind im Sinne von Bildung nicht angeborene Verhaltensmerkmale. Sie entwickeln sich aus der gelebten Umgangskultur, durch den Umgang/die Beziehung mit anderen Menschen und werden zu einer inneren Einstellung, einer Haltung des Menschen, sie ergeben einen „Sinn".

Werte setzen spürende Innerlichkeit voraus. All das, was Menschen sein oder haben bzw. nicht sein oder nicht haben möchten, repräsentiert einen Wert (z. B. Gesundheit, Geborgenheit, Liebe, soziale Anerkennung und Wertschätzung, Lebensfreude).

Grundlage der Werte sind die Empfindungen und Gefühle. Die Menschen streben nach Sachverhalten, die mit angenehmen Empfindungen oder Gefühlen verbunden sind, und sie meiden Sachverhalte, die mit unangenehmen Empfindungen oder Gefühlen verbunden sind. Deshalb ist es wichtig, die Fähigkeit zu besitzen, zu empfinden oder zu fühlen, um wahrzunehmen, was um einen geschieht. Wer darüber wenig Wissen besitzt, hat auch wenige Möglichkeiten, bewusst sein Leben so einzurichten, wie es ihm entspricht.

Die guten Dinge des Lebens
sind alle kostenlos:
die Luft, das Wasser, die Liebe.
Wie machen wir das bloß,
das Leben für teuer zu halten,
wenn die Hauptsachen kostenlos sind?

Das kommt vom zu frühen Erkalten.
Wir genossen nur damals als Kind
die Luft nach ihrem Werte
und Wasser als Lebensgewinn.

Und Liebe, die unbegehrte,
nahmen wir herzlichst hin.
Nur selten noch atmen wir richtig
und atmen Zeit mit ein,

wir leben eilig und wichtig
und trinken statt Wasser Wein.

Und aus der Liebe machen
wir eine Pflicht und Last.
Und das Leben kommt dem zu teuer,
der es zu billig auffasst.

Eva Strittmatter

Wertearten

„Werte sind stark von ihrem geschichtlichen und weltanschaulichen Kontext geprägt (…) Menschen brauchen Werte und Werteübereinstimmungen, um eine glückliche Beziehung zu sich selbst und einen guten Umgang mit anderen Menschen zu pflegen" (Krenz 2007, S. 13).

Man unterscheidet in der aktuellen Wertediskussion zwischen vier „Wertearten":

- **Religiöse Werte** – wie z. B. Liebe, Barmherzigkeit, Vergebung, Hilfsbereitschaft, Dankbarkeit und Zivilcourage. Sie haben einen hohen kommunikativen und beziehungsorientierten Wert, der eine Gesellschaft mitmenschlich und gerecht werden lässt.
- **Sittliche Werte** (ethische Werte) – sind z. B. Menschenwürde, Ehrlichkeit, Gerechtigkeit, Zuverlässigkeit und Gewaltfreiheit. Sie haben damit etwas zu tun, anderen Menschen Freundlichkeit, Achtung und Wertschätzung entgegenzubringen.
- **Künstlerische Werte** – sind z. B. Sprach- und Sprechfertigkeiten, das Interesse am regelmäßigen Lesen von unterschiedlichen Literaturbereichen, Interesse an Musik, Kunst, Bauwerken, Museen und Kulturdenkmälern.
- **Wissenschaftliche Werte** – sind z. B. Wahrnehmungsoffenheit, Kreativität, Neugierde und Anstrengungsbereitschaft. Zu den wissenschaftlichen Werten zählt auch, die Gegebenheiten der Welt nach Sinnhaftigkeit zu fragen, unbekannte Dinge zu erforschen, Wagnisse einzugehen und selbst Forscher und Entdecker zu sein.

Werte können als persönliche Einstellungen oder Haltungen bezeichnet werden. Sie bilden die Lebensgrundsätze oder Weltbilder der Menschen. Stellt sich nun die Frage: Warum ist ein stetiger Wertezerfall zu verzeichnen?

Der Wertewandel und seine Ursachen

Der Wertewandel hängt von der gesellschaftlichen Entwicklung ab und wird vom Charakter der Gesellschaft gesteuert (z.B. entsprechend der Aussage: „Geld regiert die Welt"). Der Wertewandel findet in der Gesellschaft und in der Persönlichkeit statt, weil eine Wechselwirkung zwischen Gesellschaft und Persönlichkeit besteht.

Ursprünglich war der Erhalt der Großfamilie mit selbstständigem Lebenserhalt die Maxime. Zunehmend ist festzustellen, dass das, was einmal bedeutsam war, keinen Anspruch auf dauerhafte Priorität behält, sich immer mehr zur materiellen Orientierung hin ändert. Die materielle Orientierung findet statt, weil es ein (großer) Teil der Menschen als angenehm empfindet, in materiellen Dingen „mithalten" zu können.

Werte sorgen dafür, dass der Mensch durch Wahrnehmung Wesentliches und Unwesentliches unterscheiden kann. In der heutigen „Spaßgesellschaft" ist dies für eine Kritikfähigkeit Voraussetzung.

Auch „Kindsein" hat sich verändert. Das zeigt sich häufig durch eingegrenzte Lebensräume, zerteilte Kinderzeiten in einem oftmals hektischen Lebensrhythmus.

So hat unter anderem der Leistungs- und Arbeitsdruck im Beruf enorm zugenommen. Das bewirkt, dass Eltern zu Hause häufig diesen Stress in Form von Gereiztheit und Zeitmangel an die Kinder weiterleiten. Es herrschen vielmals Unsicherheit in der persönlichen Lebensplanung und Ratlosigkeit über die „richtige" Erziehung. (Vgl. Stöcklin-Meier 2004, S. 17) Häufig wollen Eltern ihre Kinder fit für die Zukunft „machen", indem sie das Kinderleben auf das ferne Ziel „Zukunft" hin programmieren. Viele Kinder wachsen in verplanten Zeiten auf. Tagein, tagaus strömen unzählig viele Reize auf die Kinder ein. Die Kinder sind der hohen Erwartungshaltung von Eltern und dem Leistungsdruck der an der Erziehung Beteiligten ausgesetzt. Man kann feststellen, die gesellschaftliche Werteentwicklung hat sich für Erwachsene und auch für Kinder entscheidend verändert. Deshalb ist es unbedingt notwendig, die Realität von „Kindsein heute" in der praktischen pädagogischen Arbeit zu berücksichtigen und für die Rechte der Kinder als Anwältin konsequent einzutreten. Das Kind durch Rechte zu schützen bedeutete für den polnischen Pädagogen, Kinderarzt und Schriftsteller Janusz Korczak in erster Linie, die Erfahrungen des Kindes und damit sein Anderssein, seine Individualität und sein Kindsein zu achten, welches er deutlich auf den Punkt bringt.

Du hast das Recht,
genauso geachtet zu werden,
wie ein Erwachsener.
Du hast das Recht,
so zu sein, wie du bist.

Du musst dich nicht verstellen
und so sein, wie es die
Erwachsenen wollen.
Du hast ein Recht
auf den heutigen Tag,
jeder Tag deines Lebens gehört dir,
keinem sonst.
Du, Kind, wirst nicht erst Mensch,
du bist Mensch.

Janusz Korczak

Diese Grundaussage unterstreicht eine Pädagogik der Achtung und der Wertschätzung, die auch dem Situationsorientierte Ansatz zugrunde liegt und einer Werteverschiebung entgegenwirkt. Janusz Korczak sieht das kompetente Kind und sich als Entwicklungsbegleiter, der die kindliche Entwicklung unterstützt.

Werteerleben, Werteaufbau und Werteentwicklung – (k)eine „Kunst"

Der Situationsorientierte Ansatz prägt den Führungsstil und das Klima einer Kindertagesstätte. Die daraus resultierenden pädagogischen Zielsetzungen treffen immer auch Werteentscheidungen. Diese sind für die Innenqualität ebenso bedeutsam wie auch für die Profilierung in der Öffentlichkeit (Außenqualität). Daraus schlussfolgernd ist die Wirksamkeit von Werteerleben, Werteaufbau und Werteentwicklung als Chance für eine kindorientierte Pädagogik zu sehen. Die Erzieherin setzt sich voll und ganz als (Be-)Wirkerin z. B. für die Rechte der Kinder ein, für die Befriedigung der seelischen Grundbedürfnisse, für die notwendigen Rahmenbedingungen und für ein wertschätzendes Miteinander.

Der Situationsorientierte Ansatz ist Bestandteil einer wertschätzenden und achtungsvollen Elementarpädagogik. Er ist keine pädagogische Technik oder didaktische Methode, er gleicht einer Haltung, einer persönlichkeitsbedingten Sichtweise von ganzheitlicher Pädagogik unter Berücksichtigung von:

- Wertschätzung der Kinder,
- Nichtausgrenzen von aktuellen Situationen,
- Bedeutung jedes einzelnen Tages,
- Arbeit an der eigenen Identität und Professionalität.

Der Anspruch des Situationsorientierten Ansatz besteht darin, *Kinder und ihre Lebenswelt zum Ausgangspunkt zu machen*, das heißt die *Lebensthemen der Kin-*

der zu sehen, zu verstehen und aufzunehmen, um den Ausgangspunkt Kind auch tatsächlich zu treffen und *kindorientierte Projekte* entstehen zu lassen.

Welche Werte sind in dieser Aussage enthalten?

Kinder und ihre Lebenswelten zum Thema zu machen setzt Respekt und Achtung sowie Wertschätzung der kindlichen Persönlichkeit voraus. Erlebt ein Kind dies, wird es auch mit anderen respektvoll und wertschätzend umgehen.

Lebensthemen der Kinder zu sehen, zu verstehen und aufzunehmen, heißt nicht auf Förderprogramme aufzuspringen oder eine Angebotspädagogik zu leben und auch nicht den Wünschen der Eltern nach sichtbaren Beschäftigungen Folge zu leisten. „Lebensthemen sind kindeigene, subjektiv erlebte und verankerte Entwicklungsmerkmale, die sich aus der individuellen Lebensgeschichte des Kindes ergeben haben und seine eigene Persönlichkeit zu der gemacht haben, die es täglich zeigt." (Vgl. Krenz 2004, S. 60). Lebensthemen der Kinder zu sehen, zu verstehen und aufzunehmen heißt, die Kinder intensiv zu beobachten und anhand seiner sechs Ausdrucksformen „zu begreifen".

Kinder setzen sich mit ihren Lebensthemen auseinander, entdecken sich selbst. Das ist ein bedeutender Entwicklungsschritt in ihrer „Ich-Findung". Sie spüren, „Ich bin ein Schatz auf dieser Welt.", „Ich bin wichtig, andere freuen sich auf mich bzw. brauchen mich.", „Ich kann etwas bewirken." Wenn das Kind spürt, ich bedeute etwas für andere, kann es das gleiche Gefühl anderen entgegenbringen. Mit dieser inneren Kraft ist das Kind bereit für neue Abenteuer und möchte neugierig die Welt entdecken, sie besser begreifen.

Durch die Vorbildrolle der Erzieherin wird auch das Kind wertschätzend, sorgsam und rücksichtsvoll mit Mensch, Tier- und der Pflanzenwelt umgehen. Getreu dem Motto: „Was du nicht willst, das man dir tu', das füg auch keinem andern zu." Das Kind erhält die Chance, Verantwortung für sich und die Welt zu übernehmen.

Kindorientierte Projekte mit Kindern leben macht das wirkliche Interesse am seelischen Wohlbefinden und Wohlergehen von Kindern unter Beachtung der 16 seelischen Grundbedürfnisse spürbar deutlich. Denn fühlt sich ein Kind angenommen, verstanden und bedingungslos geliebt, kann es sich auf neue Abenteuer und Herausforderungen einlassen. Kindorientierte Projekte ermöglichen Kindern, sich mit ihren Themen auseinanderzusetzen, sich selbst zu entdecken, die Welt besser zu begreifen, ihre Stellung in der Welt zu finden und der erlebten Umwelt ihre Bedeutung beizumessen.

Die innerliche, wertschätzende Haltung der Erzieherin zum Kind, fachliche Kompetenz, Unabhängigkeit von Trends und den Erwartungen von Eltern, eine optimale Entwicklungsunterstützung und -begleitung im Sinne von Ganzheitlichkeit u. a. kommen im Situationsorientierten Ansatz zum Tragen. Weitere unverwechselbare Merkmale findet man im Akrostichon zum „Situationsorientierten Ansatz“. Diese Merkmale sind gleichzeitig bedeutsame Werte und lassen ein Werteerleben, einen Werteaufbau und eine Werteentwicklung (aller Beteiligten) im Situationsorientierten Ansatz spürbar erkennen. Es kommen humane Einstellungen, Haltungen und Werte zum Tragen, die eine Wertepädagogik ermöglichen.

S Selbsterfahrungsorientiert
I Ich-Identität
T Tiefe – was ich mache, mache ich ganz
U Unabhängigkeit – von Mode und Trends (und den Erwartungen von Eltern)
A Achtsamer Umgang mit sich und anderen
T Tätigsein, aus Erfahrungen lernen
I Interesse an persönlicher Weiterentwicklung haben
O Optimismus – Lebensfreude und Zuversicht leben und suchen
N Nähe zu sich – zu Menschen suchen/finden
S Selbstmotivation (intrinsisch motiviert) aufbauen
O Optimale Entwicklungsunterstützung und -begleitung – im Sinne des ganzheitlichen Lernens anbieten
R „Resilienz-Potenzial“ haben
I Innere wertschätzende Haltung zum Kind zeigen
E Entwicklungsbedürfnisse von Kindern wahrnehmen
N Neugier auf Neues und Unbekanntes – Unmögliches möglich machen
T Thema des Kindes/von Kindern aufgreifen, entschlüsseln und strukturieren (Lebensplan erstellen)
I Interesse am seelischen Wohlbefinden/Wohlergehen von Kindern unter Beachtung der 16 seelischen Grundbedürfnisse zeigen
E Empathie leben – im Sinne des wirklichen Einfühlens
R Respekt und Achtung als Vorbildwirkung erlebbar machen
T Teamfähigkeit – im Sinne der Übereinstimmung des Bildes vom Kind (stimmige Innenqualität)
E Entscheidungen mit dem Kind/den Kindern treffen
R Reflektion der Arbeit für Weiterentwicklung nutzen (des Kindes, des Teams – siehe auch Rückblicke)

A Anstrengungsbereitschaft aufbringen
N Nachhaltige Bildung – im Sinne von Erfahrungslernen/Bildung aus erster Hand – ermöglichen
S Symbolische Sicht einnehmen (Ausdrucksverhalten von Kindern verstehen)
A Anwältin für Kinder sein – sich offensiv und sachorientiert für die Rechte von Kindern einzusetzen
T Transparentmachen der Arbeit für Eltern und für die Öffentlichkeit – im Sinne von qualitätsgeprägter Öffentlichkeitsarbeit
Z Zeit als kostbares Entwicklungsgut ansehen, ausgerichtet auf das Entwicklungsalter und nicht das Lebensalter

Das Akrostichon beschreibt den Weg zur Entwicklung von Fähigkeiten eines Werteaufbaus und einer Werteentwicklung. Das Vorleben von Werten bedeutet für die Erzieherin tägliche Herausforderung und Verpflichtung zu gleich.

Die Rolle der Erzieherin als Wertevermittlerin im Situationsorientierten Ansatz

Im Thüringer Kindertageseinrichtungsgesetz ist die Werteentwicklung wie folgt festgeschrieben: „Insbesondere sollen der Erwerb sozialer Kompetenzen wie Selbständigkeit, Verantwortungsbereitschaft und Gemeinschaftsfähigkeit, Toleranz und Akzeptanz gegenüber anderen Menschen und Lebewesen sowie Kreativität und Fantasie gefördert werden“ (ThürKitaG, 2006 § 6). D. h. die Erzieherin ist mit ihrer ganzen Persönlichkeit gefordert und versteht sich als Vorbild für Kinder, um Wertevermittlung zu ermöglichen. Dabei ist fachliche Kompetenz, methodisches Wissen und die Fähigkeit zur Selbstkritik ebenso bedeutsam wie Engagement und Eigeninitiative, Neugierde und Kreativität, Anstrengungsbereitschaft, Achtung und Wertschätzung, Ruhe, Ehrlichkeit und Verlässlichkeit.

Mit bildungspolitischen Strömungen muss sich eine Erzieherin kritisch auseinandersetzen und diese hinterfragen im Sinne einer Qualität, die einer kindorientierten Pädagogik Rechnung trägt. Somit versteht sich eine Erzieherin als Bündnispartnerin und Entwicklungsbegleiterin und setzt sich als Anwältin von Kindern für deren Rechte mit ganzer Kraft ein.

Dazu ein Beispiel aus der Praxis: Zur Schuluntersuchung wurden die Kinder von der Amtsärztin gefragt: „Was macht ihr im Kindergarten schon für die Schule?“ Diese Information erhielten die Erzieherinnen von aufgebrachten Eltern und irritierten Kindern. Daraufhin hat die Leiterin mit der Amtsärztin ein Gespräch initiiert, indem sie die pädagogischen Inhalte des Elementarbereiches aus entwicklungspsychologischer Sicht verdeutlicht hat.

Es wird deutlich, dass ein wertschätzendes vertrauensvolles Miteinander von Eltern und Erzieherinnen zum Wohle der Kinder eine große Bedeutung einnimmt. D. h. die Befriedigung der 16 seelischen Grundbedürfnisse sollte allen an der Erziehung Beteiligten, am Herzen liegen. Bezug nehmend auf das oben genannte Beispiel wird dem Grundbedürfnis „Zeit erfahren“ eine besondere Bedeutung beigemessen.

„Zeit schafft Räume für Wahrnehmungstiefen, in denen Kinder nicht oberflächlich auf Dinge sehen, sondern intensiv einen Gegenstand oder eine Tätigkeit begreifen können“. (Krenz 2005, S. 66). Sie entwickeln die Fähigkeit der Selbstwahrnehmung und Fremdwahrnehmung. Somit lebt und lernt das Kind in der Gegenwart. Entsprechend ist ihr Fühlen, Denken und Handeln ausgerichtet. Das Grundbedürfnis Zeit zu erfahren setzt die notwendige vorhandene

Erwachsenenkompetenz, Entlastung und Ausgewogenheit zu besitzen, um gemeinsam mit Kindern Zeit zu erfahren, voraus. Entwicklung braucht stets eine angemessene Zeit.

Welchen Werten gebe ich persönlich in der praktischen Pädagogik eine besondere Bedeutung?

Viele Gedanken gehen mir bei dieser Frage durch den Kopf. Mein Leben läuft mit unzähligen Emotionen gedanklich in bestimmten Entwicklungszeiten vor meinen Augen ab. Aus diesen eigenen Impressionen meines bisherigen Lebens lässt sich eine ganz bestimmte Tendenz der Werteentwicklung erkennen, die etwas mit meiner Entwicklung und Lebensgestaltung zu tun hat.

So waren in meiner frühen Kindheit, besonders in Institutionen, feste Tagesabläufe und starre Regeln und Normen von Erwachsenen „zum vermeintlichen Wohle aller Kinder" geregelt. Die Individualität des Kindes mit seinen bisherigen Erlebnissen, Eindrücken und Erfahrungen waren nicht Ausgangspunkt von kindlicher Entwicklung. Das wirkliche Verstehen eines Kindes war nicht Grundlage der pädagogischen Arbeit. Das hätte ja bedeutet, dass sich ein Pädagoge mit sich selbst hätte auseinandersetzen müssen. Was so viel heißt wie: Es wäre erforderlich gewesen, z. B. sein eigenes Leben zu beleuchten und geltende starre Regeln und Normen auf ihre Berechtigung zu überprüfen.

Vielmehr war ein wohl angepasstes Kind angenehm. Eigene Ideen oder gar Veränderungen waren von Krippe, Kindergarten bis zum Schulabschluss und auch darüber hinaus in der Ausbildung eher nicht möglich und von der damaligen Gesellschaft auch nicht erwünscht. Es sei denn, sie passten in das sozialistische „Sichtfenster".

Ich bin ein Mensch, der sich nicht mit gegebenen Umständen auf Dauer zufrieden gibt und sich darum auch fragt – „Soll es das sein?" Somit war es für mich Herausforderung und Meilenstein zugleich, nicht „nur" ausschließlich mit Kindern als Gruppenerzieherin zu arbeiten, sondern dies durch die Übernahme der Leitungsfunktion noch intensiver zu leben. Besonders kritisch war eine solche Funktion, wenn man nicht dem damaligen Parteiregime angehörte.

Auch in meinem weiteren Leben waren es stets Ereignisse, die ständig die Frage erforderten: „Stehen die Gegebenheiten mit meinen Vorstellungen und Einstellungen im Einklang?" So war es z. B. die Wende 1989, die ein Arbeiten unter völlig neuen gesellschaftlichen Umständen mit sich brachte. Durch Wegfall des bisherigen politischen Rahmens war es möglich, eigene Vorstellungen und Interessen bei der pädagogischen Arbeit in viel breiterem Maße einzubringen und zu gestalten. Was nicht heißt, dass es nicht auch Erzieherinnen gab und gibt, die die neuen geänderten Situationen für ihre Weiterentwicklung nicht genutzt haben bzw. nicht nutzen.

Nicht nur durch gesellschaftliche Veränderungen, sondern auch durch das Kennenlernen von mir sehr wertgeschätzten und bedeutsamen Menschen, entstanden und entstehen neue interessante Impulse mit neuen Herausforderungen. Dazu zählt auch das Kennenlernen von unterschiedlichen pädagogischen Ansätzen. Unter all den sich mir bietenden Möglichkeiten bestand immer das Bestreben in mir, Kinder wirklich zu verstehen, sie bestmöglichst in ihrer Entwicklung zu unterstützen und dies mit meiner persönlichen Einstellung von „Kindsein" in Einklang zu bringen.

Dabei ist der Situationsorientierte Ansatz der pädagogische Ansatz, der aus meiner Sicht mit dem Berufsbild einer Erzieherin punktgenau übereinstimmt und deshalb die Basis meiner täglichen Arbeit (er-)füllt. Er ist für mich Grundlage bei meiner täglichen Arbeit mit Kindern, bei der Fortentwicklung des Erzieherinnenteams, bei der engen und konstruktiven Zusammenarbeit mit den Eltern und in meiner eigenen Weiterentwicklung. Der Situationsorientierte Ansatz hat für mich im Umgang mit kleinen und großen Menschen(-kindern) privat und dienstlich einen hohen Stellenwert.

Welchen weiteren Werten gebe ich eine besondere Bedeutung?

Achtung und Respekt, Ehrlichkeit und Wahrheit, Liebe, Gewaltfreiheit, Wertschätzung, Sicherheit, Selbstannahme, Zivilcourage, Freude, Ruhe, Glück, Optimismus, Mut, Zugehörigkeit, Zuverlässigkeit, Verantwortung, Individualität, Identität, Einzigartigkeit, Vergebung, Rücksichtnahme, Gleichwertigkeit, Selbstständigkeit, Gesundheit, Herzlichkeit, Dankbarkeit, Geborgenheit, Gelassenheit, Gerechtigkeit und Freiheit, Mitgefühl und Empathie, Menschlichkeit, Friedfertigkeit und konstruktive Kommunikation, Offenheit, Intensität, Ordnung, Klarheit, Akzeptanz, Bildung, Qualität, Veränderung, Entwicklung, Interesse, Kreativität, Wissen, Neugierde, Engagement, Anstrengungsbereitschaft sowie Herausforderung sind Werte, die ich für mich und mein Leben als bedeutungsvoll erachte.

Achtung und Respekt bilden die Basis aller Werte im menschlichen Zusammenleben. Die Voraussetzung dafür ist die Achtung vor sich selbst. Wenn ich spüre, ich bedeute etwas für andere, kann ich das gleiche Gefühl anderen entgegenbringen. Die Achtung vor sich selbst wird, wie bereits schon beschrieben, in der frühesten Kindheit gelegt. Das Kind erlebt, ich werde bedingungslos geliebt und bin für meine Eltern ein Schatz auf dieser Welt.

Wahrheit und Ehrlichkeit bilden eine tragende Rolle für Vertrauen. Urvertrauen brauchen die Kinder für eine seelisch stabile Entwicklung und diese gibt ihnen innere Sicherheit. „Lügen" sind abhängig vom Entwicklungsalter eines Kindes, dabei ist Lüge nicht gleich Lüge. Kindliche Fantasien vermischen sich mit der Realität und lassen so ein Problem verschwinden – „Weglügen". Wenn ein Kind erlebt hat, „Missgeschicke" gehören zum Leben, hat es das Kind nicht nötig, auf sogenannte Notlügen zurückzugreifen. Ältere Kinder (ab dem 6. Lebensjahr) greifen auf Lügen zurück, wenn sie Angst vor Strafen haben. Bei mangelndem Selbstbewusstsein können Lügen das „Leiden", zumindest in diesem Moment, minimieren. Diese Kinder erfinden Reichtümer, Freunde oder besondere Eigenschaften der Eltern, um Anerkennung, z. B. in der Gruppe, zu erhalten. Die Erzieherin sollte gerade diese Kinder in der Selbstständigkeit unterstützen, um ihr Selbstwertgefühl zu stärken, ihnen echte und ehrliche Entwicklungsbegleitung anbieten, durch z. B. Projektthemen, die lauten könnten: „Stark sein wollen – Seht doch, was ich alles kann", „Wertschätzung erleben wollen – Achtet mich so, wie ich bin", „Unsicherheit in sich tragen – Sicherheit erleben und spüren wollen". Natürlich ist auch die Ehrlichkeit sich gegenüber geboten. Man muss mit sich identisch sein!

Friedfertigkeit hat viel mit Achtung und Respekt zu tun, bei dem auch hier die Vorbildrolle der Erwachsenen Voraussetzung ist, wie z. B. sich beim Kind zu entschuldigen. „Sich entschuldigen zu können, ist eine Voraussetzung für ein friedliches und friedfertiges Miteinander" (Pighin 2005, S. 66).

Empathie heißt, die Fähigkeit zu besitzen, sich in andere hineinzufühlen, seine Gefühle zu teilen und sich damit über sein Verstehen und Handeln klar zu werden. Empathie ist auch Anteilnahme und gegenseitiges Verstehen. Voraussetzung für die Fähigkeit von Empathie ist, dass sich der Mensch selbst anerkennt und akzeptiert und eine eigenständige Persönlichkeit ist. Gelingt es den Erzieherinnen und den Eltern, beim Kind Unterstützung für die Entwicklung von Selbstvertrauen und Selbstbewusstsein zu geben, dann kann ein Kind Empathie entwickeln. Ein Kind benötigt Erwachsene, die ihm Einfühlungsvermögen, Anteilnahme und Verständnis entgegenbringen, um aus der Vorbildrolle die Fähigkeiten für Empathie entwickeln zu können.

Wertschätzung von Personen, Gegenständen und Natur hat etwas mit Sorgsamkeit zu tun. Wertschätzung bezeichnet die positive Bewertung des Umfeldes.

Hilfsbereitschaft beruht auf Gegenseitigkeit und wird dann auch als Selbstverständlichkeit beim eigenen Handeln gesehen.

*Höflichkeits*regeln haben sich im Laufe der Jahre verändert und sind nicht gleichzusetzen mit konservativen Höflichkeitserwartungen. Das Erleben von wertschätzendem, gegenseitigem Respekt und Achtung unter der Beachtung der Höflichkeitsrituale gibt Unterstützung zu einer höflichkeitsgeprägten Umgangskultur. Voraussetzung dafür ist, dass das Kind die Chance hat, von solchen Erwachsenen umgeben zu sein.

Rücksichtnahme erfordert, eigene Bedürfnisse und Interessen zugunsten anderer zurückzustellen. Aus entwicklungspsychologischer Sicht ist dies frühestens mit drei bis vier Jahren möglich. Um Rücksichtnahme zu lernen, ist das Erleben von Rücksichtnahme notwendig. Dabei sollten Erwachsene stets ihr Verhalten kritisch überprüfen.

Verantwortung für sich selbst und für andere übernehmen ist notwendig für das eigene „Vorankommen" und für die zwischenmenschlichen Beziehungen. Wird dem Kind die Chance verwehrt, Verantwortung zu übernehmen, besteht die Gefahr, dass sich das Kind zu einem Egoisten entwickelt. Diese Kinder geben dann oft den Verhältnissen die Schuld, z. B. denLebensbedingungen, der Gesellschaft, dem Zuspätkommen, der Entfernung. Erleben die Kinder von Anfang an bedingungslose Liebe mit dem daraus folgenden Urvertrauen, wirkt ihr natürliches Bestreben nach Selbstständigkeit, welches mit Verantwortung gekoppelt ist. Verantwortung und die Einhaltung von geltenden Regeln haben etwas Gemeinsames. So hat doch Beides nur eine wertvolle Bedeutung, wenn man sich an Regeln hält. Ein verantwortungsloses Verhalten ist mit Konsequenzen (die es unbedingt einzuhalten gilt) aufzuzeigen, die man im Vorfeld bespricht und festlegt.

Um *Zivilcourage* zeigen zu können braucht das Kind Selbstsicherheit und Selbstvertrauen. Nur dann ist es ihm möglich, mutig und beherzt Verantwortungsbewusstsein, Hilfsbereitschaft und Mitgefühl anderen gegenüber zu zeigen. Das Kind benötigt dazu das tiefe Empfinden – „Ich bin wer“ – „Ich werde gehört und gebraucht“ – „Meine Stimme zählt“ – „Ich kann mit entscheiden und demzufolge auch für andere eintreten, wenn diese in Not und Gefahr sind“.

Liebe zu Kindern ist ein hoher Wert und verlangt keine Gegenliebe. Wir geben dem Kind das Gefühl, dass man sich ihm zugeneigt fühlt, ohne Absichten zu haben. Das Kind weiß, die Erzieherin hält zu mir, da kann passieren, was will, ohne Besserwissen, Schuldzuweisungen bzw. Vorwürfen. Wir zeigen den Kindern, dass wir einander gern haben, dass wir sie achten und lieben ausnahmslos und bedingungslos. Liebe heißt mit Kindern (mit-)fühlen, sie in ihrer Entwicklung begleiten. Liebe bedeutet auch einen anderen Menschen anzunehmen, ihm Nähe zu schenken. Ein Kind, das sich nicht geliebt fühlt, wird um diese Liebe kämpfen und wenn der Kampf nichts bringt, wird es für sich entscheiden – „Ich mache das kaputt, was mich kaputt gemacht hat.“ Dazu darf es nicht kommen. Deshalb ist „Bildung durch Bindung“ ein wichtiger Grundsatz in der Elementarpädagogik.

Pflicht ohne Liebe macht verdrießlich.
Erziehung ohne Liebe macht widerspruchslos.
Gerechtigkeit ohne Liebe macht hart.
Freundlichkeit ohne Liebe macht heuchlerisch.
Ordnung ohne Liebe macht kleinlich.
Verantwortung ohne Liebe macht rücksichtslos.
Klugheit ohne Liebe macht gerissen.
Wissen ohne Liebe macht rechthaberisch.
Wahrheit ohne Liebe macht ungeduldig.
Macht ohne Liebe macht gewalttätig.
Besitz ohne Liebe macht geizig.
Ehre ohne Liebe macht hochmütig.
Glaube ohne Liebe macht fanatisch.
Ein Leben ohne Liebe ist sinnlos.

A. Lassen

Zusammenfassend kann man sagen, ein Wert ist dann wertvoll, wenn z. B. die Erzieherin dazu beiträgt, dass sich das Kind entwickeln kann, Neues lernt und sich von nutzlosen Dingen trennt. Demzufolge sind alle zu entwickelten Werte zunächst immer formulierte Ziele und Ansprüche an sich selbst. Vorgelebte Werte der Erzieherin werden auch eigene Werte der Kinder. Bedeutsam ist die Echtheit der gesamten Erzieherinnenpersönlichkeit.

Werteerleben, Werteaufbau und Werteentwicklung, dargestellt am Projektbeispiel „Wertschätzung erleben wollen – Achtet mich so, wie ich bin"

Die Kinder erleben die Kindertagesstätte als einen Ort der Achtung, Anerkennung und Wertschätzung. Im Projekt: „Wertschätzung erleben wollen – Achtet mich so, wie ich bin" geht es darum, die Einzigartigkeit eines jeden Kindes spürbar erleben zu können. Die Kinder erfahren die Achtung und Wertschätzung der Erwachsenen vor ihrer Entwicklung zu allererst dadurch, dass sie als Person, als Mensch in ihrer Individualität wahrgenommen werden. Wertschätzung und Achtung den Kindern gegenüber zu haben, verlangt die Fähigkeit der Erwachsenen, auf Vergleiche mit anderen Kindern zu verzichten. Wertschätzung und Achtung haben auch etwas mit Verzicht zu tun, Kinder vor anderen bloßzustellen, lächerlich zu machen oder sie in ihrer Würde zu verletzen. Ein Kind in seiner Würde zu verletzen heißt nichts anderes, als ihm einen großen Teil seines Selbstwertgefühls zu nehmen.

Wenn also die Kindertagesstätte als ein Ort der Wertschätzung gilt, an dem mit Respekt und Achtung umgegangen wird, dann kommt der Individualbegleitung eines Kindes eine weitaus stärkere Bedeutung zu als einer „Sozial-Erziehung". Erst wenn ein Kind mit sich umgehen kann, kann es auch mit anderen (kleinen und großen) Menschen kooperieren. Das heißt, wenn ich glücklich bin, kann ich auch glücklich mit anderen sein.

Dies zu erleben, lässt Kinder stolz auf das sein, was sie können und hindert sie daran, mit Respektlosigkeit und Geringschätzung im Umgang mit anderen Kindern zu reagieren. Respekt/Wertschätzung und Achtung schaffen einen Ausgangspunkt, der zu einem starken Selbstwertgefühl beiträgt.

Im Situationsorientierten Ansatz geht es darum, Kinder in ihrer Entwicklung aktiv und engagiert zu unterstützen und zu begleiten, d. h. Kinder erhalten die Möglichkeit, im Laufe unseres Projektes ihre Erlebnisse zu verarbeiten und zu verstehen, Fragen zu beantworten, Zusammenhänge zu begreifen, erlebte Situationen und Ereignisse zu bewältigen und individuelle und soziale Kompetenzen mit nachhaltiger Wirkung auf- und auszubauen.

Im Projekt sind die Kinder mit ihren Lebensthemen und ihrer Lebenswelt Ausgangspunkt der inhaltlich pädagogischen Arbeit. Lebensthemen sind kindeigene, subjektiv erlebte und verankerte Entwicklungsmerkmale, die sich aus der individuellen Lebensgeschichte des Kindes ergeben haben und seine eigene Persönlichkeit zu der gemacht haben, die es täglich zeigt.

Fragt man sich nun, wie bzw. durch was Kinder ihre Erlebnisse, Eindrücke und Erfahrungen nach außen tragen, so kann anhand der Entwicklungsforschung festgehalten werden, dass Kinder sechs Ausdrucksformen zur Verfügung haben:

- ihr gezeigtes Verhalten,
- ihre gewählten/nicht gewählten Spielformen,
- ihre Erzählthemen und ihre Sprache,
- ihr Malen und Zeichnen,
- ihre Tag- und Nachtträume
- sowie ihre Motorik.

Ausdrucksformen werden als ein „Spiegel der Seele“ verstanden, durch den das Innenleben zum Vorschein kommt. Hier wird deutlich, dass die Entwicklung ausschließlich vom Kind ausgeht. Ein *afrikanisches Zitat* unterstreicht dies: „Du kannst vor dem davonlaufen, was hinter dir her ist. Aber was in dir ist, das holt dich ein.“

Der Situationsorientierte Ansatz macht es sich zur ersten Aufgabe, die Ausdrucksformen der Kinder zu beobachten, über einen längeren Zeitraum zu sichten und schriftlich zu protokollieren. Aus den notierten Beobachtungen, verteilt in die Ausdrucksformen, stellen die Erzieherinnen für jedes Kind einen Lebensplan auf. Ein Lebensplan ist ein „roter Faden“ der sich durchs Leben zieht. Er hat einen Erzählwert – „Wie geht es mir – meiner Seele?“

So stellten wir uns die Frage: Was brauchen bzw. suchen die Kinder? Antworten auf diese Fragen erhalten Erzieherinnen, wenn sie die Symbolsprache, d.h. die symbolischen Äußerungen der kindlichen Seele, verstehen, begreifen und sie in den Mittelpunkt der kindorientierten Arbeit, einer Pädagogik vom Kind aus, stellen.

Auf der Suche nach dem Lebensplan haben wir bei den Kindern herausgefunden, …

- dass sie sich unsicher fühlen,
- dass sie einige „Kraftwörter“ im Tagesablauf gebrauchen,
- dass sie im Fernsehen und den Medien Gewalt erleben (die unverarbeitet bleibt),
- dass manche mit Waffen und Waffenimitaten spielen,
- dass sie Dinos, Brücken und Totenköpfe malen,
- dass einige über Missgeschicke anderer Kinder lachen,
- dass sie Anspannung z.B. bei Überforderung erleben.

Aus der Häufung von bestimmten Begriffen wurde das Lebensthema der Kinder gefunden, welches zugleich das Projektthema ist: Das typische, kindliche Denkmuster: „Wenn ich schwach bin, muss ich stark sein – wenn ich stark bin, kann ich auch mal schwach sein."

Kinder lernen im Projekt ganzheitlich. Wir Erzieherinnen unterstützen die Lernprozesse der Kinder durch eine eigene lernfreundliche Haltung (Vorbildfunktion) und durch eine anregungsreiche Umgebung. Die Kindertagesstätte ist somit ein Ort des entdeckenden Lernens, wenn wir …

- die Neugier der Kinder und unsere eigene erhalten und wecken,
- uns selbst als Lernende begreifen und mit den Kindern lernen,
- „Staun-Anlässe" nutzen, zum Forschen und Entdecken ermutigen, tastende Versuche zulassen und anregen,
- verstehen wollen, was Kinder beschäftigt,
- Fragen stellen, ohne auszufragen, beobachten, ohne zu belauschen,
- uns zurückhalten statt vorauszueilen, besser zu wissen oder gar zu belehren,
- Kinder voneinander lernen lassen,
- „Fehler" nicht als Behinderer, sondern als Verbündete des Lernens ansehen,
- Lernorte auch außerhalb der Kindertagesstätte aufsuchen,
- keine bestimmten Lernergebnisse erwarten.

Das macht Bildungsqualität (kindgerechte, ganzheitliche Entwicklung – hirngerechte Bildung) in der Kindertagesstätte aus.

Dem Bedürfnis nach Neugier und Handlungsaktivität der Kinder wurde entsprochen. Die Kinder hatten Zeit zum Ausprobieren, Entdecken, Experimentieren und Begreifen. Dabei konnte sich ihre Fantasie und Kreativität entfalten. Gemeinsam haben wir gemalt, gezeichnet, gesungen, getanzt, gespielt, gewerkelt und natürlich auch viel gelacht. Während des Projektes setzten die Kinder sich mit sich selbst und ihrer Umwelt auseinander. Dabei lernten sie ihre Stärken und ihre Grenzen kennen, diese zu respektieren und anzunehmen. Sie haben erfahren, dass Anstrengung sich lohnt, dass man danach Freude am Erreichten hat. Ein Durchhalten erhöht langfristig die Belastbarkeit, die wiederum notwendig ist für eine Schulfähigkeit. Die Kinder sind aktiver, handlungsfähiger, neugieriger und stabiler in ihrem Verhalten geworden, z. B.:

- erinnern sie sich gegenseitig an selbst aufgestellte Regeln und deren Einhaltung,
- lösen sie Konflikte selbst und verständigen sich sprachlich,
- bitten sie nur noch selten ihre Erzieherinnen um Mithilfe zur Klärung ihrer Konflikte,
- tun sie ihre Meinung kund,
- verknüpfen sie ihr Wissen und finden Verbindungen,
- stellen sie Fragen und suchen nach dem „Wieso – Weshalb – Warum …"

- schreiben sie mit ihren Erzieherinnen ein Theaterstück („Pippi und die starken Männer"), suchen nach passenden Liedern und Tänzen, erarbeiten den dazugehörigen Sprachtext, werkeln Requisiten, suchen Kostüme aus und gestalten mit Aquarellmalerei ihr Drehbuch zum Theaterstück.

Gemeinsam haben wir Fotos, die während unseres Projektes gemacht wurden, betrachtet, Videoaufnahmen angeschaut und unsere Projekthefter bestaunt. Es war eine fantastische „Abenteuerreise" mit vielen Entdeckungen, Erlebnissen, Wagnissen, Erkenntnissen, Herausforderungen und ganz viel Freude. Während des gesamten Projektes, welches ca. ein dreiviertel Jahr lief, entwickelte sich bei den Kindern Lernfreude, Lerninteresse und Lernmotivation, gefüllt mit ungebändigter Neugier.

„Achtung und Wertschätzung bilden die Basis aller Werte im menschlichen Zusammenleben. Nur wer Achtung vor der Würde jedes anderen Menschen hat, ist in der Lage, auch andere Werte zu verinnerlichen. (…) Die wichtigste Voraussetzung dafür, dass ein Mensch andere Menschen achtet und respektiert ist die Achtung vor sich selbst." (Pighin 2005, S. 53)

Achtung und Wertschätzung zeigt sich auch in einer auf die Gegenwart ausgerichtete Pädagogik, welches *Friedhelm Beiner* in seinem Zitat deutlich macht.

Wie kann man ein Kind in seinem Mensch sein achten?
Indem man ihm das Risiko eigener Erfahrungssammlung zugesteht,
die einseitige Zukunftsorientierung
zu Lasten der Gegenwart des Kindes aufgibt und die Individualität
und Identität jedes einzelnen Kindes respektiert.

Friedhelm Beiner

Konsequenzen für eine gelebte Wertepädagogik in der Kindertagesstätte

Die Erzieherin kann Kindern nur die Werte „vermitteln", die sie selbst lebt. Wie sie Kinder achtet und wertschätzt, hat großen Einfluss auf deren Werte. Damit Kinder Werte erfahren können, brauchen sie stabile und motivierte Erzieherinnen mit „Herz, Kopf und Hand", eine anregungsreiche und spannende Spiel- und Lernatmosphäre und kindeigene Projekte. Daraus leitet sich für die Kindertagesstätte die Aufgabe her, die Bedingungen zur Werteentwicklung zu schaffen. Erfahren die Kinder Halt und Geborgenheit, klare (mit Kindern aufgestellte) Regeln mit nachvollziehbaren Grenzen und Konsequenzen, die gleichzeitig auch Freiräume und Freiheiten einräumen, dann können die Kinder Werte erleben, aufbauen und entwickeln. Die Kinder fühlen sich wertgeschätzt.

Der chinesische Philosoph Konfuzius drückt dies wie folgt aus:

Erzähle es mir – und ich werde es vergessen. Zeige es mir – und ich werde mich erinnern. Lass es mich tun – und ich werde es behalten.

Konfuzius

Das heißt, Kinder lernen Werte nicht durch Reden, sondern durch Handeln. Dieser Zusammenhang lässt sich in einem Beziehungsdreieck zur Werteentwicklung darstellen.

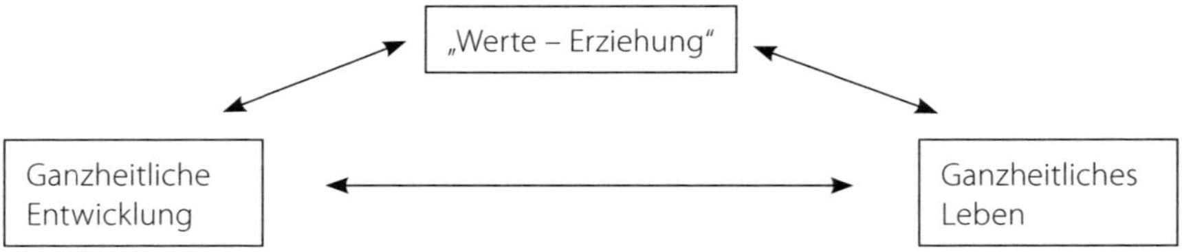

Beziehungsdreieck zur Werteentwicklung

Die Rolle der Erwachsenen als Vorbildfunktion ist Voraussetzung für die Entwicklung von Werten.

Fazit

Erziehung ist Vorbild und Liebe, sonst nichts.

Johann Heinrich Pestalozzi

Ein Kind braucht liebevolle Eltern, die ihnen das Gefühl geben: „Sie sind froh, dass es mich gibt und sie lieben mich vorbehaltlos und innig". Dann ist das Kind mit sich und der Welt zufrieden. Es kann sich auf seine Entwicklung einlassen, weil seine Eltern nicht die Erziehung auf die entfernte Zukunft ausrichten, vielmehr jeden Moment mit ihrem Kind genießen. Die angeborene Neugier und Entdeckerlust kann sich voll entfalten. Durch das gelebte Vorbild der Eltern verfügt das Kind über ein optimales „Entwicklungsgepäck", gefüllt mit Liebe, Sicherheit, Selbstwertgefühl und Abenteuerlust. Das Kind wird aufgrund seiner erlebten Erfahrung mit sich und seiner Umwelt u. a. respektvoll, achtsam und wertschätzend umgehen (können).

Kinder brauchen Eltern und Erzieherinnen, die sich dieser Vorbildfunktion bewusst sind und sich der Herausforderung einer sinnvollen Wertevermittlung stellen. Kinder sind darauf angewiesen, dass Erwachsene ihnen Werte vermitteln, denn Kinder lernen durch Nachahmung. Werte geben Kindern Klarheit, Schutz und Sicherheit. Sie sind ein sicheres Fundament in ihrem gesamten Leben.

Das Leben ist so wundervoll, wenn man sich Zeit nimmt, den Wert des Lebens wahrzunehmen.

Literatur

Becker-Textor, I.: Friedrich Fröbel. Erst greifen, dann begreifen. In: Redaktion Kindergarten heute (Hrsg.): Kiga-heute spezial – Pädagogische Handlungskonzepte von Fröbel bis zum Situationsansatz. Freiburg, o. J., S. 12–13

Fees, K.: Werte und Bildung. Werteorientierung im Pluralismus als Problem für Erziehung und Unterricht. Opladen 2000

Ferro, M./Jeammet, P.: Kinder und Werte. Erziehung in einer schwierigen Welt. Weinheim/Basel 2001

Gebauer, K.: Klug wird niemand von allein. Mannheim 2007, S. 111

Grossmann K./Grossmann, K. E.: Bindungen – das Gefüge psychischer Sicherheiten. Struttgart 4 Aufl. 2006, S. 300

Günster, U.: Kinder auf ihrem Weg begleiten. Ein Erziehungsratgeber. Lahr 2007

Harz, F.: Was das Leben wertvoll macht: Werteerziehung in christlicher Verantwortung. In: Krenz, A. (Hrsg.): Handbuch für ErzieherInnen in Krippe, Kindergarten, Kindertagesstätte und Hort. München. NL 46, 2008

Hupperts, N.: Lebensbezogener Ansatz. In: Pousset, R. (Hrsg.): Handwörterbuch für Erzieherinnen und Erzieher. Weinheim/Basel 2006, S. 244

Hüther, G.: Die Macht der inneren Bilder. Göttingen 2.Aufl. 2005

Hüther, G.: Die Evolution der Liebe. Göttingen 2007, Seite 87

Juul, J.: „Was Familie trägt – Werte in Erziehung und Partnerschaft“. München 2006

Klein, L.: Freinetpädagogik. In: Pousset, R. (Hrsg.): Handwörterbuch für Erzieherinnen und Erzieher. Weinheim/Basel 2006, S. 136

Krenz, A.: Mit Kindern jeden Tag erleben – Ein pädagogisches Gedankenhandbuch. Darmstadt 1996

Krenz, A.: Was Kinder brauchen. Weinheim/Basel 5. Aufl. 2005

Krenz, A.: Werteentwicklung in der frühkindlichen Bildung und Entwicklung, Berlin/Düsseldorf/Mannheim 2007

Krenz, A.: Der Situationsorientierte Ansatz auf einen Blick. Freiburg im Breisgau 2004

Krenz, A.: Was Kinder brauchen – Aktive Entwicklungsbegleitung im Kindergarten. Berlin, Düsseldorf/Mannheim 2007

Krenz, A.: „Der „Situationsorientierte Ansatz“ in der Kita. Troisdorf 2008

Mettler-v.Meibom, B.: Gelebte Wertschätzung. Eine Haltung wird lebendig. München 2007

Pighin, G.: „Kindern Werte geben – aber wie?“ München 2005

Simon, H./Hungs, F.-J./Singer, U.: Unser Kindergarten ist keine Insel – Situations- und Werteorientierung im Netzwerk Kindergarten. München 1998

Stein, M.: Wie können wir Kindern Werte vermitteln? Werteerziehung in Familie und Schule. München 2008

Stöcklin-Meier, S.: „Was im Leben wirklich zählt – Mit Kindern Werte entdecken“. München 2004

Waller, K.: Von Achtung bis Zivilcourage. Lexikon der Werte und Tugenden. Stuttgart/Zürich 2002

Cindy Benkel / Armin Krenz / Bianca McGuire

Der Situationsorientierte Ansatz auf den Punkt gebracht

Der „Situationsorientierte Ansatz in der sozialpädagogischen Praxis“ (wie er vollständig heißt) wurde in einem Zeitraum von sechs Jahren (1984–1989) am „Institut für angewandte Psychologie und Pädagogik in Kiel“ von Dr. phil. Armin Krenz auf der Grundlage der Kernaussagen des „Situationsansatzes“ erarbeitet. Er hat sich in den letzten 20 Jahren in Deutschland und dem europäischen Ausland als ein viel beachteter elementarpädagogischer Ansatz etabliert.

Dieser humanistisch orientierte Ansatz berücksichtigt in erster Linie die vergangenen und gegenwärtigen sozialkulturellen und psychologisch bedeutsamen Lebensbedingungen von Kindern und ihren Eltern, wohl wissend, dass bedeutsame biografische Einflüsse einen persönlichkeitsprägenden Wert für Menschen besitzen.

Dieser Ansatz basiert auf einem ganzheitlichen Menschenbild, das die Entwicklung aller Personen, die im Entwicklungsprozess eines Kindes involviert sind, in den Mittelpunkt rückt.

Dabei geht der Ansatz immer wieder von folgender Grundsatzfrage aus: Welche entwicklungsförderlichen Bedingungen brauchen Kinder und ihre Familien (heute), um eigene, vorhandenen Ressourcen auf- und auszubauen? Im Unterschied zu anderen pädagogischen Ansätzen ist er persönlichkeitsorientiert und damit weder auf Bildungsrichtlinien fixiert noch an Außenthemen (z. B. Jahreszeiten) orientiert.

Der Situationsorientierte Ansatz lässt sich in erster Linie von den jeweils aktuellen Ergebnissen und Erkenntnissen folgender Wissenschaftsdisziplinen leiten:

1. Der Entwicklungspsychologie (Prof. Dr. R. Oerter; Prof. Dr. R. Largo; Prof. Dr. G. Mietzel; Prof. Dr. H. Keller)
2. der Bildungsforschung (Prof. Dr. G. Schäfer; Prof. Dr. R. Tippelt; Prof. Dr. M. Hasselhorn; Dr. H. J. Leu; Prof. Dr. L. Liegle; Prof. Dr. R. Dollase)
3. der Neurobiologie (Prof. Dr. G. Hüther; Prof. Dr. M. Spitzer,;Dr. K. Gebauer; Prof. Dr. L. Cozolino) und
4. der Bindungsforschung (Prof. Dr. M. Farrell Erickson; Prof. Dr. B. Egeland; Prof. Dr. K.-H. Brisch; Prof. Dr. K./K. Grossmann; Dr. J. Bowlby; Prof. Dr. I. Bretherton und Prof. Dr. Th. Hellbrügge).

Ziel des Situationsorientierten Ansatz ist es, die Selbst-, Sach- und Sozialkompetenz von Kindern auf- und auszubauen, um bei Kindern möglichst viele Ressourcen zu wecken bzw. aufzugreifen und eine Entwicklung in allen Entwicklungsfeldern möglich zu machen.

Praktisch bedeutet dies, die Selbstständigkeit der Kinder, ihre Autonomie und ihr soziales Verhalten auf der Grundlage eines werteorientierten Verhaltens zu aktivieren und weiterzuentwickeln. Dabei gründet sich der Situationsorientierte Ansatz auf der Annahme, dass Pädagogik keine Methode sein kann bzw. darf, gleichzeitig aber in seiner pädagogischen Umsetzung durchaus strukturiert geplant werden kann. Ausgangspunkt sind immer die Menschen, die in einem permanenten Dialog stehen: das Kind mit dem Erwachsenen und der Erwachsene mit dem Kind.

Der Situationsorientierte Ansatz geht stets von sieben verbindlichen Eckwerten aus, die eine Orientierung für eine professionell gestaltete Elementarpädagogik bilden:

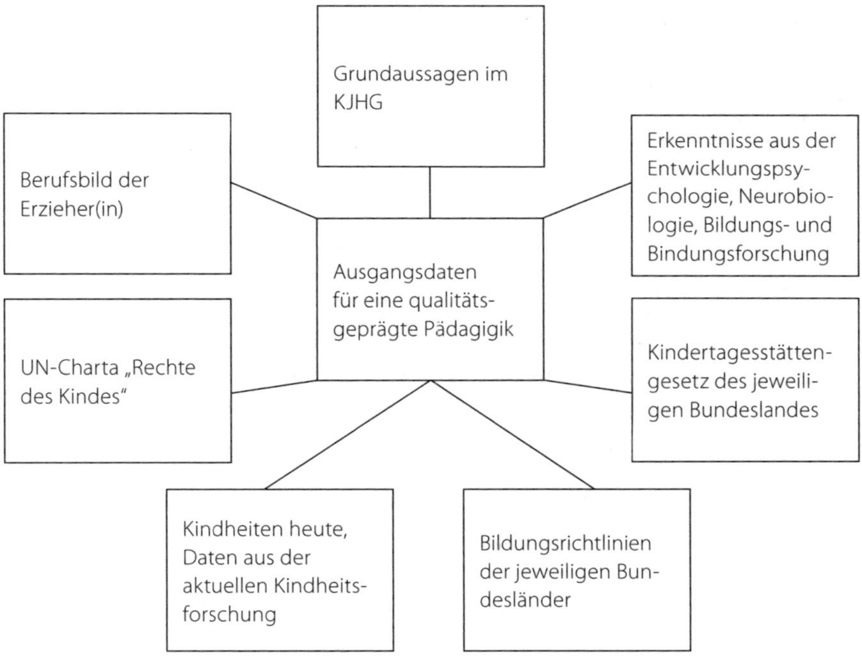

Verbindliche Eckwerte bilden die Grundlagen für eine professionelle Pädagogik.

Daraus ergeben sich Konsequenzen und Eckwerte für die Praxis:

1. Das humanistische Menschenbild (Hauptvertreter: Janusz Korczak) prägt nicht nur die gesamte pädagogische Arbeit, sondern verlangt auch von den elementarpäd-

agogischen Fachkräften eine stets *reflektierte Selbstbildung* und eigene Persönlichkeitsentwicklung. Getreu dem Motto: Das Prinzip des lebenslangen Lernens gilt zu allererst für die eigene Person, zumal *Authentizität* der wichtigste Bildungsimpuls für Kinder bildet.

2. Der Stellenwert der Eltern, die im Sinne einer entscheidenden Mitverantwortung für die Entwicklung ihrer Kinder in die pädagogische Arbeit mit einbezogen werden, ist hoch eingestuft. Daher kommt der Elternbildung, Elternberatung und einer kommunikationsfreundlichen Zusammenarbeit ein hoher Stellenwert zu. Gleichzeitig spricht der Ansatz von einer Elternbeteiligung und Mitsprache – allerdings nicht von einer Mitbestimmung. In diesem Ansatz behalten es sich die pädagogischen Fachkräfte vor, die Eckwerte ihrer Arbeit auf der Grundlage fachlicher Erkenntnisse zu bestimmen und festzulegen.
3. Grundlegende Ansprüche an eine konstruktive, von Konflikten bereinigte und respektvolle, kollegiale Zusammenarbeit bestehen aus dem Grund, um Kindern in allen Belangen ein gutes Vorbild zu sein und gleichzeitig für eine entwicklungsförderliche Innenqualität zu sorgen.
4. Der didaktische Aufbau von Projekten wird als Garant gegen eine „Zufallsdidaktik" (im Unterschied und in deutlicher Abgrenzung zum „situativen Arbeiten") oder eine sogenannte „Spaßpädagogik" angesehen. Im Situationsorientierten Ansatz geht es nicht darum, „was Kinder wollen", sondern vielmehr darum, „was Kinder für eine seelisch gesunde Entwicklung brauchen". Projekte lassen daher eine „situative Arbeit" nicht zum Zuge kommen – gleichzeitig sind sie selbstverständlich dann flexibel, wenn es auf der Grundlage von besonderen Ereignissen notwendig erscheint, Projektschwerpunkte für eine begrenzte Zeit zurückzustellen. Ebenso wird im Situationsorientierten Ansatz eine „laissez-faire"-Pädagogik abgelehnt! Der Situationsorientierte Ansatz hebt einen demokratischen Erziehungsstil in den Mittelpunkt, in dem „Partizipation" (Beteiligung der Kinder) groß geschrieben wird. Das zeigt sich beispielsweise in der regelmäßigen Durchführung von Kinderkonferenzen und in der alltäglichen Umgangskultur.
5. Qualitätsansprüche im Sinne einer überprüfbaren und transparenten Arbeit bestimmen die Arbeit, sodass nicht „jeder machen kann, was er will". In diesem Zusammenhang sei darauf hingewiesen, dass vom Entwickler des Situationsorientierten Ansatzes auch ein *Qualitätsinstrumentarium* erstellt wurde (Krenz 2001). Dieses Qualitätssicherungsverfahren wird in ganz Deutschland und in einigen Nachbarländern in Europa viel beachtet und genutzt – auch von Kindertageseinrichtungen, die einen anderen Ansatz zum Ausgangspunkt ihrer Arbeit erklärt haben.
6. Die Abgrenzung von öffentlichen und modernistischen Erwartungen leitet sich von den Ausgangswerten ab, sofern erstere nicht von wissenschaftlichen Belegen untermauert sind. Im Situationsorientierten Ansatz herrscht ein klares pädagogisches Grundverständnis vor: „Kinder sind keine Experimentiermäuse!"
7. Das Bildungsverständnis (Bildung aus erster Hand) legt nahe, dass gerade die Bildungsarbeit im Situationsorientierten Ansatz darauf Wert legt, keine gezielten

„Förderprogramme" künstlich zu initiieren. Stattdessen geht es im Alltagsgeschehen um ein „concomitant learning" – ein „Lernen nebenbei", das sich aus bildungswissenschaftlicher Sicht als weitaus effektiver herausgestellt hat als ein defizitorientierter Ansatz (mit „Übungseinheiten").

Grundsätzliche Annahmen im Situationsorientierten Ansatz

A) Erzieherinnen als Ausgangspunkt

Grundannahmen:

1. Kinder haben ein Recht darauf, sich als gern gesehener Gast auf dieser Welt zu empfinden, verbunden mit einem erlebten Gefühl von Annahme und Respekt. Dafür bedarf es Erzieherinnen, die allen Kindern ein Modell für „Humanität", „Werteorientierung", „Engagement", „Neugierde" und „Selbstbildungsinteresse" sind.
2. Erzieherinnen sind in erster Priorität „Bündnispartner" der Kinder und beachten ihre Entwicklungsressourcen – entsprechend dem eigenständigen, gesetzlich verankerten Erziehungs-, Bildungs- und Betreuungsauftrag (KJHG, 8. Bd., 2. Hlbd.) und den in der UN-Konvention „Rechte des Kindes" verankerten Entwicklungsrechten.
3. Die Elementarpädagogik muss sich – im Zuge des gesellschaftlichen Wandels – wieder auf bedeutsame Wertebereiche beziehen. So legt der Situationsorientierte Ansatz einen besonderen Bedeutungswert auf eine gepflegte Sprach-, Ess-, Spiel-, Konflikt-, alltagsorientierte Lern-, Kommunikations- und Umgangskultur.
4. Der Mensch kann seine Zukunft nur dann aktiv und kompetent gestalten, wenn er vergangene Belastungen und negative Lebenseindrücke bzw. entwicklungshinderliche Erfahrungen verarbeitet hat. Daher lautet der ausschlaggebende Grundsatz: „Vergangenheitsbewältigung in der Gegenwart (z. B. durch aktive Projektarbeit) lässt vorhandene Entwicklungsressourcen für die kompetente Gestaltung der Zukunft wirksam werden."
5. Kinder benötigen für ihre Entwicklung keine isolierten, funktionsorientierten oder kurzfristigen Programmanwendungen. Vielmehr geht es im Situationsorientierten Ansatz um wirklichkeitsnahe, lebensbedeutsame und kindorientierte Arbeitsschwerpunkte. Insofern stellen kind- und sozialorientierte Beobachtungen die Grundlage für alle geplanten Projekte dar.
6. Das Spiel (in seinen 14 Spielformen) bildet den Mittelpunkt der Arbeit, ausgerichtet auf bildungswissenschaftliche Erkenntnisse, dass der Bereich „Spielfähigkeit" auf das Engste mit dem Merkmal einer „Schulfähigkeit" vernetzt ist (vgl. Prof. Dr. R. Dollase, Prof. Dr. L. Liegle, Prof. Dr. H. Mogel, Prof. J. Fritz). Daher findet eine „vorgezogene Schuldidaktik" im Situationsorientierten Ansatz grundsätzlich keinen Platz, zumal alle ernstzunehmenden Forschungsergebnisse aus dem weiten Feld der Bildungsforschung eine „Vorschulpädagogik" auch für nicht nachhaltig einstufen.

Personkompetenzen der Fachkräfte im Situationsorientierten Ansatz:

- Sie besitzen eine hohe aktuelle Fachlichkeit, die sie durch regelmäßige Fort- und Weiterbildung erhalten bzw. erweitern und aktualisieren.
- Sie tragen ein hohes Maß an Zivilcourage in sich, um mittels ihrer Fachkompetenz die Lebens- und Lernbedingungen der Kinder zu verbessern. Dazu engagieren sie sich sowohl innerhalb als auch außerhalb der Einrichtung.
- Sie zeichnen sich selbst durch eigene Neugierde, Motivation und Lernfreude aus, um Kinder möglichst wenig „belehren" zu müssen als vielmehr durch ihr vorbildhaftes Wirken ein bindungs- bzw. bildungsstarkes Modell zu sein. Diese Grundlage entspricht den Grundsätzen der sogenannten PISA-Sieger, in der die Maxime gilt: „Bildung durch Bindung."
- Sie versuchen auch das eigene Leben im Sinne einer persönlichen Authentizität „ganzheitlich" zu führen.
- Sie gestalten ihre Tätigkeit so, dass ihr Wirken vor allem auf die Grundbedürfnisbefriedigung von Kindern ausgerichtet ist und Kinder in einen nachhaltigen Selbstbildungsprozess gelangen (können).

B) Kinder als Mittelpunkt im Situationsorientierten Ansatz

Grundannahme: Jeder Eindruck braucht einen Ausdruck und jeder Ausdruck hat eine Bedeutung.

Im Situationsorientierten Ansatz werden Erlebnisse, Erfahrungen und Eindrücke von Kindern aufgegriffen, die sie über die *sechs Ausdrucksformen* (Verhalten, Spiel, Sprache, Malen und Zeichnen, Bewegung und Träume) zeigen. Der Zweck des Ausdruckswertes für das Kind liegt darin, seelisch in ein Gleichwicht zu kommen. Deshalb hat jeder Ausdruck einen Bedeutungswert für das Kind und hilft ihm so, vergangene Eindrücke zu verarbeiten.

Ausdruckswerte haben im Verständnis des Situationsorientierten Ansatzes einen verschlüsselten, symbolischen Erzählwert, mit dem auch ein Appell verbunden ist: „Seht her: so geht es mir und holt mich da ab, wo ich stehe!"

Der Situationsorientierte Ansatz bietet dem Kind die Möglichkeit, sich mit seiner erlebten Vergangenheit in der Gegenwart auseinanderzusetzten, damit es sich durch die Verarbeitung auf seine Gegenwart und Zukunft einlassen kann. Dies ist aus entwicklungspsychologischer Erkenntnis notwendig, um neue, nachhaltig wirksame Gefühls- Gedanken- und Handlungsmöglichkeiten für die Zukunft weiterentwickeln zu können.

Jeder Mensch entwickelt durch seine individuellen biografischen Lebenseindrücke einen Lebensplan, der sich wie ein roter Faden durch das Handeln, Fühlen und Denken gestaltet und in sogenannte Verhaltens- und Ausdrucksmuster führt. Forschungsergebnisse aus der Neurobiologie haben gezeigt, dass Kinder gerade im Kleinkind- und im Kindergartenalter ihre ganz persönliche

„Hirnstruktur“ aufbauen. Insofern will der Situationsorientierte Ansatz dafür Sorge tragen, dass Kinder einen möglichst hohen Kompetenzaufbau erreichen, um mit ihren Erfahrungen sowohl eine gute Persönlichkeitswicklung als auch eine gute Schul- und Berufsentwicklung machen zu können.

C) Projektarbeit

Projektarbeit bedeutet, möglichst das mit Kindern im Alltagsgeschehen und in Lebenszusammenhängen zu erleben, wodurch sie sich in ihren Lebensplänen aktuell angesprochen und berührt fühlen. Auch hier zeigt die Neurobiologie, dass Kinder nur die Themenbereiche und -schwerpunkte aufgreifen und als „Lernmotor“ akzeptieren, die von ihnen mit einer hohen „bedeutsamen Wertigkeit“ versehen werden.

Der Situationsorientierte Ansatz geht bei der Projektplanung systematisch in einer siebener Schrittfolge vor:

1. Beobachtung der Kinder (unter besonderer Berücksichtigung der sechs Ausdrucksformen).
2. Auswertung der Ausdrucksformen hinsichtlich der besonderen Erzählwerte und Erarbeitung der individuellen Lebenspläne der Kinder.
3. Vergleich der individuellen Lebenspläne und Feststellung bestimmter Häufigkeiten, um Projektschwerpunkte zu erkennen und auf den Punkt zu bringen.
4. „Kinderversammlung" a) Jedem Kind wird von einem beobachteten Beispiel zum Projektschwerpunkt berichtet (mit Bezug zum Erzählwert: und da warst/hast du ...) b) Selbstverständlich wird auch von einem eigenen, realen Beispiel erzählt. c) Fragestellung an die Kinder, ob sie dieses Gefühl/diese Situation/dieses Erlebnis schon/noch aus anderen Situationen kennen? d) Alle genannten Situationen werden gesammelt.
5. In Abwesenheit der Kinder werden die gesammelten Situationen geordnet und ergänzt (durch Lieder, aktive Musikgestaltung, Werkarbeiten, Bücher, Märchen, Theaterspiele, Märchenspiele, Rollenspiele, Bewegungsspiele, Interaktionsspiele, Schattenspiel, ... Außenaktivitäten).
6. Nun geht es um die Umsetzung aller von den Kindern geäußerten und durch die elementarpädagogischen Fachkräfte ergänzten Aktivitäten. Gleichzeitig wird ein pädagogisches Tagebuch geführt, in dem an jedem Tag die von den Kindern erzählten Besonderheiten schriftlich festgehalten werden. Diese Form eines „Literacy" bringt Kinder „automatisch" dazu, das Lesen und Schreiben können zu wollen. Projekte können einen Zeitraum von sechs Wochen bis zu einem halben Jahr umfassen! Ganz entscheidend ist dabei, dass in einem solchen Projekt alle (!) Bildungsbereiche, wie sie in den Bildungsrichtlinien der einzelnen Bundesländer aufgeschlüsselt sind, enthalten sind und integriert werden (Bildungsbereiche:

Körper, Gesundheit und Bewegung; Sprache, Sprechen, Zeichnen/Schrift und Kommunikation; Mathematik, Naturwissenschaft und Technik; Kultur, Gesellschaft; Ethik, Religion und Philosophie; Musik, Ästhetik, Medien).

7. Auswertung des Projekts (mit Kindern/anhand der Dokumente) und Planung eines neuen Projekts.

Die neun Entwicklungsbereiche (Emotionalität, Soziabilität, Fantasie, Denkfertigkeit, Kreativität, Intelligenz, Sprache/Sprechen, Motivation/Interesse, Motorik) werden in den vielfältigen und unterschiedlichen Schwerpunkten in einem Projekt miteinander verbunden.

So wird Bildung erlebbar, lebendig, bedeutsam und nachhaltig – durch die umfassende und umfangreiche Aktualisierung der Lebensthemen von Kindern.

Der Situationsorientierte Ansatz ist keine Technik. Er baut sich systematisch in einer Kindertagesstätte auf und ist wie der sorgsame Bau eines Hauses zu verstehen: Von den Grundlagen (dem Fundament) über die einzelnen herzustellenden Merkmalsvoraussetzungen (den Etagen) bis zum Projekt (dem Dach eines Hauses).

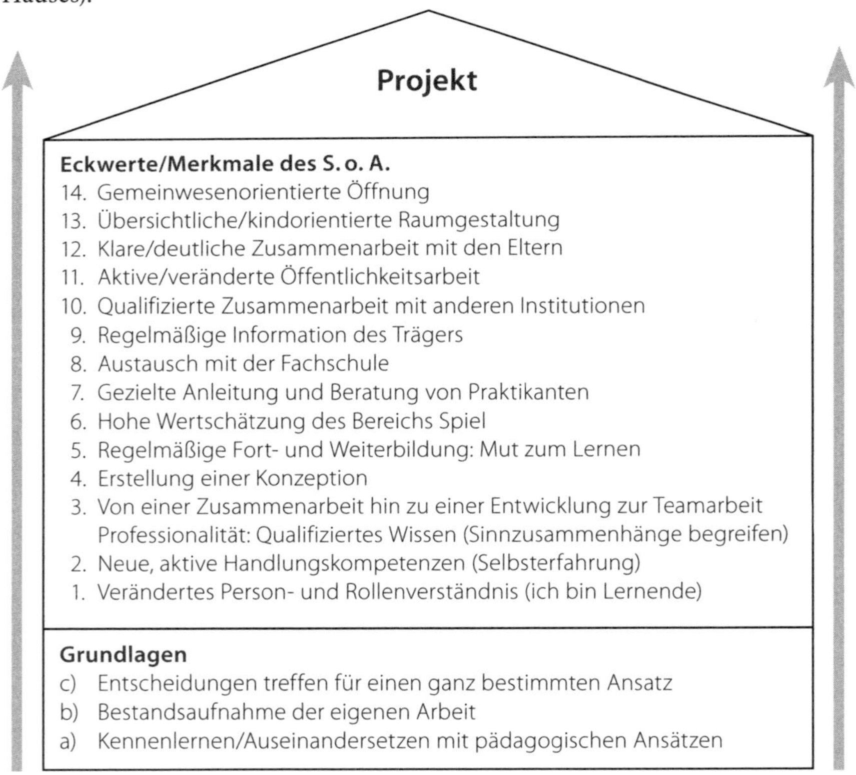

Der Aufbau des Situationsorientierten Ansatzes

Der Situationsorientierte Ansatz legt durch seine unverwechselbaren und in allen anderen pädagogischen Ansätzen nicht zu findenden Schwerpunkte besonderen Wert darauf, nicht mit den Begrifflichkeiten „Situatives Arbeiten“, „Situationsbezogener Ansatz“, „Situationsansatz“ oder „halboffener Ansatz“ verwechselt zu werden. Es gehört zur Professionalität kompetenter Fachkräfte, diese Fachbegriffe differenziert betrachten und nutzen zu können.

Literatur

Altner, N.: Achtsam mit Kindern leben. München 2009

Gebauer, K.: Klug wird niemand von allein. Kinder fördern durch Liebe. Düsseldorf 2007

Greenspan, S. I.: Das geborgene Kind. Weinheim 2003

Günster, U.: Kinder auf ihrem Weg begleiten. Ein Erziehungsratgeber. Lahr 2007

Holt, J.: Wie kleine Kinder schlau werden. Selbstständiges Lernen im Alltag. Weinheim 2003

Koneberg, L./Gramer-Rottler, S.: Die sieben Sicherheiten, die Kinder brauchen. München 2006

Krenz, A: „Qualitätssicherung in Kindertagesstätten – Das Kieler Instrumentarium für Elementarpädagogik und Leistungsqualität, K. I. E. L.“ München 2001

Krenz, A.: Werteentwicklung in der frühkindlichen Bildung und Erziehung. Berlin 2007

Krenz, A.: Der „Situationsorientierte Ansatz“ in der Kita. Grundlagen und Praxishilfen zur kindorientierten Arbeit. Troisdorf 2008

Krenz, A.: Kinder brauchen Seelenproviant. Was wir Ihnen für ein glückliches Leben mitgeben können. München 2. Aufl. 2009

Krenz, A.: Situationsorentierter Ansatz. In: Pousset, Raimund (Hrsg.): Handwörterbuch für Erzieherinnen und Erzieher. Berlin 2. Aufl. 2010

Lindgren, A.: Steine auf dem Küchenbord. Gedanken, Erinnerungen, Einfälle. Hamburg 2000

Lee, J.: Abenteuer für eine echte Kindheit. Die Anleitung. München 2004

Lutz, B./Knauf, T.: Kinder suchen Sinn, Wahrheit und Glück. Mannheim 2009

Pfeffer, S.: Emotionales Lernen. Ein Praxisbuch für den Kindergarten. Mannheim 2007

Steininger, R.: Geborgenheit und Selbstvertrauen. Stuttgart 2007

Thole, W. et al.: Bildung und Kindheit. Pädagogik der Frühen Kindheit in Wissenschaft und Lehre. Opladen 2008

Edeltraud Wiebe

Kinder haben ein Recht darauf, verstanden zu werden! Ausdrucksformen der Kinder – sehen und verstehen

Fallbeispiele

Eine Mutter entscheidet sich

Jans Mutter öffnet die Tür der Kindertagesstätte. Sie kommt langsam mit ihrem Sohn an der Hand in den Haupteingang der Einrichtung. Jan, zwei Jahre alt, schaut sich interessiert um. Zurückhaltend, vorsichtig und wortlos bleibt er an der Hand seiner Mutter. In der anderen Hand trägt er einen Briefumschlag. „Jan, jetzt musst du den Umschlag abgeben, damit du einen Kindergartenplatz bekommst", erklärt seine Mutter ihm freundlich. Ich gehe auf Jan zu, begebe mich in die Hocke, dadurch auf seine Augenhöhe und damit er seine kleine Hand nicht so weit nach oben strecken muss. Mit beiden Händen deute ich ihm an, dass ich bereit bin, seine „Post" in Empfang zu nehmen. Plötzlich reißt Jan sich von seiner Mutter los, fällt mir mit beiden Armen um den Hals, setzt sich auf meinen Schoß und gibt mir freudestrahlend, aber wortlos seinen Brief. Während ich mich mit Jan unterhalte, ihm sage, wie sehr ich mich freue, dass er zu uns kommen möchte und ihm versichere, dass wir ihn zu einem Schnuppertag einladen werden, fällt mir das erstaunte Gesicht seiner Mutter auf. Auf meinen fragenden Blick reagiert sie mit den Worten: „Das hat er ja noch nie gemacht. Er hat noch keiner fremden Person so viel Vertrauen entgegengebracht und er hat sich noch nie von mir getrennt, um in dieser Art auf eine Fremde zuzugehen."

Später, nachdem Jan schon längere Zeit in der Kindertagesstätte betreut wurde, berichtete mir seine Mutter – immer noch begeistert von der anfänglichen Erfahrung –, dass das am ersten Tag gezeigte Verhalten ihres Sohnes für sie ausschlaggebend war, ihn in unsere Einrichtung zu geben. Sie deutete diese Ausdrucksform ihres Kindes als spontanes Wohlfühlen, Freude empfinden, Vertrauen haben und angstfrei der Neugierde freien Lauf lassen könnend. Während der gesamten Kindergartenzeit hat sich ihre Deutung des Verhaltens von Jan in diesem Sinne bestätigt. Er konnte sich interessiert und neugierig bei den Projekten zeigen und war so manches Mal das „Zugpferd" für einen neuen Projektteil.

Gestützt durch eine positive Bindungserfahrung ist Jan in der Lage, für einen kurzen Augenblick die enge Verbundenheit mit seiner Mutter loszulassen und seiner Freude Ausdruck zu verleihen. Die Voraussetzungen dafür beginnen bereits im Säuglingsalter.

Ausdruckssignale im Säuglingsalter

Etwa um den zweiten und dritten Lebensmonat herum ist das Kind aufgrund von umfassenden Reifungen (Wahrnehmungen, Neurophysiologie, soziale Signale) in der Lage, deutlichere *Ausdruckssignale* zu senden. Mit einem fröhlichen Gesichtsausdruck, Lächeln und Blickkontakt haltend – z. B. auf dem Arm einer Bezugsperson – kann das Baby die Mitteilung senden: Was für ein Spaß mit dir. Du gibst mir so interessante Anregungen und machst mich ganz fröhlich. So möchte ich weitermachen.

Schon zu diesem Zeitpunkt sollte das Verhalten der Eltern dem individuellen Temperament des Kindes angepasst sein. (Vgl. Gregor 2007, S. 115) Die Reaktionen der Eltern auf das, was das Kind tut und was es interessiert, tragen dazu bei, wie sich ein Kind in seinem Verhalten, Denken und Fühlen weiterhin entwickeln wird, welche Bedeutung es den Ereignissen zuschreibt und welche Antriebe sich stärker oder schwächer ausprägen werden. Für eine positive und sichere Bindungsentwicklung hat es sich als besonders wichtig herausgestellt, feinfühlig auf das Kind zu reagieren.

Bereits ein Neugeborenes ist dazu fähig, seine menschliche Umwelt wahrzunehmen und auf sie zu reagieren. Darüber hinaus sendet es an die Umwelt seine eigenen Signale aus. Säuglinge geben in der Regel klare Signale und zeigen recht unmissverständlich – wenn auch unterschiedlich stark – ob sie stimuliert werden möchten, ob sie wach oder müde sind. Es gibt allerdings Unterschiede in der Deutlichkeit, die unter anderem auf das individuelle Temperament des Kindes zurückgehen.

Das wichtigste soziale Signal des Babys ist sein Blickverhalten. Wenn es Blickkontakt aufnimmt, bedeutet das: Ich bin am Kontakt interessiert. (Vgl. Doherty-Sneddon 2005, S. 23)

Wenn es seinen Blick abwendet oder gar keinen Blickkontakt aufnimmt, signalisiert es, dass es im Moment kein Interesse an einem Austausch hat.

So berichtet Gertraud Finger in ihrem Buch „Was auffällige Kinder uns sagen wollen" von einer Mutter, deren fünf Monate alte Tochter sie bereits durch ihr ständiges Weinen hilflos macht. Sie kann das Weinen ihrer Tochter nicht deuten. Im Verlauf eines Beratungsgesprächs stellt sich heraus, dass ihre Tochter durch eine ständige Reizüberflutung nicht mehr zur Ruhe kam. Ausgelöst wurde die Überreizung unter anderem deshalb, weil die Mutter ihre Tochter stets abgewandt zu ihrem Gesicht auf ihrem Schoß sitzen ließ. Dadurch nahm die Tochter mit ihren weit geöffneten Augen alles wahr, so als dürfe ihr nichts entgehen! Dabei ist dieser Blickaustausch für den Säugling wie für den Erwachsenen eine wichtige Quelle der Kommunikation. Er ist mit mehreren Aspekten der sozialen und emotionalen Entwicklung des Kindes in Beziehung gesetzt worden und er hat außerdem Einfluss auf das emotionale Befinden der Bezugsperson. Blickkontakt und Blickverhalten spielen in der psychischen Entwicklung des Kindes generell eine wichtige Rolle. Die Fähigkeit, *mimische Ausdrucksformen* zu produzieren und zu deuten, unterliegt während der gesamten Kindheit einer ständigen Entwicklung. Die Fähigkeit, einen Gesichtsausdruck zu verstehen und zu produzieren, unterliegt individuellen Ausprägungen. Dies kann einen Einfluss darauf haben, ob Kinder bei Gleichaltrigen beliebt sind oder abgelehnt werden. Andere Aspekte der Gesichtsverarbeitung entwickeln sich erst über einen längeren Zeitraum. (Vgl. Doherty-Sneddon 2005, S 23)

Durch ihren Gesichtsausdruck, ihre Körperhaltung, durch Nachahmung und Lautäußerungen drücken Babys ihr Empfinden aus. Mit klaren Signalen bringt das Kind zum Ausdruck, ob es bereit ist, sich zu unterhalten oder nicht, ob es durch zu viele oder starke Reize überlastet oder ob es müde ist. Durch Blickkontaktaufnahme, Lächeln, positive Laune oder Laut- und Sprechbewegungen des Mundes, durch angemessene Erregung und später durch Entgegenstrecken der Arme sowie Untersuchen von Gegenständen mit den Händen oder mit dem Mund lädt das Kind zum Zwiegespräch ein.

Umgekehrt signalisiert das Baby durch mangelnde Blickzuwendung, Abwendung seines Blickes, unbestimmten oder verdrießlichen Gesichtsausdruck und fehlende Lautäußerungen, Schlaffheit oder Anspannung, dass es kein Interesse an der Unterhaltung, am Spiel oder keine Ausdauer mehr hat.

Wenn ein Säugling überlastet ist, werden seine Signale heftiger: Er vermeidet den Blick, indem er seinen Kopf wegdreht, seine Bewegungen werden hektisch und unbestimmt, er atmet manchmal auch heftig oder schreit im äußersten Falle.

Eltern können die Selbstregulation ihres Babys unterstützen, wenn sie feinfühlig seine Signale wahrnehmen und verstehen. Die Signale des Kindes sind für die Betreuungspersonen ausschlaggebend: Hat es gerade Interesse an einem Spielzeug, an einer Unterhaltung usw. oder nicht? Braucht es wirklich schon wieder etwas Neues oder betrachtet es noch aufmerksam einen Gegenstand, der ihm bereits längere Zeit gezeigt wurde? Das Kind ist in der Lage, selbst zu entscheiden und seinen Bezugspersonen zu zeigen, wie viel Reize und Abwechslung es möchte. Jedes Kind hat dabei seine eigene Grenze, seinen individuellen Rhythmus und sein individuelles Tempo.

Die angemessene Wahrnehmung und Deutung der kindlichen Signale, ihre prompte und angemessene Beantwortung sind die vier Aspekte der elterlichen Feinfühligkeit. Feinfühlige Eltern lassen sich in der Unterhaltung und beim Spiel vom Kind führen. Sie erspüren seinen Zustand und seine Bedürfnisse, indem sie sich in die *Bedürfnisse und Gefühle des Kindes einfühlen.*

Die Notwendigkeit für das feinfühlige Wahrnehmen der kindlichen Signale ist auch in der Kindertagesstätte eine besondere und anspruchsvolle Aufgabe für die Erzieherin. Hier sind es die *Ausdrucksformen* eines Kindes mit dem entsprechenden Erzählwert, den es zu erkennen gilt.

Ausdrucksformen

„Kinder haben sechs Ausdrucksformen, um einerseits mit ihrem Umfeld in Kontakt zu kommen, andererseits ihrer Umgebung zu offenbaren, wie es ihnen geht, womit sie sich zurzeit in ihrer Seele auseinandersetzen und was sie suchen/brauchen, um sich wohl zu fühlen und identisch mit sich und ihrer Umgebung zu leben:

Ausdrucksform: Verhalten
Ausdrucksform: Spiel
Ausdrucksform: Bewegung
Ausdrucksform: Sprache/Sprechen
Ausdrucksform: Malen und Zeichnen
Ausdrucksform: Träume

Diese sechs Äußerungsmöglichkeiten sind ein unendlich vielfältiges, facettenreiches und ausdruckstarkes Feld, mit dem Kinder uns Tag für Tag erzählen, wie ihr Seelen(er)leben gestaltet ist". (Vgl. Krenz 2008, S. 207)

So bringen Kinder z. B. bedeutsame Gefühle und seelische *Grundbedürfnisse zum Ausdruck*, indem sie sich aus Angst hinter einem Stapel Kartons verstecken (Verhalten), bestimmte TV-Szenen nachspielen (Spiel), vor Freude tanzen (Bewegung), von ihren Sorgen erzählen (Sprache), voller Anspannung mit einem Stift auf ein Blatt Papier einschlagen, schweißgebadet aus ihrem Schlaf wegen eines beängstigenden Traumes aufwachen.

In der heutigen Zeit wird leider immer häufiger von den Kindern verlangt, dass eine innerliche Trennung von den drei Persönlichkeitsfeldern Herz, Kopf und Hand vollzogen wird. Dies hieße aber z. B. ohne Herz zu denken, ohne Herz zu handeln, ohne Kopf zu handeln, ohne Hand(-lung) zu fühlen und ohne Hand(-lung) zu denken. Ein Blick in die vielfältigen Ausdrucksformen, die Kinder und Erwachsene heute zeigen, macht leider in zunehmendem Maße deutlich, dass gerade diese Problematik immer stärker zu beobachten ist. Umso mehr geht es darum, den Zweck bestimmter Ausdrucksformen zu erkennen und Kindern dabei zu helfen, ihre Erlebnisse, Erfahrungen und bestimmte Ereignisse zu bearbeiten.

Kinder brauchen keine Methoden, die ihnen helfen sollen, sich zu entwickeln. Was sie brauchen, sind Menschen, die mit einem hohen Maß an Selbst-, Sach- und Sozialkompetenzen Ausdrucksformen von Kindern verstehen und den Erzählwert begreifen (Frage: Wozu spielt ein Kind ein bestimmtes Spiel, wozu erzählt es mir diesen Inhalt, wozu malt es dieses Bild, wozu hat es diesen Traum gehabt, wozu wählt der Körper diese Bewegungen und wozu verhält sich das Kind in dieser Art und Weise?).

Eine Auswertung ungezählter Ausdrucksformen und ihrer Erzählwerte hat ergeben, dass außergewöhnlich viele Kinder z. B. ein Verhaltensmuster zeigen, welches deutlich macht, dass sie …

- unter Druck stehen,
- unglücklich sind,
- sich schwach und minderwertig fühlen,
- Angstsituationen ausgesetzt sind,
- Einsamkeit erleben,
- unter Anspannung leben,
- mutlos sind,
- Anforderungen mit Resignation begegnen,
- Angst vor Versagenserlebnissen haben,
- in Überforderungen stecken,
- unterfordert sind,
- Enttäuschungen mit sich herumtragen.

Wenn kindeigene Ausdrucksformen beispielsweise dem Zweck dienen, sich aus eigener Angst zu befreien, Stolz erleben zu wollen, Ruhe und Entspannung zu suchen, Sicherheiten finden zu wollen, sich aus Wut und Ärger frei machen zu wollen, eigene Stärken spüren zu wollen, Wertschätzung und Zuverlässigkeit erleben zu wollen, sich aus Drucksituationen befreien zu wollen, dann hat eine Kindertagesstätte dafür zu sorgen, dass Kinder in der Kindertagesstätte – und in *Zusammenarbeit mit Eltern* auch möglichst im Elternhaus – das finden, was sie brauchen. (Vgl. Finger/Simon 2008, S. 215)

Ausdrucksform: „Störendes Verhalten"

Wenn Eltern sich durch das Verhalten ihres Kindes gestört fühlen, zeigen sie damit auch, dass ihnen ihr Kind nicht gleichgültig ist. Was ihr Kind tut, berührt sie. Sie lassen sich von ihm stören. Das Kind bereitet ihnen Kummer und sie „kümmern sich". So ist die Frage nach einer möglichen „Verhaltensstörung" auch immer mit der Frage nach Nähe und nach der Beziehung zwischen den Beteiligten verknüpft. Auch Kinder, die mit ihrem auffälligen Verhalten die Eltern stören und zur Verzweiflung bringen, sind – aus kindlicher Sicht – ihren Eltern ganz nahe. Sie rütteln an ihnen. Sie zwingen sie, sich mit ihnen zu beschäftigen. Die Eltern sind ihnen nicht gleichgültig, sondern sehr wichtig. So wichtig sogar, dass sie ein Verhalten entwickeln, welches ihnen selbst manchmal unangenehm ist oder ihnen viele Nachteile bereitet. All das nehmen Kinder in Kauf, um die Beziehung zu ihren Eltern zu verbessern. (Vgl. Finger/Simon 2008, S. 34)

Störendes Verhalten von Kindern wird von Erwachsenen (Eltern/Erzieherinnen) oft abgelehnt und bekämpft. Verantwortliche sehen dann nur noch, was sie stört und nicht mehr, was das Kind wirklich braucht. Betroffene spüren nur noch ihre eigene Enttäuschung und Wut und verhalten sich entsprechend. Indem sie – bildlich gesehen – einen Schritt zurücktreten, können sie mehr sehen und gewinnen auch gefühlsmäßig Abstand zur augenblicklichen Situation. Wenn das störende Verhalten anders aufgefasst wird, wenn die dahinter liegende Botschaft erkannt wird, wenn wir Abstand gewinnen und versuchen „anders herum zu denken", erleben wir eine Veränderung, die nicht mehr aufzuhalten ist. Dann sehen wir auffälliges Verhalten nicht mehr als störend, sondern es wird für uns zu einem Alarmsignal: Das Kind will uns etwas sagen.

Mahmouds Schrei

Am Ende des langen Spielflurs steht Mahmoud an der Ausgangstür zum Spielplatz. Er stützt sich auf den Querbalken in der Mitte der Tür und bewegt diese damit hin und her, das heißt, die Tür geht auf und wieder zu und auf und wieder zu. Auf meinem Weg zum anderen Ende des Flures gehe ich an ihm vorbei, nicke ihm freundlich zu, spreche ihn aber nicht an, obwohl ich sehe, dass er traurig ist. Auf meinem Rückweg sehe ich den Jungen noch immer in der gleichen Haltung und einem unverändert traurigen, fast teilnahmslosen, sich in ein Schicksal ergebenen Gesichtsausdruck. Meine Nachfrage bei den Gruppenerzieherinnen über vorangegangene Ereignisse ergibt, dass Mahmoud als Kind ausländischer Eltern kein Deutsch kann. Außerdem kann er nach der schwierigen Eingewöhnungszeit immer noch nicht akzeptieren, dass sein Vater nicht mehr den ganzen Tag am Gruppengeschehen teilnehmen möchte. Somit wartet er jetzt an der Tür, bis sein Vater in die Kindertagesstätte zurückkommt. Mahmouds Mutter arbeitet bereits ganztägig, sodass der Vater die Begleitung der Eingewöhnung übernommen hat.

Einige Tage später erlebe ich Mahmoud – der zwischendurch, wenn er seinen Vater in der Nähe weiß, ausgeglichen und kontaktfreudig mit den Kindern aus der Gruppe spielt – mit seiner Frühstückstüte in der Hand in der bekannten Position an der Tür. Nur jetzt ist er völlig aufgelöst und weint herzzerreißend.

Dieses Mal geselle ich mich zu ihm. Ich versuche mit entsprechender Gestik – weil die deutschen Worte ihm noch nicht vertraut sind – anzudeuten, dass ich seine Traurigkeit erkenne und warte mit ihm an der Tür, bis sein Weinen nur noch ein leichtes Schluchzen ist. Gemeinsam gehen wir dann in seinen Gruppenraum und Mahmoud ist sogar bereit, sich zu den anderen Kindern an den

Frühstückstisch zu setzen und das von seinen Eltern gekaufte Milchbrötchen zu essen. Sein Blick ist immer noch ein wenig leer, was sich aber im Laufe des Vormittags bei entsprechender Spielfreude dann auch ohne den Vater ändert.

Zwei Tage später höre ich schon am Anfang des Flures Mahmoud weinen. Vor der Garderobe des Gruppenraumes gibt seine Mutter ihm in der Muttersprache zu verstehen, dass er mit dem Theater aufhören soll und sie jetzt gehen werde. Sie tut es und macht die besagte Flurtür zum Spielplatz hinter sich zu, mit einem letzten Blick und Winken, bevor sie zum Tor des Spielplatzes hinaus auf den Parkplatz geht.

Nun reicht Mahmoud auch das Stehen an der Flurtür nicht mehr aus. Er will unbedingt seine Mutter erreichen. Versuche der Erzieherin, ihn zu beruhigen, schlagen fehl. Nur die Möglichkeit, durch diese Tür zu gehen, bis an den Gartenzaun, verringert sein Weinen, obgleich er sofort erkennt, dass seine Mutter nicht mehr zu sehen ist.

Am nächsten Tag wiederholt sich diese Szene, nur dass Mahmoud auch am Tor jetzt nicht mehr zu beruhigen ist.

Mit einem urschreiähnlichen „Mama!" gibt der Junge seiner Sehnsucht Ausdruck und weil ich hoffe, dass seine Mutter diesen markerschütternden Schrei vielleicht doch noch gehört hat, gehe ich mit dem Jungen über das Tor des Spielplatzes hinaus auf den Parkplatz und tatsächlich: Seine Mutter sitzt noch in ihrem Auto und hat das Fenster geöffnet. Ein kurzer, aber liebevoller Abschiedskuss durch das Autofenster sichert Mahmoud die ersehnte Zuwendung und gibt ihm Freiraum für eine entspannte Spielzeit, bis er wieder abgeholt wird. Mit der ganzen Kraft seiner Stimme, die einzige Macht gegenüber der ihn nicht verstehen wollenden Mutter, gelingt es Mahmoud an diesem Tag deutlich zu machen: Ich habe Sehnsucht nach dir in dieser mir noch fremden Umgebung, hör mir bitte zu. Die Tatsache, dass ihm dies gelungen war, führte nicht etwa dazu, dass er diesen Kraftaufwand zur Abwehr seines Ohnmachtsgefühls täglich wiederholen musste. Seit diesem Morgen gelang es den Eltern, ihren Sohn so zu verabschieden, dass er ein sicheres Gefühl für den Gruppenalltag hatte, so sicher z. B., dass ihn auch ein kurzfristiger Ausfall seiner Erzieherinnen in der Gruppe nicht mehr irritierte. Er war angekommen.

Agatha weint nicht

Die ersten Tage in der Kindertagesstätte sind für Agatha sehr aufregend, weil sie niemanden kennt. Sie ist in einer nichtdeutschen Muttersprache aufgewachsen. Obwohl ihre Deutschkenntnisse hervorragend sind, wendet sie sie nur zögerlich an. Ihr Vater bringt sie morgens in die Einrichtung. Ihr Gesichtsausdruck ist sehr skeptisch, doch sie versucht Kontakt zu Kindern und Erwachsenen aufzunehmen. Nur mit der Erzieherin in ihrer Gruppe möchte sie nichts zu tun haben. Agatha ist überall zu finden, nur nicht in ihrem Gruppenraum. Sobald die Erzieherin die Tür schließen möchte, rennt Agatha auf den Flur und ist nicht mehr bereit in ihren Gruppenraum hineinzugehen. Mit einer Erzieherin aus einer anderen Gruppe und mir als Leiterin erlebt Agatha einen ungezwungenen, fröhlichen Kindergartenalltag, sodass wir einen Gruppenwechsel für richtig halten. Agatha ist ein aufgewecktes Mädchen mit eigenem Willen und viel in Bewegung. Sobald sie zur Ruhe finden könnte, z. B. zum Essen oder Spielen am Tisch, verstummt ihre Freude. Ihr Gesicht verdüstert sich und nach kurzer Zeit hören wir sie sagen: „Agatha muss nicht weinen". Ihre Gesichtszüge drücken jedoch etwas ganz anderes aus: Die Mundwinkel senken sich und die Augen sind feucht. Dies vergeht, sobald Agatha wieder in Bewegung ist und sich ablenken kann. Agathas Spannung über die Abwesenheit ihrer Eltern in der neuen Umgebung ist so groß, dass sie ein Innehalten auf einem Stuhl einfach nicht aushalten kann. Dies wurde aber in der anderen Gruppe von ihr gefordert und dann „guckt die Erzieherin auch noch so ernst". Schließlich hat ihr Vater auch gesagt, dass Agatha im Kindergarten nicht weinen muss.

Mit dem vollzogenen Gruppenwechsel und dem Hinweis, dass sie sehr wohl weinen darf, wenn sie traurig ist oder ihr etwas wehtut, hat sich der Druck für Agatha verringert. Inzwischen erfreut sie sich als fröhliche Spielpartnerin wachsender Beliebtheit und hat ihren Platz in der Gruppe gefunden.

Fabian will nicht mehr

Alle Kinder der Gruppe sind bereits gespannt auf die bevorstehende Gruppenreise. Sie haben besprochen, wer mit wem in welchem Zimmer schlafen möchte, was alles in das Reisegepäck hinein soll, welches Obst und welche Leckereien sie in den Rucksack für den Weg zur Jugendherberge brauchen und vieles mehr. Mit Begeisterung hat der fast sechsjährige Fabian an diesen Vorbereitungen teilgenommen und kann es kaum abwarten, dass es endlich losgeht. Nun wollen die Kinder nur noch in die nahe gelegene Großstadt zum Bahnhof fahren, um die bestellten Fahrkarten abzuholen. Am verabredeten Tag hat Fabian keine Lust zum Bahnhof zu fahren. Er geht stattdessen mit seiner Mutter nach Hause. Auch die letzten Tage vor der Abreise hält sich seine Begeisterung in Grenzen und nun möchte er auch nicht mehr mitfahren. Fabians Mutter und die Erzieherinnen haben keine Erklärung für den „Sinneswandel" des Kindes. Deshalb verabreden sie sich zu einem gemeinsamen Gespräch, an dem Fabian, seine Mutter und eine Erzieherin teilnehmen. Die Erzieherin bemüht sich um Fabian, indem sie ihm noch einmal versichert, wie sehr sie und die Kinder sich freuen würden, wenn er mitfährt.

Dabei fragt sie auch, was Fabian brauchen könnte, damit ihm die Teilnahme an der Gruppenreise wieder Freude mache. Nun zählt Fabian allerlei

Dinge auf, dazu gehört auch seine Bettwäsche von zu Hause. Die Erzieherin und Fabians Mutter klären, was machbar ist und sagen Fabian entsprechende Umsetzung zu. Am nächsten Tag ist Fabian dennoch nicht überzeugt mitzufahren und lässt seine Entscheidung offen. Ein weiterer Gedankenaustausch zwischen der Erzieherin und Fabians Mutter hinsichtlich vermutlicher Veränderungen zu Hause – in der Kindertagesstätte ist Fabian während des Gruppenalltags der bekannte fröhliche Junge – bleibt zunächst ohne Ergebnis. Erst die Überlegung, dass Fabian sich ängstigt, von zu Hause weg zu sein, lässt die Erwachsenen vermuten, dass eine Situation im häuslichen Umfeld dem Jungen die Freude an dem Ausflug genommen hat. Schließlich stellt sich heraus, dass Fabians Mutter vor kurzem einen neuen Tanzkurs begonnen hat. Im Gegensatz zum ersten Tanzkurs muss sie jetzt das Haus verlassen, wenn Fabian noch nicht im Bett ist. Außerdem sieht er seine Mutter erst am nächsten Morgen zum Frühstück wieder. Schließlich hat er auch noch eine kleine Auseinandersetzung zwischen seiner Mutter und seinem Vater zum Thema „Tanzkurs" mitbekommen. Fabian fühlt sich jetzt verunsichert, weil er nicht einschätzen kann, wie sich diese neue Situation während seiner Abwesenheit entwickeln könnte. Die Zusage, Fabian die Tanzschule und die Art des Sports zu zeigen, zu erklären und das Versprechen seiner Mutter, sie werde trotz des kleinen Streits zwischen den Eltern immer wieder nach Hause kommen, beruhigen das Kind. Schon am vorletzten Tag vor der Abreise betont Fabian: Aber ihr fahrt nicht ohne mich! Jetzt war Fabian ohne Angst, weil die häusliche Situation aufgeklärt werden konnte. Seine Teilnahme an der Gruppenreise war ihm wieder wichtig geworden.

Lasse ist Prinzessin …

… und Königstiger und Frosch und Fee und Drache und vieles mehr. Diese Rollen spielt er im täglichen Wechsel. Lasses Eltern machen sich insbesondere Sorgen um die Rolle der Prinzessin und überhaupt: Schließlich kommt er bald zur Schule und deshalb muss er mit dem „Quatsch" aufhören.

Lasse schlüpft in verschiedene Rollen, aber nicht erst, seitdem er bei uns in der Einrichtung ist. Sein Verhalten hat in einer anderen Einrichtung, die er vorher besucht hat, dazu geführt, dass die Eltern aufgefordert wurden, Lasse einer psychologischen Untersuchung zu unterziehen, weil er „so" in der Kindertagesstätte nicht tragbar sei.

In ihrer Verzweiflung haben Lasses Eltern sich stattdessen für einen Wechsel der Einrichtung entschieden. Lasse ist tatsächlich nur schwierig an eine Projektarbeit heranzuführen. Dennoch bemerken die Eltern schon nach kurzer Zeit eine Veränderung, weil Lasse seine Rollen auch innerhalb des Projektes ausleben kann und sie freuen sich, nicht mehr wie in der früher besuchten Einrichtung täglich „Negativmeldungen“ über das Verhalten ihres Sohnes zu erhalten. Auf der Suche nach einer Erklärung für das extreme Ausleben dieser fantastisch magischen Fähigkeit von Lasse stießen wir bald auf das erhöhte Anforderungsdenken der Eltern (Prinzessin darf er nur zu Hause spielen, damit die anderen Kinder ihn nicht auslachen und er nicht den Kontakt zu den Gruppenkindern verliert) und eine zwiespältige Erziehungshaltung, die letztlich auch Trennungsgedanken bei den Eltern hervorbrachte. In dieser für Lasse so orientierungslosen, verunsichernden Umgebung hatte er sich eine eigene Welt zum Überleben aufgebaut. Wir sind froh, dass Lasse auch die Rolle der Prinzessin in sein Repertoire aufgenommen hat. Wir hoffen somit, dass es für ihn eine „neue seelische Selbstständigkeit geben kann, mit der er als Schöpfer seiner inneren und äußeren Wirklichkeit die Welt erkunden mag.

„Es ist leicht einzusehen, dass kindliche Verhaltensstörungen für die Eltern ärgerlich sind. Es ist schwieriger einzusehen, dass Kinder mit ihrem Stören etwas für die Eltern tun. Manchmal sorgen Kinder mit ihren Auffälligkeiten für Gesprächsstoff zwischen den Eltern. Eltern, die sich auseinander gelebt und/oder sich nur noch wenig zu sagen haben, finden wieder zueinander, denn sie müssen gemeinsam überlegen, was mit dem Kind geschehen soll. Der Konflikt zwischen den Partnern wird versteckt durch die gemeinsame Sorge um das Kind und das drohende Auseinanderbrechen der Familie wird hinausgeschoben oder verhindert. Mit seiner Verhaltensstörung *sorgt* das Kind für seine Eltern. Es ist seine Art, seine Liebe zu zeigen, auch wenn es zunächst nur Zorn und Wut erntet“. (Vgl. Finger/Simon 2008, S. 27)

Die Aufgabe der Umgebung ist es nicht ein Kind zu formen, sondern ihm zu erlauben, sich zu offenbaren.

Maria Montessori

Julia stempelt

Auf dem Weg zum Kopiergerät geht die fast dreijährige Julia mit ihrer Erzieherin an meinem Schreibtisch vorbei und sieht, wie ich einige Formulare mit einem Stempelabdruck versehe. Interessiert schaut sie zu und fragt: „Was machst du?“

Ich erkläre ihr meine Arbeit und sie entscheidet: „Ich möchte auch stempeln“. Ich biete ihr einen Platz am anderen Ende des Schreibtisches an, lege ihr ein weißes Blatt in erreichbarer Nähe hin und stelle ihr Stempelkissen und Stempel zur Verfügung. Mit großem Eifer stempelt Julia das ganze Blatt voll, so lange, bis die Erzieherin sie bittet, wieder mit in die Gruppe zu gehen. Obwohl sie gerne weiter gestempelt hätte, nimmt sie stolz ihr „gestempeltes Bild“ mit in die Gruppe. Bei unserer nächsten Begegnung auf dem Flur werde ich von Julia mit der Frage begrüßt: „Darf ich stempeln?“ Eine kurze Absprache mit der Erzieherin ermöglicht mir auch dieses Mal Julias Wunsch zu entsprechen.

Da sich diese Art der Begegnung mit Julia und mir in unregelmäßigen Abständen wiederholt und sie das Stempeln in der Gruppe nicht halb so interessant findet wie in meinem Büro, wird mir deutlich, dass die Forderung zum Stempeln nicht nur ein interessantes Spiel für Julia ist, sondern dass es etwas anderes sein muss, was sie fasziniert. Auf der Suche nach einer Erklärung finde ich im Symbolbuch (Vollmar, 2000) für den Stempel unter anderem die Aussage: „Sehnsucht nach einer höheren Position“. Nun vermute ich, dass es Julia nicht um das Stempeln geht, sondern dass sie die andere Position – ohne die anderen Gruppenkinder und dazu noch bei mir im Büro zu sein – vielleicht deshalb genießt, weil sie sonst eine so herausragende Situation selten erfährt.

Nachforschungen zu den familiären Hintergründen bestätigen meinen Verdacht und diese Erkenntnis macht für uns die Intensivierung der Zusammenarbeit mit der Mutter zwingend erforderlich. Auch die Gruppensituation für Julia wird überdacht. Jetzt kann Julia unabhängig vom Regelwerk der Gruppe z. B. ihre Neugierde über Ereignisse auf dem Flur befriedigen, die von ihr gewünschte Begleitung der Erzieherin zur Erledigung verschiedener Aufgaben erhalten und das Spielen mit ihrer Freundin auf dem Spielplatz genießen. Inzwischen treffe ich Julia auf dem Flur und sie erzählt mir, was sie gerade Interessantes spielt, ohne dass sie ihre Tätigkeit für das „Stempeln im Büro“ unterbrechen möchte. Nur manchmal, wenn das Wochenende zu Hause mit ihrer Mutter und den älteren Geschwistern mal wieder zu chaotisch war und die Kinder in der Gruppe alle mit sich beschäftigt sind und Julia nirgendwo die für sie so wichtige Beachtung finden konnte, dann möchte Julia „stempeln“.

Ausdrucksformen als Äußerung der Seele

Alle Ausdrucksformen von Kindern (und Erwachsenen) sind symbolische Äußerungen der Seele. So wie viele Kinder, …

- die im Ausdruck ihrer Aggressivität stark gehindert werden, wieder einkoten oder sich mit Kot beschmieren;
- die sehr traurig sind, sich tagsüber oder nachts wieder einnässen (nicht umsonst wird beim Einnässen vom „Weinen der Seele“ gesprochen);
- die das Malen oder Zeichnen verweigern, so sehr unter starken Belastungen stehen, dass sie Angst davor haben, sich auf dem Bild – und damit in ihrer Lebenssituation – wie im Spiegel wiederzuerkennen;
- andere Kinder beim Spielen stören, weil es ihnen selber schlecht geht und sie es nicht aushalten, sehen zu müssen, dass andere Kinder fröhlich sind;

- aus einer seelischen Irritation in ein klonisches/tonisches Stottern verfallen (= Sprechblockaden am Anfang eines Wortes/Satzes bzw. Buchstabenwiederholungen), um damit ihre Zerrissenheit nach außen zu zeigen;
- über Magendruck und Völlegefühl klagen, weil es Situationen gibt, durch die sie sich überfordert fühlen;
- mit Waffenimitationen in die Kindertagesstätte kommen, weil sie sich in bestimmten Situationen wehrlos fühlen und im Mitbringen von Waffen Stützen finden, sich zur Wehr setzen zu können;
- in bestimmten Anforderungssituationen weinen, weil sie aufgrund fehlender Sicherheit Angst vor erneuten Überforderungen haben;
- keinen Körperkontakt zu bestimmten Erwachsenen suchen, weil sie schon zu häufig von Erwachsenen enttäuscht wurden;
- als Erstes bei massiven Konflikten zuschlagen, um selber nicht auf der Verliererstraße zu landen – eine Erinnerung an Situationen in der Vergangenheit, die sie als abgespeicherte Informationen kennen. (Vgl. Krenz 2008)

Ausdrucksmittel

Erwachsenen ist nicht immer bewusst, dass Kinder ihre eigenen Ausdrucksmittel haben. Kinder sind, wie sie sind. Sie tun nichts ohne Grund. Es sind alltägliche Erfahrungen und Erlebnisse, Eindrücke und Geschehnisse, die Kinder so oder so sein lassen. Dinge, die ihnen gerade jetzt in den Sinn kommen aus vergangener oder gegenwärtiger Begebenheit müssen deshalb auch in dieser Minute, in dieser Stunde bzw. an diesem Tag beachtet werden. Da vielen Erwachsenen auf der einen Seite die Erfahrungshintergründe mancher Kinder unbekannt und andererseits pädagogische Fachkräfte an Zielerreichungen interessiert sind, kommt es häufig zu Widersprüchen zwischen dem, was Erwachsene für Kinder planen und dem, was Kinder zurzeit beschäftigt, was gerade jetzt für sie wichtig ist.

Kein Kind steht morgens in der Absicht auf, Eltern oder Erzieher unglücklich zu machen. Es will nicht, dass sie wütend werden, schimpfen oder schreien. Kein Kind möchte, dass Eltern oder Erzieherinnen traurig und verzweifelt sind oder sie sich Sorgen um das Kind machen.

Und doch passiert es immer wieder

Kein Elternteil, keine Erzieherin nimmt sich morgens vor, das Kind zu übersehen, ihm nicht zuzuhören oder sein Spiel zu unterbrechen. Eltern und Erzieherinnen haben keineswegs die Absicht, das Kind unsicher oder mutlos zu machen. Und doch passiert es immer wieder.

Kinder, die in ihrer Umgebung Schwierigkeiten machen, haben selbst Schwierigkeiten. Diese gilt es zu entdecken und zu verstehen, weil dahinter immer eine ganz persönliche Botschaft steckt. Es hilft nichts, die Kinder nach dieser Botschaft zu fragen. Wir Erwachsenen müssen solche Botschaften aufdecken, indem wir das störende kindliche Verhalten in eine andere Sprache „übersetzen". Erst dadurch wird eine „neue Sicht" des Problems möglich.

Die neue Sicht entlastet, weil sie nicht negativ ist. „Störungen" werden als normales und sinnvolles Verhalten erkennbar. Es geht nicht um Fehlverhalten oder Schuld, sondern um gegenseitiges Verstehen.

Die neue Sichtweise verbindet, wenn man wieder aufeinander hört und Freude mit- und Verständnis füreinander gewinnt.

Die neue Sichtweise verändert, wenn Verhaltensstörungen zu Entwicklungschancen für Eltern und Kinder zugleich werden.

Auch wenn die Botschaft hinter einem Verhalten nicht auf Anhieb gefunden wird, ist die Suche danach nicht vergeblich. Die Erwachsenen achten während der Zeit des Suchens und Fragens intensiver auf das Kind als bisher.

Auffällige Kinder – davon sind Gertraud Finger und Traudel Simon überzeugt – vermitteln uns eine Botschaft, in der ein Wunsch nach Veränderung steckt. Dass dieser Wunsch in jeder Hinsicht unterstützt werden sollte, bestätigt sich für mich auch in dem Hinweis von Bernard Aucouturier und André Lapierre (Esser 2000, S. 79): „Das Kind, das es akzeptiert, in der Beziehung als Objekt gehalten zu werden, wird fügsam und passiv; es verliert jede Dynamik, jede Kreativität, jede Persönlichkeit."

Oft ist auch eine Krankheit Ausdruck von Entwicklungsschwierigkeiten oder von Konflikten. Nicht nur die Ursachen, sondern auch die Folgen von Krankheiten haben mit dem Seelenleben des Kindes zu tun.

So beschreibt Hans Hopf, dass beim kranken Kind der Körper – ähnlich wie beim einschlafenden Kind – im Vergleich zur Umwelt wieder an Bedeutung gewinnt. Es kommt wieder zu ähnlichen Ritualen wie beim Einschlafen: Schaukeln, Daumenlutschen und manche Kinder verlangen wieder nach dem Schnuller, den sie sonst längst als Attribut des Kleinkindes „verachten".

Als Übergangsphänomene bezeichnet Donald W. Winniot (vgl. Hopf 2007, S. 12), wenn erworbene Fähigkeiten, wie die Kontrolle über Blase und Darm, wieder verloren gehen. Kinder, welche längst sauber und trocken sind, nässen oder koten wieder ein, was in den meisten Fällen gar nichts direkt mit der Krankheit zu tun hat, sondern zum damit einhergehenden „Rückfall" in kleinkindhafte Verhaltensweisen gehört.

Dieser Rückzug in frühkindliche Phasen ist oft auch nach der Krankheit des Kindes nicht sofort überwunden, sondern dauert nicht selten eine Zeitlang an: Kleinkindhaftes Klammern an die Mutter, passive Haltung, Einnässen oder Einkoten, Trennungsängste usw. Dieser Rückzug ist ein Ergebnis von Hilflosigkeit, der durch starken inneren oder äußeren Schmerz hervorgerufen wird.

Typisch ist auch, dass Kinder, welche unter heftigen Schmerzen leiden und zunächst weinen und schreien, auf dem Schoß einschlafen, denn dort genießen sie Schutz und Sicherheit. Das Kind kann sich zurückfallen lassen und im Rückzug neue Kräfte sammeln. Leider werden zu oft diese oder ähnliche Verhaltensweisen kranker Kinder von Erwachsenen als „Unbeherrschtheit“ oder als der Versuch erlebt, die Umwelt zu „tyrannisieren“. Kranke Kinder sind schwierig und der Umgang mit ihnen ist nicht einfach. Ein krankes Kind ist nicht nur selbst hilflos, es bringt auch nicht selten eine Hilflosigkeit bei den Erwachsenen hervor.

Wenn bereits das Abwenden des Blickkontaktes beim Baby signalisiert: Ich möchte zurzeit keinen Austausch, so ist es erst recht verständlich, dass ein Kind, das in der Ecke sitzt und scheu, aber geringfügig interessiert anderen Kindern zuschaut, was sie machen, beim Blickkontakt aber seine Augen senkt und mit den Fingern an seiner Kleidung zupft, ausdrückt: „Ich trau mich nicht, mit euch Kontakt aufzunehmen. Vielleicht würde ich es schon sehr gern, deswegen schaue ich zu, aber ich bin noch nicht so weit, dass ich es schaffe. Lasst mir noch Zeit.“

Weitere Beispiele, mit denen Krenz (2005) verdeutlicht, dass der Tagesablauf der Kinder durch vielfältigste Ausdrucksformen gekennzeichnet ist und durch die die Kinder ihr inneres Erleben nach außen tragen, beschreiben:

- Kinder mit unbändigem Toben in der Gruppe (über Tische und Bänke), die zum Ausdruck bringen: „Ich bin in so einem Zustand von Stress, dass ich weder hören noch wahrnehmen kann und mich daher *frei bewege*: Schenk mir Platz und Zeit für meine *Ausbewegungen*“.
- Ein Kind, das von einem schlimmen Traum erzählt, in dem es von wilden Tieren verfolgt wurde und zum Ausdruck bringt: Da gibt es etwas, wovor ich Angst habe. Ich fühle mich von einer Gefahr verfolgt. Bei diesem Problem bin ich allein. Hilf mir, dass die Gefahr aufhört und nicht noch größeren Schaden anrichtet.
- Ein Kind, das immer und immer wieder in der Bauecke an einem Haus baut, das keine Fenster und keine Türen hat, drückt aus: Ich bin dabei, an meiner Persönlichkeit zu arbeiten. Noch darf/soll niemand in mich hineinschauen und keiner soll/darf in mich eindringen. Was ich brauche, ist Ruhe und Zeit, damit ich mich mit mir selbst auseinandersetzen kann.
- Ein Kind, das davon begeistert berichtet, dass das letzte Wochenende ganz schön gewesen sei, weil es mit Mama und Papa endlich einmal einen großen Ausflug unternommen hat und damit ausdrückt: Wenn meine Eltern für mich Zeit haben, dann geht es mir richtig gut, das ist aber eher selten. Ich würde mich freuen, wenn beide noch weitaus öfter solche Ausflüge mit mir unternehmen würden.
- Ein Kind, das immer wieder mit einem Filzstift oder einem anderen Schreiber auf ein weißes Blatt einschlägt und sich mit seinen „Hiebkritzeln“ von Spannungen befreien will und damit ausdrückt: Ich bin voller Anspannung. Richtige Zeichnungen

kann ich zurzeit nicht schaffen. Ich muss aus meinem Druck raus! Dabei helfen mir der Stift und das Papier. Lass mich zunächst bei meiner Druckentlastung bleiben.

- Ein Kind, das von einer Fernsehserie berichtet, bei der ein „Megafuzzi" alle anderen besiegt hat und in einen Sumpf warf, dessen Schlamm alle Feinde erstickte, während er selbst durch seine zwei Leben unverletzt blieb, drückt damit aus: Auch ich werde häufig verletzt. Die einzige Möglichkeit zum Überleben liegt darin, besser zu sein als die anderen. Darum muss ich wie der „Megafuzzi" kämpfen. Weil ich der Schwächere bin, muss ich stark sein. Hilf mir, Stärke aufzubauen und zu finden!

Die genannten Beispiele enden zum Teil mit Bitten wie: „Schenk mir Platz und Zeit!", „Lass mir noch Zeit!", „Ich brauche Ruhe und Zeit.", „Wenn meine Eltern Zeit für mich haben."

Wenn die *Zeit* Räume schafft, Wahrnehmungstiefen ermöglicht, in denen Kinder nicht oberflächlich auf Dinge sehen, sondern intensiv einen Gegenstand oder eine Tätigkeit begreifen können, dann wird deutlich, warum Kinder im Gegensatz zum Erwachsenen nicht nur Zeit haben, sondern dass Erwachsene sich dringend *Zeit nehmen müssen*, um nicht „oberflächlich" auf Kinder zu sehen, sondern sie intensiv beobachten und ihre *Ausdrucksformen* „begreifen" können, um mit ihnen Zeiträume genießen zu können.

Doherty-Sneddon (2005) erklärt, dass zwei wichtige Eigenschaften zu einer guten Interaktionsqualität gehören: Sensibilität und Reaktionsbereitschaft. Sensibilität bezieht sich auf eine Tätigkeit, die Bedürfnisse und Wünsche des Kindes zu verstehen. Mit Reaktionsbereitschaft ist gemeint, dass die Erwachsenen angemessen reagieren, wenn sie ein Kind verstanden haben.

Auch Aucouturier (2008) beschreibt die *körperliche Ausdrucksweise* des Kindes als seine besondere und originäre Art, auf der Welt zu sein. Er weist daraufhin, dass jedes Kind eine eigene Art und Weise hat, sich zu bewegen, fortzubewegen und zu handeln. Es hat eine eigene Mimik, Gestik und einen eigenen Tonfall, kurz: ganz eigene, persönliche Ausdrucksformen. Diese Ausdrucksformen hängen entscheidend mit den bis dahin gemachten, individuellen Erfahrungen des Kindes in seiner leiblich-seelisch-geistigen Entwicklung zusammen.

„Denn es gibt keine Handlung ohne Grund, und das, was ein Kind spontan tut, entspricht immer seiner tiefen Motivation. An uns liegt es zu verstehen, was dieses Tun wirklich ausdrückt – und dadurch durch unser eigenes Tun zu antworten." (Vgl. Aucouturier/Lapierre 1999, S. 27)

Doherty-Sneddon (2005) macht deutlich, dass manche Arten von Gesten dem *sprachlichen Ausdruck* vorausgehen und Indizien sind für das Verständnis oder Wissen eines Kindes, bevor es diese Informationen in Worte fassen kann. Sie beschreibt weiter: Gesten können im Säuglingsalter und auch später in der Kindheit Vorläufer *verbaler Ausdrucksmöglichkeiten* sein. Die Entwicklung eines Kindes wird ferner dadurch beeinflusst, was Eltern über Gesten wissen und wie sie diese gebrauchen. Wenn Erwachsene kindliche Gesten zu verstehen beginnen, können sie dadurch bessere Pädagogen werden und Sensibilität für die sich kontinuierlich verändernden Verständnisebenen des Kindes entwickeln.

Ausdruck wird mit dem „Sichtbarwerden seelischer Zustände oder Vorgänge z. B. in Verhaltensweisen“ definiert. (Brockhaus 2004, S. 173)

Wie bedeutsam muss es da sein, seelische Zustände von Kindern zu erkennen, indem wir ihre Ausdrucksformen wahrnehmen und ihren spezifischen Erzählwert identifizieren und um Ausdrucksformen und ihren Symbolwert wissen.

Wie unerklärlich ist es deshalb, dass in der heutigen Zeit gerade der seelische Zustand eines Kindes häufig wenig Berücksichtigung findet, weil Wissensvermittlung an erster Stelle steht.

Wie bedauerlich ist es deshalb, dass nur wenige Menschen bereit sind, anzuerkennen, dass – wie in den vorstehenden Ausführungen auch immer wieder deutlich wird – ein Kind Erwachsene braucht, die es verstehen und begleiten.

„Der Situationsorientierte Ansatz ist weder für die Kindertagesstätte noch für die Eltern eine Legitimation, eigene Verantwortlichkeiten zu delegieren. Sowohl die Institution Kindertagesstätte als auch die Erziehungsberechtigten müssen sich in der Aufgabe wiederfinden, Kinder in der Bewältigung ihrer vielfältigen Lebenseindrücke aktiv zu unterstützen“. (Vgl. Krenz 2008, S. 104 f.)

Ausdrucksformen im Situationsorientierten Ansatz

Im Situationsorientierten Ansatz leiten sich die Schwerpunkte für Projekte aus dem Symbolismus (Bedeutungsgehalt) der Ausdrucksformen von Kindern ab.

Und damit wird berücksichtigt, was bereits bekannt ist.Kinder zeigen tagtäglich mithilfe ihrer sechs Ausdrucksformen ihrem unmittelbaren Umfeld, wie es in ihrer Seele aussieht:

- Was sie bedrückt und was sie erfreut.
- Was sie beunruhigt und was ihnen Ruhe gibt.
- Ob sie unter Druck stehen oder entspannt sind.
- Womit sie sich emotional-kognitiv beschäftigen und was für sie ohne Bedeutung ist.
- Ob ihr Selbstwertgefühl stark oder schwach ausgeprägt ist.
- Ob sie bestimmte Sorgen haben oder eher sorgenfrei ihr Leben gestalten können.
- Ob sie unter- oder überfordert bzw. angemessen gefordert sind u. v. m.

Bedeutsame Fragen (Leimke 2003, S. 8) wie:

- Wie geht es dem Kind?
- Was fühlt das Kind?
- Was fehlt dem Kind?

- Was braucht das Kind?
- Welche inneren Lebensthemen beschäftigen das Kind?

... können beantwortet werden, wenn Erzieherinnen die Symbolsprache der Kinder verstehen. So könnten sie die *symbolischen Äußerungen ihrer Seele* verstehen und sie in den Mittelpunkt der kindorientierten Arbeit, einer *Pädagogik vom Kinde* aus, stellen.

Nur ein immerwährender Ausbau der Fachkompetenz macht es möglich, *Ausdrucksformen* von Kindern zu sehen, zu verstehen, zu entschlüsseln und für die Projektarbeit nutzbar zu machen.

Literatur

Aucouturier, B.; Lapierre, A: Bruno. München, Basel 2008

Braun, A. K..: Frühe Erfahrungen beeinflussen die Entwicklung des Gehirns. Die Hebamme 2001b; 4: 195–197. In: Gregor, A: Was unser Baby uns sagen will. München/Basel 2007, S. 31

Brockhaus Band 1. Leipzig 2004

Doherty-Sneddon, G.: Was will das Kind mir sagen? Bern/Schweiz 2005

Esser, M.: Beweg-Gründe. München, Basel, 2000

Finger, G.; Simon, T.: Was auffällige Kinder uns sagen wollen. Stuttgart, 2008

Gregor, A.: Was unser Baby sagen will. München/Basel 2007

Hopf, H: Wenn Kinder krank werden. Stuttgart 2007

Krenz, A.: Was Kinder brauchen. Berlin/Düsseldorf/Mannheim 2005

Krenz, A.: Psychologie für Erzieherinnen und Erzieher. Berlin/Düsseldorf/Mannheim 2007

Krenz, A.: Der „Situationsorientierte Ansatz" in der Kita. Troisdorf 2008

Leimke, G.: Projektarbeit im „Situationsorientierten Ansatz" – von der Planung bis zum praktischen Erlebnis. In: (Hrsg.) Krenz, A.: Handbuch für Erzieherinnen in Krippe, Kindergarten, Vorschule und Hort. München 05/2003, S. 8

Vollmar, K.: Handbuch der Traum-Symbole. Königsfurt/Krummwisch bei Kiel 2000

Armin Krenz

„Spiel-Raum Kindheit" in Gefahr: Kinder(t)räume als Grundlage für eine kindorientierte Entwicklung

Kindheit ist kein Kinderspiel!

Seit über einem Vierteljahrhundert weisen vielfältigste Publikationen und unterschiedliche Wissenschaftler kontinuierlich auf ein zunehmend stärker werdendes Phänomen hin: *das Verschwinden der Kindheiten*!

So haben Aries (Geschichte der Kindheit, München 1975) und De Mause (Hört ihr die Kinder weinen, Frankfurt 1977), Muchow (Der Lebensraum des Großstadtkindes, Bentheim 1980) und Hengst (Kindheit als Fiktion, Frankfurt 1981), Bleuel (Kinder- und die Welt, in der sie leben, Braunschweig 1981) Neumann (Kindsein- Zur Lebenssituation von Kindern in modernen Gesellschaften, Göttingen 1981) und Wingen (Kinder in der Industriegesellschaft- wozu? Zürich 1987), Geulen (Kindheit – neue Realitäten und Aspekte, 1989), Elkind (Das gehetzte Kind, Hamburg 1991), Deutsches Jugendinstitut (Was für Kinder – Aufwachsen in Deutschland, München 1993), Mansel (Glückliche Kindheit – Schwierige Zeit, Opladen 1996), Rolff/Zimmermann (Kindheit im Wandel, Weinheim 1997) Honig (Entwurf einer Theorie der Kindheit, Frankfurt 1999) und Ellneby (Kinder unter Stress, München 2001) neben vielen anderen Autoren Biografien und Lebensbedingungen von Kindern beschrieben, die sich in tausendfacher Wiederholung Tag für Tag in den Lebenswirklichkeiten sehr vieler Kinder widerspiegeln.

Legt man frühzeitig die Saat von Unsicherheit und Hemmung im Menschen aus, bedarf es später keiner Fesseln, ihm die Hände zu binden

Kristiane Allert-Wybranietz

Kindheiten vollziehen sich in funktionalisierten Bedingungen

Viele Kinderwelten sind räumlich und durch die Art der Tagesgestaltung massiv eingeengt, viele Kinderzeiten sind von morgens bis abends verplant und durchstrukturiert, viele Perspektiven sind von Erwachsenen für Kinder auf das ferne Ziel „Zukunft" hin programmiert und damit für Kinder zerrissen, weil sie selbst die Gegenwart erleben und selbst bestimmt erfahren wollen.

Ich wollte nie erwachsen sein, hab' immer mich zur Wehr gesetzt, von außen wurd' ich hart wie Stein und doch hat man mich oft verletzt. Irgendwo tief in mir bin ich ein Kind geblieben. Erst dann, wenn ich's nicht mehr spüren kann, weiß ich, es ist für mich zu spät.

Textauszug aus dem Musical von Peter Maffay: Tabaluga

In der Zeitschrift „Psychologie heute" (Ausgabe: Februar 1990) rüttelten schon damals die beiden Leitartikel „Kindheit: organisiert und isoliert" sowie „Kinder im Dauer-Stress" die Öffentlichkeit auf und 1996 wurde der Fachartikel von Hebenstreit in der Zeitschrift TPS (5/96) mit der Überschrift „Über das Kind, die Welt und die Zukunft- der Vertreibung von Kindheiten entgegensteuern" viel beachtet. Und schließlich konstatiert Susanne Gaschke in der Zeitung DIE ZEIT (19. April 2000) das „Ende der Kindheit". Viele frühpädagogische Fachkräfte und berufspolitische Mandatsträger konnten die aufgezeigten Gefahren einer völligen Verplanung von Kindheiten nachvollziehen und reagierten entsprechend darauf.

Doch was ist von dem Versuch, *Kindheit als ein eigenständiges Zeitfenster* zu begreifen und entsprechend mit Kindern zu erleben, geblieben? Die Praxis zeigt: Wenig! In immer mehr frühpädagogischen Einrichtungen scheint es ein „Qualitätsmerkmal" zu sein, möglichst viel mit Kindern zu unternehmen, um Eltern zu verdeutlichen, dass Quantität ein „Qualitätshinweis" zu sein scheint. Und selbst die Aufregung durch die drei Studien Pisa sowie die entsprechenden Nachuntersuchungen brachten es an manchen Orten mit sich, dass nun wieder (alte) Vorschulblätter hervorgezaubert wurden, statt gemeinsam draußen zu spielen, ein frühes Leselernen in den Focus rückte, statt lebendige Abzähl- und Reimspiele gemeinsam zu erleben, Sprachtrainings als besonders wertvolle Übungseinheiten eingesetzt wurden, statt eine lebendig gepflegte Sprachkultur zu pflegen und frühe Legasthenie-Voruntersuchungen dazu führ(t)en, besondere graphomotorische Trainingseinheiten zu initiieren, statt auf Bäume zu klettern, Hüpf- und Versteckspiele zur Freude aller zu gestalten. Daneben gab/gibt es Suchtprophylaxe-Programme für Kinder, um sie entsprechend „stark" zu machen, Anti-Gewalt-Trainings zur Verbesserung der Kommunikationsfähigkeit, anstatt eine sozial-empathische Atmosphäre in der Einrichtung zu kultivieren, kleinere Lehrprogramme zur nach wie vor „bedeutsamen gesunden Ernährung", anstatt einer grundsätzlich sorgsam gepflegten Esskultur und regelmäßige Waldtage, um bestimmte Naturvorgänge exemplarisch zu begreifen und weniger die Wunder der Natur mit allen Sinnen wahrzunehmen.

Zunehmend fiel auf, dass „ADS- und ADHS-Kinder" immer mehr Probleme machten und einer „gezielten Therapie" bedurften, ohne sich der Mühe zu unterziehen, die von Kindern gezeigten Verhaltensweisen zu beschreiben und auf eine gleichzeitig vorschnelle Nutzung von medizinisch geprägten Etikettierungen zu verzichten. Und nicht zuletzt wurden bzw. werden unterschiedlichste Curricula entwickelt, die im Sinne einer „Bildungsoffensive" in der PRAXIS „abgearbeitet" werden (sollen) und unmerklich die frühpädagogische Einrichtungen in eine funktionalisierte Vorschulinstitution verwandeln. Spielmittel und diverse Spielzeugarten werden zunehmend zu Lerngeräten funktionalisiert, anstatt das Spiel in seinem grundsätzlichen Ausdruckswert zu genießen und Außenräume entwickeln sich mancherorts zu gefahrlosen (und langweiligen) Orten, die zwar keine Herausforderung mehr für Kinder bieten, dafür aber vom TÜV/GUV ein Sicherheitssiegel verliehen bekamen.

Kinder brauchen Seelenproviant!

Wie entwicklungspsychologisch bekannt, steht bei Kindern zunächst der Auf- und Ausbau der Ich-Kompetenz (Ich-Identität) im Vordergrund, geht es doch hier vor allem um das Verhältnis des Kindes zu sich selbst und um seine Möglichkeiten, sich unter dem besonderen Aspekt der eigenen Interessen und Möglichkeiten mit sich und dem unmittelbaren Umfeld auseinanderzusetzen, zu explorieren und bedeutsame, aufbauende Lebenserfahrungen zu machen, um alle inneren Ressourcen (Potenziale, Talente) zu entdecken.

Du kannst auf drei Arten klug werden:
Erstens durch das Nachdenken – das ist die Edelste.
Zweitens durch Nachahmen – das ist die Leichteste.
Drittens durch Erfahrung – das ist die Bitterste und Beste.

Chinesisches Sprichwort

Dieser Ich-Kompetenz wird eine grundlegende Bedeutung im Hinblick auf die Entwicklung einer Ich-Autonomie beigemessen, die dem Kind hilft, (Selbst-) Vertrauen zu sich und zu seinem Handeln zu erlangen. Doch gleichzeitig zeigen o.g. Beobachtungen, dass es offensichtlich vielen Kindern immer schwerer fällt bzw. gemacht wird, diese basale – *grundlegende* – Entwicklung zu erfahren und persönlich aufzubauen sowie in der eigenen Person stabil zu integrieren. Was dabei gerade in diesem Zusammenhang für die Pädagogik besonders wichtig ist: *Entwicklung geschieht stets durch eine vertrauensvoll erlebte Bindung. Erziehung ist gelebte Beziehung!*

In der aktuellen Entwicklungspsychologie gehen viele Wissenschaftler inzwischen davon aus, dass Kinder in zunehmendem Maße Entwicklungsunterbrechungen erleben, die es ihnen nahezu unmöglich machen, sogenannte *Basisfähigkeiten* aufzubauen (genannt seien hier vor allem die Bereiche Selbst-/Fremdwahrnehmungsbereitschaft, Wahrnehmungsdifferenzierung, Selbstannahme, Erleben von Personstärke, Öffnungsbereitschaft für Selbstexploration,

Motivation zur Selbstentwicklung neu zu entdeckender Lernbereiche, Aktivitätsmotivation zum Stressabbau, Wertigkeitssensibilität, Gefühlsexploration, intrinsische Lernmotivation, konstruktives Konfliktmanagement). Inzwischen hat sich gezeigt, dass es sogenannte „automatisierte, innere Entwicklungsabläufe" (als ein feststehendes genetisches Programm) im Hinblick auf den Aufbau von Fähigkeiten nicht gibt. *Allerdings zeigen Beobachtungsergebnisse, dass spezifische Basisfähigkeiten in Verbindung mit einer qualitativ intensiven Grundbedürfnisbefriedigung in sehr engen Vernetzungen stehen.* Gleichzeitig ergeben sich Verhaltensirritationen spezifischer Art aus der Nichtbefriedigung bestimmter seelischer Grundbedürfnisse. Werden nun Basisfähigkeiten als ein Aufbauprozess und entsprechende Fertigkeiten als eine Ausbauentwicklung dieser Fähigkeiten Sinn verbunden betrachtet, fokussiert sich die notwendige Aufmerksamkeit – auch und gerade in der *Frühpädagogik* – auf zwei Elemente. Zum einen muss (!) die gesamte pädagogische Didaktik und Methodik so gestaltet werden, dass Kinder in der täglichen Arbeit ihre Grundbedürfnisbefriedigung erleben (können). Zum anderen sind es aber auch bestimmte Verhaltensmerkmale der Erwachsenen, die notwendig sind, dem Anspruch einer bedürfnisgerechten Kommunikation und Interaktion gerecht zu werden.

So stehen jeweils bestimmte Vernetzungen in einer kindorientierten Frühpädagogik im Mittelpunkt: die Befriedigung basaler Grundbedürfnisse sorgt für einen Entwicklungsaufbau von spezifischen Fähigkeiten bei Kindern (1); die Existenz dieser Basisfähigkeiten führt zu spezifischen kognitiven/emotionalen/motorischen/sozialen Fertigkeiten (2); fehlende Basisfähigkeiten führen zu spezifischen Verhaltensirritationen (3) und eine Grundbedürfnisbefriedigung verlangt nach spezifischen Erwachsenenkompetenzen (4). Doch alles fängt mit einer Kenntnis und Befriedigung der *Grundbedürfnisse* von Kindern an – diese können entwicklungspsychologisch als tragende Entwicklungssäulen für den Identitätsaufbau von Kindern bezeichnet werden, die den Kindern helfen, „Wurzeln" zu entwickeln. In einer der vielen afrikanischen Weisheiten heißt es beispielsweise: *Was nicht in die Wurzeln geht, gelangt auch nicht in die Krone.*

Die Elementarpädagogik – und das zeigt sich gerade in den Forschungsergebnissen der Resilienz- und Bindungsforschung – hat dabei sowohl die außergewöhnlich große Chance als auch die immer stärker in den Mittelpunkt rückende Aufgabe, bedeutsame und wirksame Entwicklungsprozesse zu initiieren und aufzubauen. Dies gelingt aber nur, wenn Kinder statt funktionsorientierter Trainingsprogramme einen lebensbedeutsamen Seelenproviant mitbekommen – Tag für Tag!

Persönlichkeitsbildung geschieht in einem Zusammenspiel zwischen Kind und Erlebniswelt

Viele Arbeitsimpulse in der Elementarpädagogik besitzen in zunehmendem Maße den Charakter einer „Kinderbelehrung" mit der Folge, dass es zu einer „Kinderentleerung" wird, weil Kinder im Gegensatz zu den belehrenden Absichten von Erwachsenen in Zusammenhängen – *real existierenden Kontexten* – fühlen, denken und handeln (wollen/müssen), ihre Absichten und Erfahrungen in Handlungsvernetzungen begreifen möchten/müssen und nur das als lernbedeutsam aufnehmen werden, was für sie selbst attraktiv, existenziell und lernmotivierend ist.

Vieles hätte ich verstanden, wenn man es mir nicht erklärt hätte.

Stanislaw Jerzy Lec

Stattdessen steckt die Frühpädagogik und stecken viele Eltern die Kinder in immer mehr pädagogisierte Arrangements, durch die sie ihre eigenen Lernimpulse immer weiter verdrängen und darauf warten, dass es vielleicht noch etwas Spannenderes gibt als ihre vorprogrammierte Lebensrealität.

Genug der seltsamen Stilblüten, die in jenen Köpfen treiben, die sich das Geschäft des Erziehers so einfach vorstellen wie Klein-Moritz: dort das Kind, hier ich. Wenn ich es zu mir gezogen habe, es also so ist wie ich (oder ich es mir vorstelle), dann ist Erziehung gelungen.

Wolfgang Liegle

Der Weg vom Säugling über das Kind zum Jugendlichen und Erwachsenen wird immer kürzer, voller Entwicklungsabbrüche und weniger nachvollziehbar für die Kinder selbst. Entwicklungsbrüche drücken sich als Verhaltensirritationen aus, auf die die Erwachsenenwelt mit immer neuen therapeutisierten Pädagogikprogrammen reagiert. Dort, wo ein Leben zunehmend in Bedingungen geschieht – und das macht den Alltag auch in immer mehr frühpädagogischen Einrichtungen aus, wird und ist die aktive Selbstbestimmung vieler Kinder radikal reduziert. Der Alltag ist aus „Fertigbausteinen" zusammengesetzt, der den Kindern wenig Raum lässt, *Forscher, Entdecker, Wissenschaftler mit eigenen Neigungen* sein zu können. Janusz Korczak, der bekannte Arztpädagoge, hat einmal gesagt: „Wir belasten Kinder mit neuen Pflichten des Menschen von morgen, ohne ihnen die Rechte des Menschen von heute zuzugestehen (...). Um der Zukunft willen wird gering geachtet, was es heute erfreut, traurig macht, in Erstaunen versetzt, ärgert und interessiert. Für dieses Morgen, das es weder versteht noch zu verstehen braucht, betrügt man es um viele Lebensjahre." (Korczak 1987)

Die Verantwortung der frühpädagogischen Fachkräfte

Im Grunde sind es immer die Verbindungen mit Menschen, die dem Leben seinen Wert geben.

Wilhelm von Humboldt

Max Frisch, der große Schweizer Schriftsteller, hat sich in seinen vielen Schriften mit der Frage nach der *Identität* des Menschen und dem Umgang mit seiner Welt auseinandergesetzt. In seinem ersten Tagebuch (1946–1949) schrieb er unter anderem: „Auch wir sind die Verfasser der anderen; wir sind auf eine heimliche und unentrinnbare Weise verantwortlich für das Gesicht, das sie uns zeigen, verantwortlich nicht für ihre Anlage, aber für die Ausschöpfung dieser Anlage." Dieser Satz trifft mit seiner Bedeutung genau in die hohe Verantwortung der erzieherischen Tätigkeit. Gleich den Verfassern von Büchern, Fachartikeln, Konzeptionen, die ihre Gedanken ‚schwarz auf weiß' zu Papier bringen, sind es auch die frühpädagogischen Fachkräfte, die mit ihrer Persönlichkeit und ihrer besonderen Arbeitsweise eine *prägende (Aus-)Wirkung auf Kinder haben* – neben den Einflüssen der Elternhäuser auf ihre Kinder. Auch Erzieherinnen wirken heimlich und unentrinnbar!

Selbstgerechtigkeit und Verurteilung hindern uns daran,
uns zum Ausdruck zu bringen,
weil wir damit die Menschen von uns wegstoßen.
Das geschieht, indem sie uns die Macht entziehen,
die notwendig wäre, nun Einfluss zu nehmen.

Neale Donald Walsch

Entsprechend dem Watzlawick-Axiom, dass sich der Mensch nicht *nicht* verhalten kann, bringen sie ständig und ohne Unterbrechung körpersprachlich und verbal ihren Einfluss ins Interaktionsgeschehen mit Kindern ein – wirksam und prägend! Und damit zeigen Kinder ihre Verhaltensweisen auch (und immer) als eine Reaktion auf das subjektive Erleben der frühpädagogischen Kräfte. Insoweit überrascht es nicht, wenn der bekannte Psychoanalytiker Carl Gustav Jung einmal sagte: Wenn wir bei einem Kind etwas ändern wollen, sollten wir zuerst prüfen, ob es sich nicht um etwas handelt, das wir an uns selbst ändern müssen.

Ein Satz, der von hoher Aussagekraft ist und dennoch immer häufiger außer Acht gelassen wird.

So ist die besondere *berufliche Identität* stets mit der *persönlichen Identität* der Fachkräfte auf das Engste verknüpft, und beide Identitätsbereiche entstehen nicht von alleine. Sie entwickeln sich vielmehr aus der eigenen Motivation heraus, humanorientierte, kompetente und professionelle Verhaltensmerkmale auf- und auszubauen, um einerseits selbstverantwortlich mit sich umgehen zu können, andererseits eine qualitätsgeprägte Frühpädagogik durchzuführen, die tatsächlich den viel genutzten Begriff „Qualität“ zu Recht nutzt. Die persönliche und berufliche Identität entwickelt sich im (selbst-)kritischen Umgang mit den eigenen, fremden und Arbeitsfeld spezifischen Anforderungen, die mit dem Berufsbild der pädagogischen Fachkraft auf das Engste verbunden sind. So geht es beispielsweise darum, immer wieder selbstreflexiv, die eigene Lebensgeschichte (was habe ich als angenehm, was habe ich als unangenehm erlebt?), das konkrete Verhalten mit dem konkreten Alltagsgeschehen vor Ort zu vernetzen, um festzustellen, welche Handlungsmomente konstruktiv und welche destruktiv waren/sind. Dazu gehört unter anderem eine ausgebaute Dialogfähigkeit, um mit sich in den unterschiedlichsten Lebens- und Arbeitssituationen in Selbstbetrachtungen und -verhandlungen einzutreten. Hier heißt es dann, lebendige Entwicklungsfelder zu entdecken, Entwicklungschancen zu nutzen und Fehlentwicklungen durch neue Handlungsstrategien zu ersetzen.

Erfülltsein entsteht, wenn ich das, was ich mir wünsche, in das Leben anderer bringe nach dem Motto: Sei die Quelle!

Neale Donald Walsch

In einem immer wiederkehrenden Klärungsprozess müssen unterschiedliche Erwartungen und Anforderungen, die man selbst an sich (zu haben) hat und die von außen kommen, auf ihre fachliche Existenzberechtigung hin überprüft werden. Es müssen Widersprüche entdeckt und geklärt, rigide Verhaltensmuster entdeckt und verändert, Auseinandersetzungen mit sich und anderen geführt, Stellung bezogen, Entscheidungen mitgetragen bzw. korrigiert bzw. durchgehalten, Selbstaktivität gezeigt, Standpunkte fachlich begründet vertreten, Lernmöglichkeiten gesucht, Selbstverantwortung übernommen und neue Handlungsstrategien ausprobiert werden.

Eine Annäherung an die Welt des Kindes erfordert Empathie, die Wertschätzung der Wahrnehmung und Gefühle der Kinder und ein Interesse daran, die Sicht der Kinder auf ihre Welt zu verstehen.

Friederike Heinzel

Weiterhin geht es darum, persönliche Meinungen in Fachargumente zu wandeln, Vermutungen und Vorurteile zurückzustellen und stattdessen Wahrnehmungsoffenheit für Realitäten zu entwickeln, Lernanregungen selbst zu bemerken und Lernräume für sich zu gestalten sowie Handlungsalternativen für die Situationen zu finden, die auf bisher bekannten Möglichkeiten im Sinne einer tatsächlichen Lösung nicht ausreichten. Bei all den vielen Selbstentwicklungsaufgaben wird es nicht ausbleiben, dass immer wieder Identitätskrisen auftauchen. Doch gerade sie sind immer eine Chance, ein erlebtes, aktuelles Chaos als einen Neuanfang zu verstehen. So heißt es in einer fernöstlichen Weisheit: „Du musst Abschied nehmen, wenn du weitergehen willst". Krisen und Störungen sind Wege für innovative Veränderungen. Vor vielen Jahren schon schien das Berufsbild der frühpädagogischen Fachkräfte vor allem durch zwei Merkmale gekennzeichnet zu sein (Fischer 1997): (1) „Das berufliche Selbstbewusstsein der elementarpädagogischen Fachkräfte bleibt weit hinter der Bedeutung der tatsächlich geleisteten bzw. zu leistenden Arbeit zurück." (2) „Das berufliche Selbstverständnis von elementarpädagogischen Fachkräften ist geprägt von einer überhöhten Bereitschaft, möglichst allen Verhaltenserwartungen, die an sie gerichtet werden, gerecht zu werden."

Wir finden unsere größten Chancen und Gelegenheiten zu wachsen jenseits unserer Bequemlichkeitsbremse.

Neale Donald Walsch

Es wäre bzw. ist eine zwingende Aufgabe in der Frühpädagogik, diese beiden Annahmen/Aussagen/Realitäten endlich ins Gegenteil zu wandeln. Doch eines ist sicher: eine Professionalität, nach außen gezeigt, wird nur dann glaubhaft aufgenommen werden, wenn eine innere Professionalität zur Entwicklung von Humanität und Fachlichkeit in Gang gesetzt und ausgebaut wird. Selbstentwicklung und Selbsterziehung führen zu einer professionellen Selbstverwirklichung – ein umgekehrter Weg führt zu Starrheit und Ignoranz von notwendigen Handlungsschritten. Aurelius Augustinus, ein großer Kirchenlehrer, sagte einmal: „In dir muss brennen, was du entzünden willst."

Wenn frühpädagogische Fachkräfte Kinder und ihre Entwicklung, Kollegien und Träger, die Öffentlichkeit und Eltern sowie die Politik im Sinne einer qualitätsgeprägten Frühpädagogik entzünden wollen, sind *Engagement*, offensives *Handeln* und *Lebendigkeit* sowie der ständige Blick auf das Wesentliche und die permanente Entscheidung für das Bedeutsame im Hinblick auf kindorientierte Entwicklungsbedingungen unausweichlich.

Wenn es beispielsweise im KJHG heißt, dass jeder junge Mensch ein Recht auf Förderung *seiner Entwicklung* und auf Erziehung zu einer *eigenverantwortlichen und gemeinschaftsfähigen Persönlichkeit* hat, so geht es darum, alle Schritte zu unternehmen, den Aufbau seiner *individuellen Persönlichkeit* zu unterstützen, damit er überhaupt *Eigenverantwortung, Kritikfähigkeit, Entscheidungskompetenzen und Soziabilität* entwickeln kann. Dazu brauchen Kinder eine täglich herausfordernde Umgebung und engagierte, motivierte, begeisterungsfähige, voller Ideen übersprudelnde und lebendige Erzieherinnen, die auf der einen Seite einer immer deutlich zunehmenden *Verpädagogisierung der Kindheiten* die „rote Karte" zeigen und auf der anderen Seite eine Pädagogik mit Kindern gestalten, die lebendig und spannend ist, die Neugierde der Kinder immer wieder aufs Neue provoziert und den Alltag der Kinder zu einem wahren „Fest der Sinne, der Entdeckungen aller Talente und zu spannenden Entwicklungsgeschichten" werden lässt.

Das kann nur dort geschehen, wo Kinder sich Tag für Tag selbstaktiv einbringen können, wo ihre Interessen aufgegriffen und mit ihnen gemeinsam weiterentwickelt werden, wo Kindermeinungen erwünscht und immer wieder gefragt sind, wo sich Regeln und gemeinsame Absprachen nach Entwicklungsbedürfnissen von Kindern ausrichten, wo Experimente und Gestaltungsvielfalt den Tagesablauf bestimmen, wo die unterschiedlichsten Spielformen (vom Theater- bis zum Schattenspiel, vom großflächigen Bau- bis zum szenischen Rollenspiel) genossen werden können, wo Musik und Märchen, Geschichten und Tobeerlebnisse, Höhlenbauten und aufregende Schatzsuchen, Zaubern und Kulissenbau die Kinder motivieren, ihre Einrichtung und die Fachkräfte zu lieben: Wo Kinder ihren Alltag als einen *wesentlichen Teil ihrer aktuellen Lebenserfüllung* erfahren. Dann würde sich auch der viel zitierte Satz in der Frühpädagogik in der Wirklichkeit wiederfinden: „Wir holen das Kind da ab, wo es steht."

Ein sogenannter Bullerbü-Effekt wird von Kindern überall dort gespürt und erlebt werden können, wenn engagierte Erwachsene – Eltern und frühpädagogische Fachkräfte – der zurückliegenden, gegenwärtigen und immer stärker zunehmenden Funktionalisierung von Kindheiten – gerade auch durch eine Verpädagogisierung und Vertherapeutisierung – Einhalt gebieten! Wenn Erwachsene sich an ihre eigenen, selbst geliebten Rückzugsecken, Geheimnisse, Streiche, vertieften Spielerlebnisse, unbeaufsichtigten Spielplätze und spannenden „Kindheitsabenteuer" (…) zurückerinnern und das Glück ihrer eigenen Kindheit immer wieder aufs Neue spüren, wird die Möglichkeit gegeben sein, dass auch in unserer medial bestimmten, konsumorientierten und technisierten Welt der Bullerbü-Effekt wieder zu seinem Recht kommen kann. Innen- und Außenräume entwickeln sich dann zu Innen- und Außenträumen, in denen das Wesentliche wieder von Kindern erlebt werden kann – sich selbst entdecken, die Welt ertasten und begreifen, sich selbst als winzig und zugleich bedeutsam einzuschätzen, die vielfältigsten Düfte der Natur zu riechen, die Vielfalt von naturgegebenen Speisen zu schmecken, Naturgeräusche zu erlauschen und das Wesentliche zu sehen, um es in tiefe, persönliche Betrachtungen einzubeziehen. Dazu brauchen Kinder naturnahe Spiel- und Erlebnisräume: *Tag für Tag!*

Kinder wollen sich bewegen, Kindern macht Bewegung Spaß,
weil sie so die Welt erleben, Menschen, Tiere, Blumen, Gras.
Kinder wollen laufen, springen, kullern, klettern und sich dreh'n,
wollen tanzen, lärmen, singen, mutig mal ganz oben steh'n,

ihren Körper so entdecken und ihm immer mehr vertrau'n,
wollen tasten, riechen, schmecken und entdeckend hörend schau'n,
fühlen, wach mit allen Sinnen, innere Bewegung – Glück.
Lasst die Kinder dies gewinnen und erleben Stück für Stück.

Karin Schaffner

Literatur

Benjes, H.: Hein Botterblooms heilsames Durcheinander für Lehrer, Libellen und Kinder. Hellwege 8. Aufl. 1999
Bergmann, W.: Das Drama des modernen Kindes. Weinheim 2006
DeGrandpre, R.: Die Ritalin-Gesellschaft. Weinheim 2002
Dreiske, H.-H.: Ohne Netz. Gedichte zur Kindheit. Freiburg 1987
Fischer, H.: Das Selbstverständnis der Erzieherin. Vortrag an der Fachschule Köln 1997
Gaschke, S.: Das Ende der Kindheit. DIE ZEIT 19. April 2000
Gebauer, K.: Klug wird niemand von allein. Kinder fördern durch Liebe. Düsseldorf 2007
Grossmann, K./Grossmann, K. E.: Bindungen – Das Gefüge psychischer Sicherheit. Stuttgart 2004
Günster, U.: Kinder auf ihrem Weg begleiten. Lahr 2007
Hauser, U.: Eltern brauchen Grenzen. Lasst die Kinder Kinder sein. München 2008
Hebenstreit, S.: Über das Kind, die Welt und die Zukunft – der Vertreibung von Kindheiten entgegensteuern. TPS 5/1996
Koch, F.: Der Kaspar-Hauser-Effekt. Opladen 1995
Korczak, J.: Wie man ein Kind lieben soll. (Hrsg.: Heimpel, E./Roos, H. Übersetzt aus dem Polnischen von Droß, A.) Göttingen 9. Auflg. 1987
Krenz, A.: Weisheiten, poetische Gedanken und Zitate – Arbeitshilfen für die elementarpädagogische Praxis. In: Krenz, A. (Hrsg.): Handbuch für ErzieherInnen in Krippe, Kindergarten, Kindertagesstätte und Hort. München. NL 51, 2009
Krenz, A.: Was Kinder brauchen. Mannheim 5. Aufl. 2007
Krenz, A.: Werteentwicklung in der frühkindlichen Bildung und Erziehung. Mannheim 2007
Krenz, A.: Kinder brauchen Seelenproviant. Was wir ihnen für ein glückliches Leben mitgeben können. München 2008
Krenz, A.: Elementarpädagogik aktuell. Offenbach 2003
Kullmann, K.: Kinder der Angst. In: Der Spiegel Nr. 32/2009, S. 38–48
Lindgren, A.: Steine auf dem Küchenbord. Hamburg 2000
Thorbrietz, P.: Kinder im Dauer-Stress. In: Psychologie heute. 02/1990
Wyrwa, H.: Damit unsere Kinder eine Zukunft haben. Stuttgart 2001
Zeiher, H.: Kindheit: organisiert und isoliert. In: Psychologie heute. 02/1990

Edeltraud Wiebe

Das Spiel als Basiselement der Elementarpädagogik

kinderspiel
ich dreh mich im kreise und weiß nicht warum
ich bin noch nicht weise ich bin nicht mehr dumm
ich flieg zu den sternen da kenn ich mich aus
ich will nicht nur lernen sondern denk gern mal kraus
ich will auch mal träumen vom lehrer im mond
auf den höchsten bäumen hab ich nie gewohnt
ich will tun was ich will und nicht was ich soll
dann tu ich gern viel und find es noch toll.

Erhardt 1980, S. 15

Spieltheorien

Für viele Menschen ist *Spielen*[1] heute vor allem etwas, das zu Kindern gehört. Und jeder, der sich mit seiner eigenen Kindheit beschäftigt, wird automatisch auch an eigene Kinderspiele denken. Auf dem 16. Weltkongress der International Play Association (IPA) 2005 in Berlin haben sich Fachleute aus aller Welt darüber ausgetauscht, welche Rolle das Spiel(-en) heute einnimmt. Der IPA Präsident Jan van Gils (Krenz 2007) äußerte sich wie folgt: „Allzu oft wird das Spiel als Zeitvertreib betrachtet, um Kinder ruhig zu halten, bis sie erwachsen sind. Allzu oft wird Spiel auch als ein Bildungswerkzeug angesehen. Aber nur selten ist man sich der Tatsache bewusst, dass Kinder beim Spielen für das Leben lernen." Diese Dimension des kindlichen Spiels macht es bedeutsam, sich mit seinen vielfältigen Aspekten auseinanderzusetzen, um sich das Potenzial für die erzieherische Praxis nutzbar zu machen.

1 Spiel ist eine freiwillige Handlung oder Beschäftigung, die innerhalb gewisser festgesetzter Grenzen von Zeit und Raum nach freiwillig angenommen, aber unbedingt bindenden Regeln verrichtet wird, ihr Ziel in sich selbst hat und begleitet wird von einem Gefühl der Spannung und Freude und einem Bewusstsein des „Andersseins" als das gewöhnliche Leben. (Huizinga 1956)

Eine Vielzahl von Spieltheorien, die nur beispielhaft genannt werden, zeigt die Breite der Bedeutung des Spiels auf. Die Theorien schließen sich nicht aus, wenn auch die eine oder andere als einseitig angesehen wird. (Vgl. Pausewang 2006, S. 31)

Wesentliche Spieltheorien lassen sich (Fritz 1991) in vier Gruppen zusammenfassen:

1. Seit frühester Geschichte bis zur heutigen Zeit wird dem Spiel eine auf das reale Leben vorbereitende Lern- und Übungsfunktion zugeschrieben. Nach diesen Theorien wird im Spiel ein Nutzen für die Zukunft des Kindes gesehen.
2. In einer Gegenströmung zum Nützlichkeitsgedanken wird im Spiel der Bezug zur Gegenwart hervorgehoben und die Spiellust des Kindes sowie die Zweckfreiheit des Spiels betont. Demnach äußert sich Spiel als Erfüllung des Daseins. Der lustvoll erlebte Wechsel von Spannung und Entspannung wirkt als Motor und Motivation zum Spielen.
3. Zugleich hat das Spiel auch einen Bezug zur Vergangenheit des Kindes. Das Kind spielt erlebte Situationen nach um sie zu verarbeiten. Bei problematischen und traumatischen (seelisch verletzenden) Erfahrungen können im Spiel heilende Kräfte liegen. Aus dieser Erkenntnis wurde die tiefenpsychologische Spieltherapie entwickelt.
4. Im Spiel passt sich das Kind an die Werte und Normen der Gesellschaft, in der es lebt, an. Es ahmt die Erwachsenen nach, nimmt Informationen auf und erweitert sein Verhaltensrepertoire. Es verbindet sein Innenleben (Gedanken, Gefühle, Erfahrungen) mit der Realität, indem es Realität mithilfe seiner Fantasie umgestaltet. Es spielt, als ob die Realität so wäre, wie sie zu seinem Inneren passt, und es versetzt sich mithilfe seiner Fantasie in Verhaltensweisen und Fähigkeiten, die in der Realität von ihm – jetzt oder später – erwartet werden. Dadurch lebt es sich in die Realität ein und übernimmt die Lebensformen und Einstellungen der Gesellschaft.

Kinder beim Spielen zu beobachten ist eine besondere Erfahrung. Sie sind ernsthaft und konzentriert und bemerken oft nicht, was um sie herum geschieht. Dieser Eifer während einer Tätigkeit würde im Berufsleben der Erwachsenenwelt große Anerkennung finden.

Dennoch ergeben sich im Zusammenhang mit Spiel, Arbeit und Lernen viele Fragen. Als eines der wesentlichen Merkmale des Spiels wird die Zweckfreiheit der Tätigkeit angesehen, das heißt das Spiel geschieht um seiner Selbst willen und nicht wegen seines Ergebnisses. Hierin liegt eine Abgrenzung vom Spiel zur Arbeit. Spiel kann zwar auch ein Ergebnis anstreben, dieses wird aber nicht für die Gestaltung des Alltags gebraucht. Nun sollen und wollen Kinder nicht nur spielen. Sie wollen auch arbeiten. (Vgl. Pausewang 2006, S. 11)

Im Spiel gibt es sich dem von innen kommenden Spieldrang hin und kann sich ganz in dieses Tun versenken, in der Regel ohne Ergebniszwang und ohne Pflichtgefühl. Arbeit, bei der es häufig nicht nur für sich selbst handelt, sondern anderen etwas zu geben hat und sich an der Bewältigung des Alltags beteiligt, stellt von außen kommende Anforderungen.

Dabei sollte Arbeit durchaus auch mit Freude verbunden sein, damit das Kind ein beglückendes Gefühl nicht nur im Vorweisen seines Ergebnisses empfindet, sondern bereits beim Tun selbst.

Es wäre für das Kind schädlich, wenn seine Arbeit als Spiel bezeichnet und möglicherweise dadurch abgewertet würde, vielleicht weil sie freiwillig, freudig und geschickt ausgeführt oder vom Kind nicht zu Ende geführt wird. Andererseits darf *das Spiel auch nicht als die Arbeit des Kindes* angesehen werden, auch wenn Spielen für das Kind anstrengend und seine vorrangige Tätigkeit ist oder wenn es einen hohen Lerncharakter hat und Ausdauer verlangt.

Spiel muss als Spiel mit einer Ausrichtung auf das lustbetonte gegenwärtige Tun gedeutet werden. Das Kind muss *selbstbestimmt und zweckfrei* spielen dürfen und in seinem Spiel wachsen, ohne sein Handeln auf ein Ergebnis auszurichten. Nur dann kann es sich von seinen Wünschen und seiner Fantasie leiten lassen und den intermediären Bereich zwischen innerer und äußerer Welt finden. Diesen Bereich benötigt es, um einerseits seine Erfahrungen aus der Realität zu verarbeiten und in seine Innenwelt aufzunehmen und andererseits sein Denken, Fühlen und Handeln, das heißt seine Innenwelt der Realität anzupassen.

Deutlich wird dies auch in der beispielhaften Auflistung des charakteristischen vom Spiel des Kindes:

- Im Spiel findet das Kind Möglichkeiten, das noch unbekannte Leben zu begreifen.
- Das Spiel ist der Spiegel des inneren und äußeren Verstehens der Lebenszusammenhänge.
- Im Spiel erlebt das Kind sich selbst und sein Gegenüber.
- Das Spiel entspricht in seiner Wertigkeit der Lernleistung des Schulkindes.
- Wenn das Kind nicht spielend lernen darf, sondern kopflastig Wissen vermittelt bekommt, entsteht ein Defizit in der ganzheitlichen Entwicklung.
- Spiele haben ihren Wert in der Wiederholung, weil Bekanntes Sicherheit gibt. Sicherheit gibt dem Kind Mut, spielend zu lernen und den nächsten Schritt zu tun.
- Spiele sind für das Kind lebendig. Sie sollten nicht sinnlos abgebrochen oder unterbrochen werden. Dadurch wird deutlich, dass unter anderem die Spielzeit eine wesentliche Bedingung für das kindliche Spiel ist. Ebenso entscheidend sind Entscheidungsfreiheit, Spielraum, Spielpartner und das Spielmaterial.

Spielzeit

Im Leben des Kindes nimmt die Spieltätigkeit den Hauptanteil seiner Zeit in Anspruch. Ausgiebig und verschwenderisch kann das jüngere Kind mit seiner Spielzeit umgehen, das ältere Kind dagegen hat schon einige Pflichten und

Aufgaben zu erfüllen. Sobald das Kind zur Schule geht, unterliegt es Zeitzwängen. Seine Freizeit benötigt es jetzt zur Regeneration von den geregelten Unterrichtszeiten.

Viele neue Spielerlebnisse und -eindrücke werden vom Kind nach und nach verarbeitet. Das jüngere Kind nimmt sich Ruhepausen, indem es bewegungslos beobachtet. Dabei verhindert z. B. ein Kuscheltier, dass sich das Kind alleine fühlt. Bei Bewegungsspielen, Rollenspielen, Bilderbuchbetrachtungen und auch anderen Spielarten bleibt in der Vorstellung des Kindes manchmal die Zeit stehen oder sie vergeht im Nu und es möchte immer weiter spielen. (Vgl. vom Wege/Wessel 2008, S. 20 ff.)

Entscheidungsfreiheit

Nachdem das Kind laufen und sprechen kann, eröffnen sich ihm ganz neue Spielwelten. Alleine und unter Anleitung des Erwachsenen untersucht es neugierig und konzentriert die Dinge seiner Umgebung. Unendliche Male probiert es aus und zeigt Stolz, wenn ihm etwas gelungen ist. Jüngere Kinder benötigen bei ihren Entscheidungen allerdings manchmal die Entscheidung des Erwachsenen, wohingegen ältere Kinder ihre Entscheidung lieber in Vereinbarung mit gleichaltrigen Spielpartnern treffen. Kinder probieren gerne aus, versuchen den Dingen auf den Grund zu gehen, dabei entwickeln sie eigene Regeln für ihr Spiel und geben ihren kreativen Spieltätigkeiten einen eigenen Sinn. Manchmal wollen Kinder auch nur beobachtend teilnehmen, bevor sie sich für ein Spiel entscheiden. (Vgl. vom Wege/Wessel 2008, S. 20 ff.)

Spielraum

Je jünger das Kind ist, umso weniger Spielraum beansprucht es. Mit steigenden Fortbewegungsmöglichkeiten des Kindes müssen die räumlichen Voraussetzungen für das Spiel neu gestaltet werden. In den Spielräumen des Kindergartens, auf nahe gelegenen Spielplätzen oder geeigneten Plätzen in der Natur erfüllen Kinder ihre Spielbedürfnisse. Hier erproben sie einerseits Körpergeschicklichkeit an Spielgeräten wie Klettergerüsten, Baumstämmen und anderes mehr, leben aber auch in Rollenspielen ihre Phantasien aus. Grundschulkinder nutzen ihre freie Spielzeit am Nachmittag häufig selbstständig, ihren Bewegungsbedürfnissen entsprechend und meist mit gleichaltrigen Freunden. (Vgl. vom Wege/Wessel 2008, S. 20 ff.)

Spielpartner

Am Anfang ist der Säugling bei seinen Erkundungsspielen auf die Bezugsperson als Spielpartner angewiesen. Das Kleinkind beschäftigt sich meist überwiegend allein mit seinem Spielzeug, obgleich es aber auch die Anwesenheit anderer allein spielender Kinder genießt.

Später entwickelt sich aus dem Einzelspiel des Kleinkindes das Nebeneinanderspiel mit Gleichaltrigen, bei dem zwei oder mehrere Kinder für einen kurzen Zeitraum mit Spielmaterial am gleichen Ort spielen. Das Kindergartenkind entwickelt zunehmend die Fähigkeit zu Sozialbeziehungen, die Rolle des erwachsenen Mitspielers wird seltener gewünscht und es wendet sich immer stärker gleichaltrigen Spielpartnern zu. Aus dem Parallelspiel entstehen Partnerspiele mit wechselnden Spielpartnern und auch erste kollektive Kleingruppenspiele. Das Grundschulkind bevorzugt nicht selten gleichaltrige und gleichgeschlechtliche Spielpartner. Auf den Erwachsenen will das Grundschulkind meist verzichten. Persönliche Erfolge, aber auch negative Gefühle z. B. bei Niederlagen werden in der Gemeinschaft mit anderen verarbeitet. Grundlagen für feste Kinderfreundschaften können weiterentwickelt werden.

Kinder fällen spontane Entscheidungen und ihre Spieltätigkeiten entsprechen gewöhnlich ihrem aktuellen Spielbedürfnis. Sie finden Spiele für alle erdenklichen Situationen und es stellt sich die Frage: Nach welchen Kriterien werden Spiele ausgesucht, welche Spielformen eignen sich besonders? Beispielhaft seien hier die *16 Spielformen* (vgl. Pausewang 2006, S. 110 ff.; vom Wege/Wessel 2008, S. 20 ff.; Pohl 2006, S. 92 ff.; Krenz 2010, S. 24) genannt: Fingerspiele, Bauspiele, Gruppendynamische Spiele, Entdeckungs- und Wahrnehmungsspiele, Märchenspiele, Konstruktionsspiele, Theaterspiele, Produktionsspiele, Rollenspiele (Planspiele), Bewegungsspiele, das Freispiel, Musikspiele, Aggressionsspiele zum Austoben, Handpuppenspiele, Soziale (Regel-)Spiele sowie das Schattenspiel.

Fingerspiele

Zärtliche Kose- und Kniereiterspiele sind vor allem Funktionsspiele. Das Kind genießt die Zuwendung des Erwachsenen und freut sich am Reim und der körperlichen Berührung. Die Wiederholung des Spiels bietet Vorausschau auf das Geschehen und vermittelt Sicherheit hinsichtlich des Spielablaufes. Zugleich wartet das Kind gespannt auf das Ende, das in vielen Spielen einen Höhepunkt bringt. Bei diesen Zuwendungsspielen nehmen die Fingerspiele einen weiten Bereich ein. In den meisten Fingerspielen symbolisieren die einzelnen Finger Menschen, Tiere oder Fantasiewesen. Damit werden die Fingerspiele zu einfachen und wiederholbaren Symbol- und Rollenspielen. Die Erzieherin muss die Spiele, die sie anwenden will, auswendig lernen. Ein abgelesener Text wirkt steif und die Erzieherin muss die Zuwendung zum Kind durch den Blick in das Buch unterbrechen. Dem Kind in der Krippe würde ein wichtiger Bereich seiner emotionalen und körperlichen lustvollen Erlebnisse fehlen, wenn Krippenerzieherinnen (und Eltern) diese Spiele nicht mit ihnen spielten. Sie bieten zugleich eine emotional betonte Einführung in Lyrik und Gesang.

Bauspiele

Kinder wollen mit wachsender Sachkenntnis und Experimentierfreude die Dinge um sich herum begreifen, selbst ausprobieren, verstehen, wie etwas funktioniert, sich Wissen aneignen und eigenhändig etwas schaffen. Die häufigste und beliebteste Spielform in allen Entwicklungs- und Altersstufen ist das Bauen. Dabei ist es gleichgültig, ob nur zwei Bausteine aufeinander gesetzt werden oder aus vielen Bausteinen ein hoher Turm entsteht. Das Ergebnis ist immer ein Produkt und das Kind hat fast immer ein Erfolgserlebnis. Es probiert neue Bautechniken aus, erlernt erste statische Grundlagen und Gesetzmäßigkeiten, intensiviert seine Vorstellungskraft und entwickelt Konstruktionsfähigkeit. Im Bauspiel erfahren Kinder die drei Raumdimensionen:

- Länge, indem Spielbausteine oder andere Gegenstände aneinander gereiht zu Linien werden.
- Höhe, indem Spielbausteine oder andere Gegenstände aufeinander gestellt zu Türmen werden.
- Tiefe, indem Spielbausteine oder andere Materialien um einen Gegenstand herum gelegt werden und so eine Umzäunung entsteht.

Wenn zusätzliche Fahrzeuge, Tiere, Figuren oder Naturmaterialien verwendet werden, regen Bauspiele in hohem Maße die Fantasie des Kindes an. In der Gemeinschaft Gleichgesinnter entstehen dann erfindungsreiche Rollenspiele.

Entdeckung- und Wahrnehmungsspiele

Das Lebensumfeld von Kindern gibt genügend Raum, um zu beobachten und wahrzunehmen. Kinder gehen mit einem wachen Blick und aufmerksamen Sinnen durch die Welt. Sie haben Freude daran, ihre Beobachtungen zu benennen, sie mit anderen zu vergleichen. Kinder müssen lernen wahrzunehmen, zu unterscheiden und zu beurteilen, um sich in der sie umgebenden Welt zurechtzufinden. So helfen alle Beobachtungs- und Wahrnehmungsspiele (auch Informations- und Explorationsspiele) Kindern, diese Fähigkeiten zu erlernen und zu festigen. Kinder beobachten z. B. Käfer, legen ihnen Hindernisse in den Weg. Sie beobachten, wie Kinder und Erwachsene reagieren und stellen ihr Verhalten darauf ein. Sinneswahrnehmungen sind die Grundlage aller Beobachtungs- und Wahrnehmungsspiele. Dazu gehören z. B. auch Versteckspiele aller Art.

Konstruktionsspiele

Das Konstruktionsspiel (werkschaffendes Spiel) unterscheidet sich von anderen Spielformen durch sein Ergebnis. Es hinterlässt ein gestaltetes Werk, während die anderen Spielformen (Übungs-, Rollen- und Regelspiele) viel deutlicher auf den Prozess ausgerichtet sind. Das Ergebnis der Konstruktionsspiele kann aufbewahrt, immer wieder betrachtet oder auch benutzt werden, z. B. zu weiteren Spielen oder für den Gebrauch im Alltag. Konstruktionsspiele verlangen von den Spielenden eine Vorstellung von dem, was sie herstellen wollen. Für die Vorstellung und die Umsetzung ist Konzentration und eine Versenkung in die Tätigkeit notwendig. Der Spieler benötigt Zeit und häufig auch eine Zurückgezogenheit. Jedes Konstruktionsspiel kann nur durch eine gezielte Aufmerksamkeit zum Erfolg führen. So sind Konstruktionsspiele gleichzeitig auch Konzentrationsspiele. Der sichtbare Erfolg solcher Spiele gibt dem Kind Selbstvertrauen und das Gefühl, etwas geschaffen zu haben.

Produktionsspiele

Wenn Kinder z. B. aus Naturmaterialien wie Ästen und Steinen oder aus Industriemüll alle möglichen Dinge herstellen, beispielsweise ein Flugzeug, ein Auto oder einen Roboter und anschließend damit spielen, so haben diese Tätigkeiten einen deutlichen Spielcharakter, weil sie meist ohne Ergebnisdruck, trotzdem aber mit Ergebnisfreude entstanden sind. Hier ist das Kind sein eigener Meister. Es entwirft Ideen und setzt sie um. Auch wenn es sich Hilfe holt, wird sein Selbstwertgefühl dadurch nicht beeinträchtigt. Idee, Planungsentwurf und Ausführung bleiben immer sein eigenster Anteil. In einer Zeit, in der einmal gelerntes Wissen nicht ausreicht, muss heute jeder Einzelne ständig neu lernen und so ist es wichtig, Kinder zu kreativer Produktherstellung anzuregen. So können sie nach eigenständigen Lösungen suchen und auf eigenen Erfindungsgeist und eigene Flexibilität vertrauen.

Bewegungsspiele

Draußen sein verbindet man selbstverständlich mit Bewegung. Kindsein ebenfalls. Ein gesundes Kind ist – wenn man es lässt – meistens in Bewegung. Es will die Welt mit seinem ganzen Körper und allen seinen Sinnen erkunden. Kinder brauchen Bewegung, denn ohne Bewegung findet keine Entwicklung statt. Bewegungsmöglichkeiten im Tagesablauf und bewegungsreiche Spiele müssen deshalb in sozialpädagogischen Einrichtungen einen breiten Raum einnehmen. Das äußert sich in Raumgestaltung (Innen und Außen) und in den Regeln der Raumnutzung: Im Tagesablauf, z. B. dem freien Frühstück und in den Zeiten für freies Spiel im Innen- und Außenraum, in der Auswahl des Spielmaterials (ruhig am Tisch sitzend oder bewegungsanregend) und in dem gezielten Angebot von bewegungsreichen Spielen. Bewegungsspiele sind voller Spannung. Sie können Abreaktionen von psychischer Spannung bedeuten. Gefühle können sich in körperlicher Bewegung äußern, z. B. Freude in tänzerischer Bewegung oder im schnellen Lauf, Zorn im Ballwerfen, Zufriedenheit im Balancieren. Beim Sport stehen die Leistung und die Schulung des Körpers im Mittelpunkt, beim Spiel die Lust. Bewegungsspiele sind deshalb nicht mit Sport gleichzusetzen.

Musikspiele

Musik und Bewegung können für Kinder meist gar nicht getrennt werden, wenn Musik ertönt, beginnen bereits die Kleinsten, sich mit der Musik zu bewegen. Musik ist Ausdruck der Freude am Leben, kann anregen und entspannen, ist Grundlage für schöpferisches Handeln. Musikspiele bilden die Grundlage für emotionales Erleben. Spiele, die mit Musik verknüpft sind, verankern sich tief im Körper und können allein durch das Hören dieser Musik wiederbelebt und erfahren werden. Musik und Emotionen sind eng miteinander verknüpft und werden zusammenhängend erlebt. Die Bedeutung von Musikspielen (Töne erzeugen durch Schlagen auf Gegenstände, Handhabung von Rasseln, Hören und Umsetzen von Musik und Umsetzen in Bewegung, Kreisspiele u. Ä.) bleibt lebenslang erhalten und spielt je nach Vorerfahrung eine dauerhaft wichtige Rolle. Der spielerische Umgang mit Musik (Geräusche, Töne, Musikstücke) ist für die emotionale Entwicklung von Kindern sehr wichtig. Kinder sollten viele Möglichkeiten des Musikhörens, des Singens, Tanzens und der Erzeugung von Tönen haben und die Erfahrung von selbsterzeugten Tönen in ausreichendem Maß machen können.

Handpuppenspiele

Besonders Kindergartenkinder sind vom Handpuppenspiel begeistert. Sie sind noch nicht so weit, dass sie die Welt unbedingt real erfassen wollen. Sie können sich noch auf Geheimnisse einlassen und sich von Geheimnissen mitreißen lassen. Die Zuwendung der Puppe zum Kind und das Gespräch der Puppe mit dem Kind vermittelt ihm, *dass es ernst genommen wird*, dass es im *Mittelpunkt* steht, dass es in der magischen Welt *mithandeln* und sie *mitbestimmen* darf. Es fühlt sich hereingenommen in ein Reich des Unbekannten. Das Kind sieht beim guten Handpuppenspiel nicht nur zu. Es ist Teil des Geschehens. Hier läuft nicht nur etwas vor ihm ab. Das Kind fühlt sich als Teilnehmer. Es erlebt mit. Wenn das Kind Spieler und nicht Zuschauer ist, versetzt es sich in eine Fantasiewelt und glaubt, dass dies dem Zuschauer auch gelingt. Manche Kinder verlieren ihre Hemmungen, vor Zuschauern zu sprechen und zu handeln, weil sie sich der subjektiven Umdeutung hingeben, dass ja nicht sie selbst, sondern die Puppen handeln und sprechen. Das Handpuppenspiel ermöglicht eine faszinierende magische Fantasiewelt für Kinder als Zuschauer und als Spieler.

Voraussetzungen sind:
- Erzieherinnen müssen den Puppen Leben geben (selbst vorspielen).
- Es müssen angemessene räumliche Spielmöglichkeiten geschaffen werden.
- Beim Handpuppenspiel von Kindern sollte es Zuschauer geben.
- Kinder sollten hin und wieder einfache Handpuppen herstellen können.

Das Handpuppenspiel ist ein ausgesprochenes Kindertheater, denn es wird für Kinder, nicht für Erwachsene gespielt.

Schattenspiele

Das Schattenspiel kann vor allem für Kinder im Schulalter ein spannendes Erlebnis sein. Der Schattenspieler spielt grundsätzlich für den Zuschauer, weil er die Wirkung seines Spiels selbst nicht richtig sehen kann. Das Schattenspiel ist eine besondere Art des Figurenspiels. Zwischen einer Lichtquelle und einem Rahmen, der mit weiß durchscheinendem Stoff bespannt ist, agieren die Spieler pantomimisch mit ihrem Körper (Menschenschattenspiel), mit gestalteten Schattenfiguren oder transparenten Materialien, die mittels Stäben dirigiert werden. Im experimentellen Spiel kann die Wirkung eigener Gebärden sowie von Gegenständen ausprobiert werden. Schüchterne oder gehemmte Kinder legen beim Schattenspiel schnell ihre Unsicherheiten ab, da sie sich durch den Wandschirm unbeobachtet fühlen.

Soziale Regelspiele

Bei den älteren Kindergartenkindern gewinnt das Regelspiel an Bedeutung und wird bei den Schulkindern neben Konstruktions- und Rollenspielen immer beliebter. Von der Fähigkeit des Kindes Regelspiele zu durchschauen und sich als Teil einer Gruppe zu sehen, wird frühestens im letzten Kindergartenjahr, oft erst im Schulalter gesprochen. Zwar können sich Dreijährige durchaus an einfachen Regelspielen beteiligen, aber sie spielen diese Spiele weitgehend nebeneinander in der Nachahmung und Unterordnung unter dem vorgegebenem Ablauf. Das soziale Interesse, sich mit anderen Spielern zu vergleichen oder als Gruppenmitglied Teile einer Aufgabe zu erfüllen, ist noch wenig entwickelt.

Bei der Entwicklung des Regelverständnisses im Schulalter sind gleichzeitig drei Entwicklungsphasen zu beobachten (nach Jean Piaget 1988).

1. Phase: Das Kind entwickelt eigene Regeln für seine Handlungen, die jedoch keine Verpflichtung haben, z. B. geht es die Treppe herauf, benutzt dabei aber nur jede dritte Stufe oder passiert den Fußweg, ohne auf die Striche der Gehwegplatten zu treten.
2. Phase: Das Kind ahmt vorgemachte Regeln nach und unterwirft sich ihnen, z. B. die Spielgruppe führt simultan ein Bewegungs-, Kreis- oder Tanzspiel aus. Durch nachahmendes Verhalten im Spiel wechselt das Kind sich mit anderen ab, hält Reihenfolgen ein und übernimmt Einzelaufgaben im geregelten Gemeinsamkeitsspiel. Ein weiterer Schritt in dieser Phase ist das Einhalten der Spielregel mit gleichzeitiger Unterdrückung eines Handlungsimpulses. Der Sieg der Spielregel über den Handlungsimpuls gelingt meist erst mit ca. fünf bis sechs Jahren und führt dazu, dass die äußere Spielregel zu einer verinnerlichten Verhaltensregel werden kann. Das ist dann zu beobachten, wenn die Kinder ohne Spielleiter ein Spiel nach vereinbarten Spielregeln fortsetzen.
3. Phase: Hierbei handelt es sich um sozial kontrollierte Regelspiele, die in der Gemeinschaft gespielt werden und durch gemeinsam getroffene Absprachen den Spielverlauf bestimmen. Die Spielgemeinschaft wacht über die Einhaltung der aufgestellten Regeln, kann sie aber auch nach Belieben verändern. Das Demonstrieren eigener Fähigkeiten weicht zugunsten der sozialen Spielstruktur. Da dem Kind die Gruppenzugehörigkeit sehr wichtig ist, versucht es Regelwidrigkeiten zu vermeiden.

Regelspiele müssen für eine Spielfolge sorgsam ausgewählt werden, damit die Gruppe mit Spielfreude daran teilnehmen kann und weder über- noch unterfordert wird. Formen aller anderen Spielarten können in Regelspielen vorkommen. Durch die Spielregeln erhalten sie eine Ablaufstruktur. Der kritische Vorwurf, Regelspiele förderten Konflikte und Frustrationen und verhindere die Entwicklung von Sozialverhalten, ist im Schulalter nicht immer berechtigt, da auch in

Wettbewerbsspielen Kooperation möglich ist. Die Kinder müssen, wenn sie sich im Spiel auf Regeln einigen wollen, viele verschiedene Fähigkeiten besitzen bzw. sie erlernen diese Fähigkeiten gerade dadurch. Sie müssen Regeln und Bedingungen miteinander aushandeln, dazu müssen sie argumentieren können. Sie brauchen Empathie, um Beweggründe des anderen zu verstehen. Sie brauchen Toleranz, z. B. um Kleinere ins Spiel integrieren zu können. Sie müssen Frustrationen aushalten können, wenn man bei dem Spiel verlieren kann oder das selbst gesteckte Ziel nicht erreicht. Sie müssen innerlich beweglich sein, um sich auf immer neue Situationen einstellen zu können. Darüber hinaus brauchen sie auch verschiedene Fertigkeiten, wie: schnell laufen und schnell reagieren können, spontane Einfälle schnell umsetzen können, schnell Absprachen treffen können und dabei auch überzeugen können, sie brauchen Führungsqualitäten und sie üben Fairness.

Aggressionsspiele zum Austoben

Spiel ist eine Möglichkeit, Erfahrungen und Gefühle auf spielerische Weise und auf ungefährlicher Ebene zum Ausdruck zu bringen und zu verarbeiten. Zugleich kann das eigene Handeln auf der ungefährlichen Spielebene, nämlich dem intermediären Bereich, erprobt werden. *Das Kind kann Grenzen austesten, Macht erproben, Gewalt und Zorn zum Ausdruck bringen, ohne dass es Konsequenzen* in seiner realen Beziehung zu den Bezugspersonen in Form von Liebesentzug, Strafe oder Abwertung seiner Person befürchten muss. Gespielte Aggression kann genossen werden, weil sie erleichtert. Deshalb wird auch dieses Spiel von Spannung und Entspannung geprägt sein. Dadurch wird es zur lustvollen Tätigkeit im Hier und Jetzt. *Körperliche Abreaktionen können helfen, die Spannung des Zorns zu mildern und mit den starken affektiven Gefühlen sachlicher umzugehen.* Alle Spiele, die mit Stoßen, Werfen, Treten, Ziehen, Reißen usw. zu tun haben, können Abreaktionen für aufgestaute Gefühle bieten.

Kinder können sich durch Spiele abreagieren, in denen – in geregeltem Maße – etwas zerstört oder angegriffen wird wie Bauen und Umwerfen, Ballspiele, Kegelspiele, Sägen und Hämmern. Zornige Gefühle sind Energieerzeuger. Sie setzen Kraft frei. Bewegungsreiche Spiele wie Ballspiele, Seilspiele, Fang- und Laufspiele usw. bieten dem Körper Abreaktionsmöglichkeiten bei gestauter Kraft.

Aggressives Spiel kann nicht aggressives Verhalten als solches ändern. Wenn aggressive Spielformen als sinnvoll dargestellt werden, so sind nur solche Spiele gemeint, die ein symbolisch destruktives Verhalten zulassen, das vom Spieler in der Regel nicht in reale Aggression übertragen wird.

Freispiel

Freies, fantasievolles Spiel erlaubt, alles und jeder zu sein, sich in neue, zukünftige Welten zu träumen, alles Gewohnte umzuwerfen oder zumindest anders zu sehen, unbeschadet Dinge zu erproben, neue Rollen einzunehmen, Himmel und Hölle in Bewegung zu setzen und dennoch ist es etwas anderes als Fantasie. Das, was Kinder beim Spielen bewegt, denken sie sich nicht aus, sondern es entspringt in irgendeiner Form der inneren oder äußeren Lebenswirklichkeit des Kindes, seinen inneren Bildern oder seiner äußeren Erfahrung. Alles ist aber gestaltbar. In der freien Spielsituation für Kinder bemerkt man, dass sie eher bestrebt sind, mit anderen zusammen als gegeneinander zu spielen. In dieser Spielform als solcher sieht man heute einen hohen Eigenwert. Das Freispiel im Kindergarten wird zeitlich ausgedehnt. Angeleitete Aktivitäten nehmen zugunsten des Freispiels ab. Kinder sollen Eigeninitiative entwickeln, sich in selbst gewählte Spiele vertiefen und dabei Kontakte zu Spielkameraden aufbauen können. Spielfähige Kinder schließen sich im Freispiel zu Spielgruppen zusammen und *entwickeln gemeinsam Spielideen*. So finden *wertvolle soziale Lernprozesse* statt. Spiel- und Bewegungsdefizite, die das Kind zu Hause erlebt, kann es hier wenigstens teilweise ausgleichen. Möglichkeiten für *Kreativität, Kommunikation und gemeinsame Spielplanung* sind bei unterstützender Auswahl des Spielmaterials gegeben.

Rollenspiele

Rollenspiele sind als-ob-Spiele. Es beginnt in seinen ersten Anfängen schon im zweiten Lebensjahr, indem das Kind Handlungen nachahmt und dabei Tätigkeiten fiktiv (angenommen, nicht real) durchführt: Das Kind tut so, als ob es essen, trinken, kochen, schlafen usw. würde. Diese nachahmende Tätigkeit ist die erste Stufe des Rollenspiels, das sich im Laufe der Entwicklung erweitert und differenzierter gestaltet. Götte (1977, S. 36) unterscheidet folgende verschiedene Stufen des Rollenspiels:

- Nachahmungsspiel – Das Kind ahmt eine Tätigkeit nach, versetzt sich aber nicht in die Rolle einer anderen Person. In dieser Stufe kann das Kind beobachten, Bewegungen (pantomimisch) und Geräusche nachahmen.
- Einfaches Rollenspiel – Das Kind spielt eine Rolle und ahmt Handlungen und Handlungsfolgen nach, die zu dieser Rolle gehören, und kann Selbstgespräche führen. Hier kann das Kind differenziert beobachten, der Handlungsablauf wird logisch gegliedert (zuerst, danach …) und die Bewegungen im Raum haben eine bestimmte Bedeutung und sind nicht beliebig auswechselbar.
- Kollektives Rollenspiel – Das Spiel einzelner Kinder ist räumlich und thematisch näher gerückt. Die Kinder sprechen sich manchmal an, erwarten aber keine Antwort

(kollektiver Monolog). In dieser Stufe stimmt das Kind seine Bewegungen bereits auf andere Kinder ab, nimmt andere Kinder wahr.

- Soziales Rollenspiel (Stufe 1) – Das Spiel von mindestens zwei Personen ist aufeinander bezogen. Gespräche finden statt, aber das Hauptgewicht wird auf das Handeln, nicht auf das Reden gelegt. Über Gefühle, Gedanken wird nicht geredet. Die Sprache ist sozial. Die Fähigkeiten zur Kooperation, zum Zuhören, Verstehen und Antworten sind jetzt gefordert.
- Soziales Rollenspiel (Stufe 2) – Die Handlung ist so kompliziert, dass längere, verbale Äußerungen nötig sind. Die handelnden Personen argumentieren, begründen, erklären und Spielregeln werden festgelegt. Soziale Sprache, Argumentation ist vorhanden. In dieser Phase können Kinder sich auf Spielregeln einigen (das soll unser Tisch sein, du hättest den ganzen Tag noch nichts gegessen), haben Einfühlungsvermögen und Konfliktlösungsfähigkeit.

Das Rollenspiel ermöglicht die Verarbeitung von Erlebtem durch Wiederholen sowie das Ausprobieren von neuen Verhaltensformen auf der geschützten Ebene des Spiels. Es hat deshalb für die Entwicklung eines Kindes eine große Bedeutung. Das Kind erwirbt hier *elementare* und *soziale Fähigkeiten:*

- *Kooperation* (durch gemeinsames Planen und Spielen),
- *Empathie* (anderes Rollenverhalten/Spielideen zu akzeptieren) und
- *Kompromissbereitschaft* (sich an gemeinsam aufgestellte Regeln zu halten).

Andere Rollenspielformen wie Darstellungsspiele, Spielketten, pantomimisches Ratespiel u. a. m. sind meist an bestimmte Regeln gebunden. Sie sind bei Kindern durchaus beliebt und werden bevorzugt in der Gemeinschaft singend und spielend durchgeführt. Diese Spiele unterstützen soziales Rollenspiel, regen spontane Rollenspiele an, wecken Kreativität und Vorstellungskraft, lassen Gefühle und Stimmungen zum Ausdruck kommen und regen die Bewegungsfreude an.

Ein sparsames Angebot von Requisiten hilft den Kindern bei der Rollenfindung und steigert ihre Spielfreude.

Theaterspiele

Theaterspielen ist oft die natürliche Fortsetzung des freien Spiels. Die Freude daran oder das Bedürfnis danach setzt etwa mit neun Jahren ein. Das Kind hat dann bereits ein gewisses Rollenbewusstsein erlangt. Es kann dann z. B. auch Rollenmerkmale diskriminieren, d. h. es kann auch schon einschätzen, wie ein anderer sich möglicherweise in einer bestimmten Situation verhalten könnte.

Indem Kinder sich ihrer Spielrolle nähern, *üben* sie *Empathie*, weil sie versuchen müssen, sich auf die Rollenfigur ein Stück weit einzulassen. Sie erfahren weitaus mehr, wenn mit dem Theaterspiel nicht nur zu einer Aufführung hingestrebt wird. Dann nämlich bedeutet die Vorbereitung dazu die meiste und sinnvollste Arbeit. Die Aufführung selbst ist dann nur noch etwas, was wie eine reife Frucht am Ende einer intensiven Arbeit abfällt, die die Kinder auf körperlicher, seelischer und geistiger Ebene geleistet haben.

Weitere Erfahrungen sind:

- *Erweiterung des Körper- und Bewegungsapparates* (Lockerung, Bewusstmachung von Bewegungsabläufen, Erfahrungserweiterung des eigenen Körpers)
- *Schulung des Wahrnehmungsvermögens und der Fantasie*
- *Erweiterung des Handlungsrepertoirs* zur Gewinnung von Sicherheit im Spiel (Nutzung von Spontaneität durch Improvisationsübungen und -spiele
- *Beschäftigung mit dem Raum* (deutliche Wahrnehmung des Raumes als vorn, hinten, rechts, links, Veränderung des Raumes durch Bewegung)
- *Spiel mit der Sprache* (Stärkung der Stimme und Modulationsfähigkeit, Ausdrucksmöglichkeit der Gefühlswelt durch die Stimme)
- *Verfeinerung des Sinnesrepertoirs* (Konzentration auf einen oder mehrere Sinne bzw. Ausschaltung einzelner Sinne)

Kinder lernen darüber hinaus bei der Rollenverarbeitung die innere Motivation ihrer Rollenfigur kennen. Sie verstehen, dass das, was ein Mensch sagt oder tut, divergieren kann von dem, was er meint. In der Improvisation lernen sie das *Zusammenspiel mit Anderen*, sie lernen die Intentionen des Anderen verstehen und in Übereinstimmung mit dem Eigenen zu bringen. Die Rollen werden primär nicht auswendig gelernt, sondern gemeinsam über Improvisation erarbeitet. Erst wenn sich ein brauchbares Handlungsgerüst herausgeschält hat, wird der Text nach und nach fixiert, bleibt aber flexibel. Das improvisatorische Element muss auch in der Aufführung vorhanden sein dürfen. Perfektion ist Kindern – jedenfalls den Jüngeren – noch nicht gemäß und würde die Spielfreude ersticken. Kindergartenkinder streben noch keine Perfektion an. Hier sollte das Spielen vor Publikum dahingehend begrenzt werden, dass Kinder vorführen, was sie sowieso in ihrem Alltag spielen: Lieder, Singspiele, Orffsches Instrumentarium, Spiele im Kreis mit pantomimischen Einlagen, Erzählspiele, Fingerspiele und Ähnliches. Wenn wirklich einmal Theater im Kindergarten gespielt wird, muss es sich auf sehr kleine Abschnitte und einfache Spielformen beschränken. Ein Erwachsener erzählt, während die Kinder pantomimisch handeln, das ist im Kindergartenalter die sinnvollste Form.

Märchenspiele

Bei den Märchen, deren Bilder echte Urbilder geblieben sind (im deutschsprachigen Raum sind das im wesentlichen die Märchen der Gebrüder Grimm), vermag sich jeder Mensch – egal in welcher Kultur oder Sozialisation er aufgewachsen ist – in den Bildern, in seinen Ängsten und Nöten, seinen Widersprüchen, seinen Hoffnungen und Sehnsüchten wiederzufinden. Deshalb sind Märchen auch Seelennahrung für Kinder. Wenn Kinder sich unter anderem in die Rolle einer Prinzessin, eines Königs, eines Wolfs oder Ähnliches verwandeln, dient diese Art des Rollenspiels der Entwicklung des Selbst. Dieses Spiel ist mit Fantasietätigkeit verknüpft und wird frühestens ab vier Jahren wichtig. Kinder, die sich dieser Art von Fantasien hingeben, versuchen z. B. Triebe und Begierden ungestraft auszuleben. Es geht hier um die sich herausbildende Individualität des Kindes. Es befreit sich dadurch von seinen Ängsten, findet Lösungen für seine Probleme und lernt sein inneres Leben kennen. Es dient ihm zur Lebensbewältigung.

Deshalb befreit man Kinder nicht von ihren Ängsten, destruktiven Wünschen und Konflikten, wenn man sie das Böse in den Märchen nicht erkennen lässt, sondern man hilft ihnen, wenn sie das Böse z. B. in Gestalt einer Hexe erleben und diese im Ofen verbrennen können oder das Wölfische in sich *im Spiel ausleben können und damit beherrschen lernen.* Vor allem, wenn das Kind Märchen nicht nur hört, sondern auch nachspielt, kann es, ohne ein schlechtes Gewissen haben zu müssen, alle seine Rachegelüste an den bösen Gestalten des Märchens auslassen, die stellvertretend für strafendes, als ungerecht oder lieblos empfundenes Verhalten von z. B. Erwachsenen stehen mögen.

Bettelheim (1977, S. 139) beschreibt die Sorge des Kindes vor dem Ungeheuer, als das es sich selbst fühlt und das es auch manchmal verfolgt. Wenn Erwachsene von diesem Ungeheuer im Kind nicht sprechen, wenn sie es im Unbewussten versteckt halten wollen und dem Kind nicht erlauben, es *mithilfe der Bilderwelt des Märchens in seiner Fantasie zu bedenken*, lernt das Kind das eigene Ungeheuer nicht besser kennen und erhält auch keinen Hinweis, wie es gebändigt werden kann. Die Folge davon ist, dass das Kind seinen schlimmsten Ängsten hilflos gegenübersteht.

Gabriele Pohl beschreibt: „Märchen sind vieldeutig, kraftvoll und klar, wenn Kinder mit Märchen aufwachsen dürfen, haben sie einen Schatz, den viele noch weit ins Erwachsenenleben hinüberretten." (2009, S. 128)

Gruppendynamische Spiele

Spätestens mit Beginn des Schulalters wird der Kontakt zu Gleichaltrigen (Peers) intensiviert und feste Freundschaften werden geschlossen. Im Zusammenspiel der bisherigen und von jedem Kind etwas anders gemachten Sozialisierungserfahrungen bilden sich in den Spielgruppen eigene Regeln und Werte heraus. Eigene Spielregeln werden nicht willkürlich aufgestellt, sondern entsprechen dem Entwicklungsstand der Gruppenstruktur und sind jederzeit veränderbar. Spielerische Auseinandersetzungen auf der „Regie-Ebene" sind nicht nur für die Entwicklung des eigenen Sozialverhaltens von großer Bedeutung, sondern auch zur Einübung gesellschaftlicher Regeln. (Vgl. vom Wege/Wessel 2008, S. 136)

Bei Spielen, die nicht unbedingt einen Spielführer benötigen, sondern in gemeinsamer Absprache entschieden werden könnten, übernimmt oft ein Spieler die Führung, beispielsweise bei Rollenspielen, bei Konstruktionsspielen im Freien. Ohne einen Spielführer gibt es meist mehr Konflikte. Solche Konflikte sind keineswegs nur als Problem zu sehen. Sie sind für die Entwicklung eines Kindes von großer Bedeutung. Bei der Konfliktbewältigung wird um Ansichten und Positionen gerungen, Fremd- und Selbstbestimmung werden gegeneinander abgewogen. Manche Gruppenmitglieder haben ihre Rolle als Spielführer bereits innerhalb der Gruppe so gefestigt, dass sie ohne Verhandlungen und ohne Kampf von den Gruppenmitgliedern anerkannt werden. Das kann sein, wenn sie besondere Begeisterungsfähigkeit ausstrahlen oder zündende Ideen haben und die Mitspieler wissen, dass das Spiel mit ihnen als Spielführer schön ist.

Wenn spielführende Gruppenmitglieder einmal nicht anwesend sind, läuft das Spiel in den Spielgruppen völlig anders. Manchmal wissen die Gruppenmitglieder dann nicht, was sie spielen könnten. Kinder, die es gewohnt sind, sich führen zu lassen, fühlen sich verunsichert und müssen ihre Rolle innerhalb der Gruppe neu suchen und ausprobieren.

Bereits in den ersten Schuljahren bilden sich Ansätze einer sozialen Rangordnung, die durch gesellschaftliche Werte und Normen beeinflusst werden, sodass Spielverderber, aggressive, hässliche, kontaktscheue und hochintelligente Kinder zu Außenseitern werden können. Diese Rollenzuweisungen sind jedoch noch veränderbar, während sich hierarchische Positionen in einer Gruppe bereits herauskristallisieren, z. B. der Anführer, der Clown, der Prügelknabe.

Wenn Gruppenmitglieder die Spielführung übernehmen, erlernen und üben sie wichtige Führungsqualifikationen: Beobachten, eigene Wünsche wahrnehmen, Kompromisse schließen, Initiative ergreifen, Begeisterung ausstrahlen, Verantwortung übernehmen.

Je ausgeprägter das Gruppengefühl wird, desto stärker wächst der Wunsch nach Gruppenzugehörigkeit. Viele Kinder bilden in diesem Alter Banden oder Cliquen.

Das Bedürfnis, zu einer verlässlichen Peergruppe (Gruppe Gleichaltriger) fest dazuzugehören, ist in der Zeit der Vorpubertät besonders stark. Die Jugendlichen befinden sich auf der Suche nach der eigenen Identität. Sie lösen sich vom Vorbild der Eltern und suchen ihren eigenen Weg. In dieser Unsicherheit brauchen sie die Gruppe Gleichaltriger, um nicht allein zu sein. Die Abgrenzung zu anderen Peergruppen (im Spiel die Gruppe der feindlichen Mannschaft) verstärkt sich das Zugehörigkeitsgefühl zur eigenen Gruppe. Aus diesem Grund sind Mannschaftsspiele in diesem Alter sehr beliebt.

Häufig treten Gruppen, z. B. bei Geländespielen und Rallyes, zueinander in Konkurrenz. Sie können einander bekriegen (fangen, Lebensbändchen abnehmen, Schatz rauben u. Ä.) oder in einen Wettkampf treten, welche Gruppe am schnellsten ist und die zu erledigenden Aufgaben am besten gelöst hat.

Die Spielfreude und Spannung dieser Spiele entstehen durch mehrere Faktoren (Pausewang 2006, S. 185):

- Der Wettkampf als solcher: Welche Gruppe wird als Sieger hervorgehen
- Die Aufgabenstellungen: Es muss dem Spieler gelingen, Mitglieder der Gegenpartei zu fangen. Oft muss man zugleich vermeiden, dass man selbst gefangen wird. Gruppenmitglieder können einander helfen, z. B. Gefangene wieder einlösen. Zu den Stadterkundungsspielen gehören oft Aufgaben, bei denen sich die Spieler überwinden müssen auf fremde Menschen zuzugehen und Einkünfte einzuholen. Gegenstände müssen besorgt, bestimmte Örtlichkeiten gefunden, sich an einem Stadtplan orientiert werden. Die Aufgaben sind oft witzig, originell, dürfen allerdings nicht zu schwierig sein. Während bei den Rallyes die Aufgaben in der Regel realistisch sind und meist das Kennenlernen der Örtlichkeiten anstreben, haben Geländespiele oft Rollenspielanteile, z. B. Ritter zu sein oder Räuber und Polizist. Häufig ist es nicht der Spielleiter, sondern eine Teilgruppe, die sich die Aufgaben ausdenkt „bei jüngeren Kindern mit Unterstützung des Gruppenleiters" und dabei nach interessanten Aufgaben sucht. Das Entwickeln einer Rallye oder einer Schnitzeljagd kann der Gruppe großen Spaß machen.
- Auch der äußere Rahmen kann Spielfreude und Spannung bringen: Innerhalb der Teilgruppe entstehen durch die Aufgaben, die gemeinsam gelöst werden müssen, Kontakte und ein Zusammengehörigkeitsgefühl.

Auch soziale Regelspiele (Gemeinschaftsspiele) haben meistens einen Wettkampfcharakter. Dazu gehören z. B. Hüpf- und Fangspiele, Brett- und Kartenspiele oder das Fußballspiel. Sie erfordern häufig bestimmte Fähigkeiten, die erst erlernt werden müssen. Für einen Leistungsvergleich mit anderen Mitspielern – die Kinder in einem bestimmten Alter suchen – brauchen sie ein *Grundmaß an Belastbarkeit, Frustrationstoleranz, Empathie und Anstrengungsbereitschaft*. Da der Aufbau eines sozialen Regelbewusstseins bei Kindern ein Lernprozess ist, der einen Zeitraum von ca. zehn Jahren umfasst, steht diese Spielform aus entwicklungspsychologischer Sicht erst im Schlussbereich der Spielentwicklung beim Kind.

„Soziale Regelspiele in Kindertageseinrichtungen kommen für manche Kinder zu früh. Alle beteiligten Mitspieler müssen in der Lage sein, sich auf den Spielgegenstand selbst, die Spielaufgabe und den -verlauf einzulassen und ihre subjektive, persönliche Wertigkeit zurückzustellen.“ (Vgl. Krenz 2007, S. 219)

Merkmale generalisierender Fähigkeiten

Durch das Spielen erwerben Kinder allgemeine und somit grundlegende Fähigkeiten für viele Fertigkeiten, die sie in ihrem späteren, sogenannten Erwachsenendasein benötigen. Dazu gehören z. B. (Krenz 2007, S. 225):

- Vernetzungen und Verbindungen herstellen
- Zuwendung aufbringen
- Analysieren können
- Synthesen bilden
- Vergleiche anstellen
- Systematisierungen vornehmen
- Kodierungen verinnerlichen
- Wahrnehmung erweitern
- Funktionelle Systeme entwickeln
- Kreativität entwickeln

Diese Fähigkeiten werden als Lernprozess bei fast allen Spielen im Hintergrund angeregt, sie entwickeln sich in Abhängigkeit voneinander und bilden zugleich die Grundlage für das Lernen selbst. Spielen und Lernen bilden eine nicht zu trennende Einheit. Spielen ist Lernen, Lernen ist Spielen.

Spielförderliche Verhaltensweisen der Fachkräfte

Erzieherinnen können auf vielfältige Art in den Einrichtungen Kinder beim Spielen unterstützen und ihnen dadurch viele neue Erfahrungen ermöglichen.

Entwicklungsbegleitung von Kindern setzt sich den hohen Anspruch, Kinder nicht mit einer „Erwachsenenkultur“ zu überfrachten, sondern offen für eine „Kinderkultur“ zu sein. Wenn beispielsweise Kinder mit ihren lieb gewonnenen Plastikfiguren spielen, dann muss es darum gehen, den Wert ihrer Spielkultur zu verstehen und den Rahmen zu schaffen, dass Kinder mit ihrer Spielkultur regelrechte Szenarien aufbauen können (Krenz 2007, S. 21). Eine lebens- und entwicklungsbegleitende Spielpädagogik muss nach Klein (2002, S. 7) die Antwort auf die veränderte Kindheit sein. Er fasst die Auflistung von Ulrich Heimlich als *methodische Grundqualifikation für die Spieleerziehung* zusammen:

- Selbst spielen können: Nur wenn der Erzieher selbst spielen kann, ist er fähig, die Spielfähigkeiten der Kinder zu entwickeln.
- Spielen ist nicht von der eigenen Spielbiografie zu trennen: Der Erzieher wird sich ernstlich bemühen, seine Spielbiografie in der eigenen Kindheit zu erforschen (erkunden).
- Das einzelne Kind bei seinem Spiel wahrnehmen und beobachten können: Der Erzieher wird sich darum bemühen, sich in die Situation des spielenden Kindes hineinzuversetzen und seine Entwicklungsperspektive in den Entwicklungsdimensionen des Handelns, Fühlens und Denkens – möglichst ohne Vorannahme und Vorurteil – zu verstehen und zu deuten.
- Der Erzieher benötigt ein hohes Maß an Empfindsamkeit und innerer Beweglichkeit: Ein Erzieher, der vom Kind zum Mitspielen eingeladen und angeregt wird oder der das Kind zum Spielen motivieren möchte, hat sein Spielhandeln zwischen Nähe und Distanz auszubalancieren.
- Die Räume mit geeigneten Spielmitteln ausgestalten können: Der Erzieher wird darauf achten, dass das Angebot an Spielmitteln den Kindern die Möglichkeit gibt, selbst etwas in Sinnzusammenhängen zu gestalten.

Ferdinand Klein betont, dass es in der Erziehungspraxis nach wie vor um ein aufmerksames und wertschätzendes Wahrnehmen und Beobachten des Kindes in seinem Sein (Kindsein), in seinem Fühlen, Denken und Handeln und um ein behutsames und einfühlendes Begleiten und Unterstützen des einzelnen Kindes geht, damit es sich in Geborgenheit und Freiheit nach seiner Lebensperspektive entwickeln kann.

Erzieher sollten die „Pflege eines Spieltriebes" und die sich daraus entwickelnden Tätigkeiten verstehen und entsprechende Erkenntnisse in ihr Handeln integrieren.

Spielen ist das dem Menschen innewohnende Prinzip.

Edmund Burker

Literatur

Bettelheim, B.: Kinder brauchen Märchen. Stuttgart 1977, S. 139
Fritz, J.: Theorie und Pädagogik des Spiels. Weinheim/München 1991
Götte, R.: Sprache und Spiel im Kindergarten. Weichheim 1977, S. 36
Huizinga, J.: Homo ludens. Reinbek 2. Aufl. 1956
Klein, F.: Handbuch für Erzieherinnen. Praxis der Spielerziehung. In: Handbuch für Erzieherinnen in Krippe, Kindergarten, Vorschule und Hort. München 12/2002
Krenz, A.: Psychologie für Erzieherinnen und Erzieher. Berlin/Düsseldorf/Mannheim 2007

Krenz, Armin: „Hast du heute schon gespielt?“ – Das kindliche Spiel als Selbsterfahrungsfeld und Bildungsmittelpunkt für Kinder. In: Krenz, A. (Hrsg.): Handbuch für ErzieherInnen in Krippe, Kindergarten, Kindertagesstätte und Hort. München. NL 54, 2009
Krenz, A.: Was Kinder brauchen. Aktive Entwicklungsbegleitung im Kindergarten. Berlin, 7. Aufl. 2010
Pausewang, F.: Dem Spielen Raum geben. Berlin 2006, S. 31
Piaget, J.: Das Weltbild des Kindes. München 1988
Pohl, G.: Kindheit – aufs Spiel gesetzt. Berlin, 2. Auflg. 2008
Pohl, G.: Die Bedeutung der Puppe und des Puppenspiels in der Pädagogik. In: Krenz, A. (Hrsg.): Handbuch für ErzieherInnen in Krippe, Kindergarten, Kindertagesstätte und Hort. München. NL 54, 2009
vom Wege, B./Wessel, M.: Spielen im Beruf. Troisdorf 2008, S. 20 ff.

D AUSGANGSPUNKT INNENQUALITÄT: TEAMARBEIT UND TEAMENTWICKLUNG

Ursula Kuhlmann

Die Innenqualität als Grundlage für den Situationsorientierten Ansatz

Definitionen „Team"

1. Eine Fremdwörterdatenbank im Internet (http://www.fremdwort.de/index.php) bietet zum Teambegriff folgende Angabe: Team = Gruppe von Personen mit unterschiedlichen Aufgabenbereichen, die eine Arbeit gemeinsam erledigen oder ein Problem gemeinsam lösen
2. Bei Wikipedia (http://de.wikipedia.org/wiki/Team) heißt es: Team = eine Mannschaft. Der Anglizismus Team (vom altenglischen: Team, Familie, Gespann, Nachkommenschaft) bezeichnet einen Zusammenschluss von mehreren Personen zur Lösung einer bestimmten Aufgabe oder zur Erreichung eines bestimmten Zieles:

- Im Sport bezeichnet das Team entweder die Mannschaft oder die Gesamtheit von Mannschaft und begleitendem wie Personal, Techniker etc.
- In einem Unternehmen bezeichnet das Team die für einen bestimmten Zweck aus Mitarbeitern zusammengesetzte Arbeitsgruppe.

3. Nach Mabey und Caird (1999, S. 7) werden Teams über folgende Hauptkriterien definiert:

- Ein Team hat mindestens zwei Mitglieder.
- Die Mitglieder tragen zur Erreichung der Teamziele mit ihren jeweiligen Fähigkeiten und den daraus entstehenden gegenseitigen Abhängigkeiten bei.
- Das Team hat eine Team-Identität, die sich von den individuellen Identitäten der Mitglieder unterscheidet.
- Das Team hat Kommunikationspfade sowohl innerhalb des Teams als auch zur Außenwelt entwickelt.
- Die Struktur des Teams ist aufgaben- und zielorientiert beschrieben.
- Ein Team überprüft periodisch seine Effektivität.

Inwieweit treffen diese Definitionen den Anspruch an ein Team in einer Kindertagestätte? Welche Anforderungen müssen Mitarbeiterinnen im Elementarbereich an sich und ihre Arbeit mit den Kolleginnen stellen und leisten, damit sich eine Teamarbeit auf- und ausbaut? Welche Kriterien sind besonders im Situationsorientierten Ansatz an die Teamarbeit gestellt?

Im Situationsorientiertem Ansatz wird der Begriff Team von Krenz (2006, S. 8) folgendermaßen definiert: Ein Team ist eine konstruktiv tätige Arbeitsgruppe, in der alle Gruppenmitglieder an der Bewältigung einer gemeinsamen Aufgabe beteiligt sind und anstehende Probleme gemeinsam lösen – auf der Grundlage gegenseitiger Sympathie, aktiver und gleichberechtigter Kooperation sowie selbstständiger, motivierter und initiativer Aktivitäten."

Förderliche und hemmende Voraussetzungen in der Teamarbeit

Lese ich die Definition von Krenz, stelle ich fest, dass in dieser Definition von jeder Mitarbeiterin deutlich mehr erwartet wird als in den oben aufgeführten Beschreibungen. Es geht um die Mitarbeit aller, die Bearbeitung der Gesamtaufgabe, die allen bekannt sein muss, kooperative Aktivität sowie eigenständige, selbstbewusste Tätigkeit eines jeden. Damit ein Team sich entwickelt, sind bestimmte Voraussetzungen wichtig.

Blicke ich nun auf den Mitarbeiterkreis in unserer Einrichtung, stelle ich fest, dass wir einerseits Merkmale aus dem förderlichen Bereich aufgebaut haben, andererseits auch immer mal wieder Team hemmende Merkmale zeigen. In Alltagssituationen erlebe ich die Kolleginnen als interessiert, sie zeigen Verantwortungsbewusstsein, unsere Zusammenarbeit ist ausgerichtet auf Aufgaben bewältigende Tätigkeiten. Wir stehen in einem ständigen Lernprozess, uns gegenseitig zu motivieren, die Arbeit ehrlich zu reflektieren, sich gemeinsam weiterzubilden.

Mir wird deutlich, wie schwierig es ist, wenn die eigenen Verhaltensweisen eine Teamarbeit bzw. Teamentwicklung unmöglich machen, einzelne Kolleginnen aufgrund ungünstiger eigener Voraussetzungen eine Zusammenarbeit nicht unterstützen (können), beispielsweise darauf warten, dass andere die Ideenträger sind, sich nicht an Teamabsprachen halten, Antipathie gegen andere haben, sich in Teamsitzungen bei erforderlichen Stellungnahmen immer zurückhalten, dass sie sich fremd bestimmen lassen und darauf ihre Aufgabenerledigung ausrichten.

Förderliche Merkmale	Hinderliche Merkmale
◆ Kolleginnen müssen grundsätzlich Sympathien füreinander haben. ◆ Jede Mitarbeiterin kennt die gemeinsame Zielsetzung, die für die Arbeit besteht, z. B. die Konzeption. ◆ Jede Mitarbeiterin muss bereit sein, Verantwortung zu übernehmen	◆ Beziehungsstörungen dürfen nicht auf inhaltliche Auseinandersetzungen übertragen werden. ◆ Antipathie zwischen einzelnen Mitarbeiterinnen und Ignoranz ◆ Ablehnen eigenständiger Verantwortung für bestimmte Aufgabenbereiche.

Förderliche Merkmale	Hinderliche Merkmale
◆ Jeder muss vom Wert der Teamarbeit überzeugt sein. ◆ Jeder hat Zutrauen zu sich selbst, im Team arbeiten zu können. ◆ Jeder besitzt ein gutes Maß an Selbstwertgefühl. ◆ Jeder zeigt persönlichen Einsatz und initiatives Verhalten. ◆ Alle setzen sich für ihre eigene Arbeit und für die Arbeit im Team ein. ◆ Jeder akzeptiert die Individualität des anderen, nutzt nicht die Schwächen des anderen aus, sondern hilft dabei, die Stärken auszubauen. ◆ Gemeinsam zu lösende Aufgaben sollen in einer fairen Auseinandersetzung entwickelt werden. ◆ Jeder ist bereit, den Kolleginnen bei Schwierigkeiten Hilfestellung zu geben.	◆ Mangel an Eigeninitiative, bzw. die Ablehnung eigenaktiv zu werden ◆ das Bejahen einer als positiv empfundenen Abhängigkeit. ◆ Geringschätzung und Abwertung von Diskussionen und Beibehaltung dieser Meinung. ◆ Ablehnung von Strukturveränderung. ◆ Unkritisches Denken und unbedachtes Bejahen jeder Teamentscheidung. ◆ Inkonsequenz beim Ausüben der im Team abgesprochen Tätigkeiten. ◆ Starre Überzeugung vom eigenen richtigen Tun. ◆ Undeutliche Zielformulierungen. ◆ Treffen ungenauer Absprachen und heimliche Freude an nicht zu kontrollierenden Maßstäben. ◆ Fehlende Informationsweitergabe. ◆ Erleben und Akzeptanz von Konkurrenzgefühlen und Zurückhaltung bei ihrer Aufdeckung bzw. -bearbeitung. ◆ Abschmettern von neuen Ideen Anderer und weiteres Abblocken innovativer Gedanken und Vorschläge.

Jedes Team ist eine Gruppe, aber nicht jede Gruppe ist ein Team!

Will (2002) stellt die zwei Aufgaben eines Teams vor:

1. Grundsätzlich muss jedem Teammitglied ausreichend Raum für Emotionen und Kreativität zugestanden werden. Was bedeutet diese Aussage für den Einzelnen? Ausreichend Raum geben: Wie viel Zeit braucht jeder? Raum für Emotionen – heißt dies, ich gehe in vielen bedeutsamen Situationen identisch mit mir um, ich kenne und beschreibe meine Gefühle, erkenne alte, lebenseinengende Fühl-, Denk- und Handlungsmuster und arbeite daran, mich von diesen zu lösen? Kreativität – ist damit gemeint, ich als Person genieße gegenwärtige, positive Erlebnisse, ich erkenne Zusammenhänge von Ereignissen, entwickele aus gewonnenen Erkenntnissen heraus neue Handlungsstrategien zur Lösung von Problemen? Jedes Teammitglied bringt da die unterschiedlichsten Erfahrungen und Umsetzungsmöglichkeiten

mit. Dabei habe ich beobachtet, dass es für Einzelne schwierig scheint, sich mit sich auseinanderzusetzen. Mit Offenheit, Interesse und Neugierde sich den Herausforderungen des Alltags zu stellen und sich mit Engagement zu öffnen, ist in kleinen Schritten möglich, jedoch erscheint es in Ausnahmesituationen so schwierig. Gerade sich die eigenen Verhaltensweisen bewusst machen und aktiv an ihrem Wohlbefinden und der konstruktiven Wirkung auf andere zu arbeiten, ist ein großer Schritt, um personale Kompetenzen aufzubauen. Indem ich mit Neugierde im Denken und Handeln auf neue und unbekannte Situationen eingehe, meine eigene Wahrnehmung erweitere bezüglich der eigenen Person, der Situationen und Kinder, Eltern und Mitarbeiterinnen baue ich festgefahrene Haltungen ab. Die besondere *berufliche Identität* ist stets mit der *persönlichen Identität* der Erzieherinnen aufs Engste verknüpft und beide Identitätsbereiche entstehen nicht von alleine. (Krenz: KIGA-SEMINARE)

2. Andererseits muss sich jedes Mitglied im Kollegium dem Gesamtinteresse des Teams zuordnen. Ein lebendiges Team muss es schaffen, ohne Gleichmacherei mehrere unterschiedliche, emotionale Menschen in einen Arbeitszusammenhang zu bringen. Individuum und Gemeinschaft müssen sich die Waage halten, denn zu viel Teamgeist stört die Einzelleistung und zu viele Egotrips der Teammitglieder blockieren die Zusammenarbeit.

Die Arbeit im Team

Gemeinsames Planen und übereinstimmendes Handeln sind wesentliche Voraussetzungen, dass die Arbeit im Kindergarten gelingt und von allen Beteiligten als belebend erlebt wird. Durch das gemeinsame Beraten und Begründen von Vorgehensweisen wird die einzelne Erzieherin von Verantwortung entlastet, Konkurrenz wird vermieden und Solidarität gefördert. Die zusammen erarbeitete Handlungsbasis gibt schließlich Sicherheit für alle.

„Teamfähigkeit = Fähigkeit zur Zusammenarbeit"

Ein Team ist eine aktive Gruppe von Menschen, die gemeinsame Ziele verfolgen, Freude an der Zusammenarbeit haben und gute Leistungen bringen, also Menschen, die eine gute Beziehung zueinander haben.

Francis Young

Vorteile der Teamarbeit gegenüber dem „Einzelkämpfertum":

- Die Gruppe weiß mehr (=Vielfalt des Kompetenzen).
- Die Gruppe regt an (=Vielfalt der Begabungen und Interessen).
- Die Gruppe gleicht aus (=Vielfalt der Charaktere).

- Teamarbeit ist die Grundlage für effektive Arbeitsergebnisse: Um effektive Arbeitsergebnisse zu erlangen, ist es in der Arbeit wichtig, dass klare Absprachen getroffen werden. Ganz alltägliche Abläufe, wie Dienste übernehmen, praktische, immer wiederkehrende Aufgaben im Tagesablauf, Absprachen untereinander werden problemlos erledigt. Ein Hand-in-Hand-Arbeiten wird praktiziert. Da, wo ungenaue Absprachen und beispielsweise die Zielformulierungen nicht eindeutig waren, hat sich schnell bei vielen Kolleginnen in unserer Einrichtung das Gefühl einer Arbeitsüberforderung eingestellt.
- Medium für konstruktive und personorientierte Kommunikation: Wir wissen um die Wichtigkeit der konstruktiven Kommunikation, dass sich eine gelungene, fachliche Teamarbeit nur aufbaut, wenn Konkurrenzgefühle entdeckt und in gemeinsamen Aufgaben überflüssig werden. In alltäglichen Situationen wird gemeinsam überlegt, besprochen, reflektiert, wie belastende Situationen verändert werden können. Der Austausch ist konstruktiv und beruht auf fachlicher Auseinandersetzung. Wir entwickeln neue Handlungsschritte und entwicklungsförderliche Ideen werden entsprechend umgesetzt.

In Ausnahmesituationen wird die gemeinsame Kommunikation schwierig bis belastend für alle. In diesen nicht normalen Situationen wird offensichtlich, dass die Grundhaltung einer konstruktiven und personorientierten Kommunikation nicht gefestigt ist. Eine Gruppendynamik der Nichtbeachtung, des Anschweigens, „Gespräche hinter dem Rücken“ und eine große Unzufriedenheit machen sich breit. Schnell werden Gespräche auf der Beziehungsebene geführt und ein Ohnmachtsgefühl breitet sich aus.

- **Der Motor für professionelle Arbeitsausführungen:** Die Teamarbeit als Motor für professionelle Arbeitsführungen zu sehen bedeutet in der Arbeit: regelmäßige Dienst- und Teamgespräche, das wöchentliche Arbeiten in Kleingruppen zu einem Fachthema, die Verfügungszeiten für die Gruppenarbeit. Dabei ist eine selbst gesteuerte Aktivität jedes Gruppenmitgliedes wichtig. In machen Situationen fällt es Einzelnen noch schwer, die Ziele, die erarbeitet wurden, als eigene Zielsetzungen umzusetzen. Als bedeutend für die Effizienz unserer Arbeit hat sich herausgestellt, dass intensives Arbeiten nur dann zustande kommt, wenn Arbeitssitzungen von den Mitarbeiterinnen abwechselnd vorbereitet und strukturiert werden. Das hat in der Vergangenheit dazu beigetragen, dass sich das Verantwortungsgefühl der Einzelnen aufgebaut hat und sich dadurch der Arbeitseifer und die Freude am eigenen Tun und Erfolg eingestellt.
- **Der Ort zur Überwindung von Konflikten:** Konflikte überwinden ist eine der schwierigen Anforderungen, die sich uns in der Arbeit stellen. Unstimmigkeiten ansprechen gestaltet sich oft in der Form, dass eine inhaltliche, fachliche Sichtweise außer Acht gelassen und eine Auseinandersetzung auf der Beziehungsebene geführt wird. Gerne werden Konflikte im Hintergrund mit „Verbündeten“

angesprochen und nicht im gesamten Mitarbeiterkreis. Da ist noch ein großer Bedarf, einen Weg zu gehen, hin zu fairen Auseinandersetzungen, dass wir akzeptable Einigungsprozesse erzielen, wir uns in Ausnahmesituationen nicht zurückziehen, sondern mehr zuhören, uns öffnen und wir alle zusammen qualitätsgeprägte Veränderungsschritte einschlagen. Unvermeidlich bleibt, dass Schwierigkeiten, Antipathie zu einzelnen Gruppenmitgliedern oder fehlende Absprachen bemerkt, angesprochen und abgebaut werden.

- **Der Ausgangspunkt für hohe Leistungsmotivation:** In der Vergangenheit war der Motor für unsere Leistungsmotivation, wenn jeder einzelne zu einer partnerschaftlichen, wertschätzenden sowie inhaltsorientierten Zusammenarbeit beiträgt. Das bedeutet, Misserfolge werden angesprochen, ebenso wie Erfolge angemessen gewürdigt werden, alle bringen sich beispielsweise in Besprechungen mit einer hohen Aufmerksamkeit ein, sind inhaltlich für anstehende Besprechungsschwerpunkte vorbereitet und dass anstehende Entscheidungen mit allem „Wenn und Aber" betrachtet werden, sodass es erst dann zu einer Abstimmung durch alle kommt. Die Freude an der Arbeit, an Entwicklungsprozessen beteiligt zu sein, gemeinsam zu reflektieren, sich nach erfolgreichen Projekten gemeinsam zu freuen, um dann daraus mit Engagement, Motivation und Mitarbeit neue Schritte in der Arbeit zu entwickeln.
- **Basis für eine tiefe berufliche Zufriedenheit:** Die Aufgabe der Mitarbeiterinnen in Kindertagesstätten ist es, eine Qualität der Pädagogik im Sinne einer bestmöglichen Entwicklungsunterstützung von Kindern zu realisieren. Das beinhaltet „Ich fühle mich im Mitarbeiterkreis akzeptiert, ich zeige meine Stärken und nutze sie, ich habe keine Angst vor den Aufgaben und vor den Gruppenmitgliedern, ich erlebe die Arbeitsatmosphäre als konstruktiv, meine Beiträge und Gedanken werden angehört." Jede Kollegin arbeitet daran, die eigene Selbstkompetenz auf- und auszubauen: Einstellungen, Werte und Normen zu reflektieren, persönliche Stärken auszubauen, alle Möglichkeiten der Selbsterfahrung zu nutzen, die die persönliche Entwicklung unterstützen, sich motiviert mit eigenen Widersprüchen auseinanderzusetzen und diese zu klären. Diese Klärung ist das Hauptsächliche und Entscheidende, jedoch auch oftmals vor oder im Prozess das Schwierigste.

Rollenverteilung

Im Sinne einer konstruktiven Teamentwicklung ist es hilfreich, das Zusammenspiel individueller, durch die Persönlichkeit ausgedrückten Verhaltensmerkmale der einzelnen Gruppenmitglieder und der zugewiesene Rollenerwartung seitens der anderen Gruppenmitglieder zu erkennen. Hilfreich ist hierbei die Durchführung eines Soziogramms, da hierbei die Arbeitsgruppe selbst in den Mittelpunkt der Betrachtung gesetzt wird.

Das Sozigramm ist ein „aktuelles Spiegelbild“ der Stellung eines jeden Gruppenmitgliedes. Jedes Gruppenmitglied hat eine ganz bestimmte Rolle. Diese Rollen sind nicht dauerhaft festgelegt, sondern unterliegen Kriterien, wie z. B. die der eigenen persönlichen Entwicklung und ob die Gruppe Entwicklungen zulässt. Verhält sich die Gesamtgruppe starr, sind Veränderungen Einzelner nicht möglich. Das Ziel ist es, Verhaltensweisen und -muster transparent zu machen, Veränderungen zu initiieren. Gruppenentwicklungen zu erkennen ist dann von Nutzen, wenn die Atmosphäre in der Einrichtung deutlich angespannt ist.
In den vergangenen Jahren haben wir in unserem Mitarbeiterkreis wiederholt ein Teamsoziogramm erarbeitet. Die Erarbeitung war jedes Mal gewinnbringend und erkenntnisreich für unsere weitere Zusammenarbeit.

Alpha	Beta	Gamma	Omega
1 Gruppensprecherin	1 Sachverständige	1 Die Stille	1 Außenseiterin
2 Initiatorin von Aktivitäten	2 Ideenträgerin	2 Die Treue	2 Sündenbock
3 Vertreterin der Gruppenwerte	3 Organisatorin	3 Die Humorvolle	3 Prügelknabe/ Prügelmädchen
4 Vertreterin der Gruppennormen	4 Realistin	4 Die Helfende	4 Gruppenclown
5 Jemand, der/die für Entspannung sorgt	5 Kontrolleurin		5 Schweigerin

Entsprechend der Tabelle habe ich in meiner Funktion als Leitungskraft aus meiner aktuellen Einschätzung die Kolleginnen einer Rolle zugeordnet. Mir war und ist bewusst, dass dies kein repräsentatives, objektives Ergebnis ist, weil subjektive Einschätzungen in jede Bewertung einfließen.

Bei der Erarbeitung dieses Sozigramms stelle ich fest, dass ein Großteil der Kolleginnen die Rollen, die sie bei zurückliegenden Teamsozigrammen eingenommen haben, auch wieder besetzen. Ich stelle mir die Frage, woran liegt es, dass einige nicht in eine Entwicklung gekommen sind bzw. kommen konnten bzw. nur in kleinen, unterschiedlichen Schritten vorangekommen sind oder sich in einem Zustand des Stillstandes befinden.

Leitungsfunktion

Die Aufgaben, die ich als Leiterin wahrnehme, sind vielfältig und entscheidend für die Teamentwicklung. Mein professionelles Selbstverständnis als Erzieherin ist genauso bedeutsam wie die Wahrnehmung der Leitungsfunktion. Ich bin mir meiner Vorbildfunktion bewusst, damit eine Arbeit mit hoher Qualität umgesetzt werden kann.

- Humane Qualitäten: Mir ist eine entwicklungsförderliche Atmosphäre in der Einrichtung wichtig. Humane Werte wie Freundlichkeit, Interesse, Aufgeschlossenheit sind dabei entscheidend. Meine Umgangs-, Sprach-, Konflikt- und Kommunikationsqualität baue ich immer weiter aus.
- Verantwortung für die Einrichtung: Ich halte den Überblick, da es viele Situationen gibt, die den Arbeitsalltag unübersichtlich erscheinen lassen. Dabei ist es erforderlich, dass ich für klare Ziele in der Arbeit sorge, dass Vorsätze gefasst und von den Mitarbeiterinnen und mir strukturiert umgesetzt werden.
- Anforderungen bezüglich der eigenen Entwicklung: Selbsterfahrung, in eine Beziehung zur eigenen Biografie kommen, selbstkritisch mit sich umgehen, sich mit Widersprüchen zwischen seinen eigenen Aussagen und gezeigtem Verhalten auseinanderzusetzen – all dies sind entscheidende Schritte persönlichkeits- und arbeitsorientierter Entwicklungen.
- Transparenz der Arbeit, fachlich und sachlich fundiert: Regelmäßig an Fort- und Weiterbildungen teilnehmen, qualitative Anforderungen erarbeiten, entwicklungsorientiertes Handeln unterstützen. Ich bin als Leiterin immer wieder gefordert, die Kolleginnen durch fachliche Überlegungen und deren Umsetzung zu unterstützen.

Diese Aufzählung ist bis hierher in keinem Fall vollständig, verdeutlicht jedoch die Vielseitigkeit der Leitungsfunktion. Bezogen auf die Teamentwicklung gewährt sie dennoch einen kleinen Einblick.

Eine große Bedeutung bekommen für mich die Anforderungen bezüglich der eigenen Entwicklung. Schaue ich auf frühere Jahre als Leiterin bei mir zurück, sehe ich Menschen, Situationen, Entwicklungen, die eine belastende, entwicklungshemmende Richtung genommen haben. Ich war impulsiv, ungeduldig, teilweise überfordert und meine Emotionalität hat mir manches Mal geschadet.

Selbsterfahrung war und ist anstrengend, es braucht viel Zeit und Geduld und die kleinen Erfolgsschritte sind, so schien es mir oft, nicht zu erkennen. Ich weiß, dass ich gelassener geworden bin, meine Belastbarkeit größer geworden ist. Ich habe den Blick auf die Kinder und deren Familien, die fachliche und inhaltliche Umsetzung einer entwicklungsförderlichen Erziehung im Auge. Beobachtungen bei Kindern, Eltern und den Kolleginnen machen mich sensibel für deren Geschichten. Ich gehe auf die Suche nach Antworten, wenn ich sie nicht selbst beantworten kann.

Praktische Beispiele für die Umsetzung der Teamarbeit

Dienstbesprechungen immer montags/mittwochs/freitags von 7.45–8.10 Uhr
In diesen Besprechungen geht es vordergründig um die Organisation des Tages. Wer fehlt beispielsweise durch Krankheit, wer braucht Unterstützung, muss bei Pausenzeiten für Ablösung gesorgt werden, ist etwas zu besorgen, wer übernimmt zu erledigende Aufgaben. In der Regel sind diese Besprechungen kurz und knapp. Da an diesen Besprechungen die Kolleginnen, die den Frühdienst übernehmen, fehlen, führen die Mitarbeiterinnen ein Gruppenbuch, in das sie während der Besprechung in Kurzform die Absprachen eintragen. So können die Kolleginnen, die durch ihren Dienst, Krankheit oder Urlaub nicht anwesend sind, sich informieren.

Der Vorteil des Gruppenbuches ist zusätzlich, dass jede Kollegin darin einträgt, wer an diesem Morgen in der Besprechung war. Dies schließt, nach der Einführung, die Aussage: „Davon wusste ich nichts, da war ich nicht dabei!“ aus.

Teamgespräch (14-tägig mittwochs im Anschluss an den Dienst bis 18.00 Uhr)
In der Zeit, die ich in diesem Kindergarten arbeite, haben wir unterschiedlichste Methoden ausprobiert, wie wir die Teamgespräche mit Inhalt füllen. Nachdem wir die Dienstbesprechungen eingeführt hatten, blieb uns viel mehr Zeit für inhaltliche Gespräche, da wir ja bereits am Vormittag alles Organisatorische bearbeitet hatten.

Arbeitsgruppen (dienstagmorgens von 7.45–9.00 Uhr für die eine Hälfte des Kollegiums, dienstagnachmittags von 14.00–15.15 Uhr die restlichen Kolleginnen)
Seit vielen Jahren finden zusätzlich zu den Teambesprechungen und Verfügungszeiten der einzelnen Gruppen die Arbeitsgruppen statt. Hier ist der Vorteil, dass wir gruppenübergreifend an festgelegten Themen arbeiten. Unsere Themen waren dabei z. B. Grundbedürfnisse von Kindern, die Bedeutung des Spiels, die Vorarbeit der Konzeptionsentwicklung, der Baum der Erkenntnis, Portfolioarbeit. Aus diesen Themen haben wir häufig auch Themenelternabende entwickelt. Welches Thema in den AG's bearbeitet wird, legen wir zusammen fest. Der jeweilige Schwerpunkt ergibt sich aus der Aktualität.

Bei jedem neuen Thema setzen wir die Gruppe neu zusammen. Dies hat den Vorteil, dass unterschiedliche Mitarbeitergruppen wechselnd zusammenarbeiten. Regelmäßig tragen wir die Arbeitsergebnisse aus den beiden Gruppen – z. B. im Teamgespräch Mittwoch nachmittags – vor. Wir sind immer wieder erstaunt, zu welchen Ergebnissen die Arbeitsgruppen kommen. Ich sehe darin auch den großen Vorteil, dass sich jede Mitarbeiterin verantwortlich fühlt. Dabei werden die Ergebnisse schriftlich festgehalten und hängen auf großen Plakaten im Mitarbeiterzimmer, wo jeder die Möglichkeit hat, sie wiederholt zu lesen und zu ergänzen.

Verfügungszeiten der einzelnen Gruppenbildung – Dienste wie Früh-/Spät-/Normaldienst

Die Öffnungszeiten des Kindergartens sind täglich von 7.00–16.30 Uhr. Dies bedarf eines Dienstplanes für alle Kolleginnen, die Vollzeit arbeiten. Dabei ist es wichtig, dass für die Kinder der einzelnen Gruppen immer eine vertraute Person im Haus ist. Damit wir einen reibungslosen Ablauf gewähren können, sind in den drei Dienstgruppen jeweils drei Kolleginnen. So sind die Früh-/Spät-/Normaldienste gut abgedeckt und für den Fall, dass eine Kollegin frei hat oder erkrankt ist, übernehmen die beiden Kolleginnen den Dienst. Wir haben die Erfahrung gemacht, dass mit dieser Einteilung der Dienstplan gut aufrecht erhalten werden kann und es nicht permanent zu Umstellungen kommt.

Zu jedem neuen Kindergartenjahr stelle ich die Mitarbeitergruppen neu zusammen. Dabei ist es mir wichtig, dass jeder mit jedem in einer Dienstgruppe arbeitet. Ich habe selbst festgestellt, dass ich dadurch einzelne Kolleginnen ganz anders wahrnehme. Dadurch, dass im Frühdienst noch nicht so viele Kinder da sind, haben wir die Gelegenheit zu einem kurzen Austausch, genauso am Nachmittag im Spätdienst. Als wir den Dienstplan so in dieser Form eingeführt haben, mit dem jährlichen Wechsel, provozierte dies zunächst den Widerstand gegen die Leitung. Ich habe demgegenüber aber meine Argumente vorgetragen: Jedem die Chance zu geben, sich besser kennenzulernen, alte Strukturen zu verlassen und sich in neuen Strukturen neu zu entdecken. Jetzt führen wir dieses System schon mehrere Jahre durch. Heute ist es so, dass die Kolleginnen sich schon selbst Gedanken machen, mit wem sie im kommenden Jahr gerne den Dienst übernehmen bzw. mit wem sie den Dienst schon länger nicht gemacht haben.

Planungstage pro Halbjahr

Pro Halbjahr treffen wir uns an einem Samstag zu einem zusätzlichen Planungstag. Es ist bewusst ein Samstag dafür gewählt, da wir dann ungestört arbeiten können und kein Telefon klingelt. Wir legen zuvor ein Thema für den Tag gemeinsam fest, zwei – drei Kolleginnen übernehmen dann die Vorbereitung und Durchführung. Am Vortag ist ein Tagesablauf für alle im Mitarbeiterzimmer ausgehängt. Wir haben die unterschiedlichsten Themen an diesem Tag bereits bearbeitet: Konzeptionsentwicklung, Teamsoziogramm, Grundbedürfnisse, Teamzusammenarbeit, Bedeutung des Spiels. Der Vorteil dieses Planungstages ist, dass wir über den ganzen Tag gemeinsam an einem Thema zusammenarbeiten. Wir haben zum Abschluss des Tages immer auf ein zufriedenstellendes Ergebnis geblickt. Die Stimmung im Team war gelöst, zufrieden, wir waren nachdenklich und zugleich motiviert weiterzumachen.

Ein Kindergarten ist nur so gut, wie sein Team es ist. Stimmt die Zusammenarbeit untereinander, so wird die positive Atmosphäre auch auf die Kinder und die Eltern übertragen. Sind jedoch Konflikte im Team da, so wirkt sich das auch automatisch auf den gesamten Kindergarten aus.

Ein gutes Team
= zufriedene Kinder
= zufriedene Eltern
= hohe Qualität in der Arbeit.

Schlussbemerkungen

Die Bildung eines Teams wie auch die Arbeit im Team ist ein langfristiger Prozess. Es gestaltet sich oft schwierig, die Arbeit scheint nicht bewältigbar zu sein. Sich von Verhaltensweisen und Einstellungen, die eine Teamentwicklung verhindern, zu lösen, ist ein großer Schritt, Altes muss „verlernt" werden, Neues Schritt für Schritt erarbeitet, geübt und bei jedem verinnerlicht werden.

Eine funktionierende Teamarbeit hat für den gesamten Bereich der Kindergartenarbeit Vorteile und die Auswirkungen werden besonders bei den Kindern deutlich:

- Kinder beobachten das partnerschaftliche Verhalten der Mitarbeiterinnen und setzen dies in ihrem Kontakt mit anderen um;
- sie erleben eine entspannte Atmosphäre, wenn sie die Freude der Mitarbeiterinnen an der Arbeit spüren;
- sie ahmen Erwachsene in ihren Konflikten nach. Ist es da nicht von großem Vorteil, wenn Kinder von uns eine konstruktive Konfliktbewältigung erleben?
- durch Akzeptanz, Rücksichtnahme und Wertschätzung erfahren sie soziales Engagement, sie bauen Bindungen zu Erwachsenen auf;
- auch Eltern spüren die Atmosphäre und fühlen sich angenommen; sie schenken den Mitarbeiterinnen ihr Vertrauen und sind fest davon überzeugt, „Hier ist mein Kind gut betreut";
- Kinder und Eltern zeigen Einsatzbereitschaft, beteiligen sich an Aktionen, unterstützen mit Interesse und Zustimmung die pädagogische Arbeit im Kindergarten;
- Eltern vertrauen den Mitarbeiterinnen und öffnen sich in den vielen Gesprächen; sie fühlen sich motiviert, ihre Haltung und Verhaltensweisen im Sinne einer entwicklungsförderlichen Erziehung den eigenen Kindern gegenüber zu überdenken und gegebenenfalls zu verändern.

Literatur

Bähner, C./Oboth, M./Schmidt, J.: Praxisbox Konfliktklärung in Teams & Gruppen. Praktische Anleitung und Methoden zur Mediation in Gruppen. Paderborn 2008

Klawe, W.: Kollegiale Beratung – Ein systematisches Verfahren für Praxis begleitendes Lernen und eine professionelle Praxisreflexion. In: Krenz, A. (Hrsg.): Handbuch für ErzieherInnen in Krippe, Kindergarten, Kindertagesstätte und Hort. München. NL 31, 2004

Krenz, A.: Teamarbeit und Teamentwicklung. Wehrheim 4. überarb. Auflage 2006

Krenz, A.: Qualitätssicherung in Kindertagesstätten. Kieler Instrumentarium für Elementarpädagogik und Leistungsqualität – K. I. E. L. München 2001

Krenz, A.: Elementarpädagogik und Professionalität. Lebens- und Konfliktraum Kindergarten. Offenbach/M. 2005

Krenz, A.: „Der „Situationsorientierte Ansatz“ in der Kita“. Grundlagen und Praxishilfen zur kindorientierten Arbeit. Troisdorf 2008

Maaß, E./Ritschl, K.: Teamgeist. Spiele und Übungen für die Teamentwicklung. Paderborn 1997

Mabey, C./Caird, S.: Building Team Effectiveness. Milton Keyes 1999

Müller-Timmermann, E.: Gemeinsam sind wir besser – Teamarbeit in der Einrichtung. In: Krenz, A. (Hrsg.): Handbuch für ErzieherInnen in Krippe, Kindergarten, Kindertagesstätte und Hort. München NL 30, 2004

Oboth, M./Seils, G.: Mediation in Gruppen und Teams. Praxis- und Methodenhandbuch. Paderborn 2005

Rumpf, J.: Einer gegen den anderen oder alle miteinander? Kooperation am Arbeitsplatz. In: Krenz, A. (Hrsg.): Handbuch für ErzieherInnen in Krippe, Kindergarten, Kindertagesstätte und Hort. München. NL 52, 2009

Will, F.: Was bremst mein Team? 20 Situationen und ihre Lösungen. Weinheim/Basel, 2002

Will, F.: Emotionen am Arbeitsplatz. Teamkonflikte erkennen und lösen. Weinheim/ Basel, 2002

Silvia Ingenfeld

Voraussetzungen für eine notwendige Innenqualität in elementarpädagogischen Einrichtungen

Der Wert der Teamarbeit für eine Kindertagesstätte

Niemand vermag ein Ereignis oder einen anderen Menschen weiterzubringen, als er selbst mit sich gekommen ist. Dennoch vermag er selbst nicht weiterzukommen, als er die Ereignisse oder einen anderen Menschen zu bringen wagt.

Fernöstliche Weisheit

Elementarpädagogische Fachkräfte, die eine qualitativ hochwertige Arbeit leisten, wollen viele Menschen erreichen. Da sind zunächst die Kinder zu nennen, die ihnen anvertraut werden. Gefolgt von den Eltern, Auszubildendenen, den Trägern und der Öffentlichkeit.

Die Qualität der kollegialen Zusammenarbeit ist grundlegend für die Qualität einer Kindertagesstätte. Die pädagogischen Fachkräfte einer Kindertagesstätte haben eine Vorbildfunktion. D. h., sie können nur *die* Werte und Regeln an Kinder weitergeben, die sie selbst vorleben. Dort, wo Kollegen wertschätzend und ehrlich miteinander umgehen, werden auch Kinder, Eltern und weitere Personen, die mit der Einrichtung in Kontakt treten, sich an diesem Vorbild orientieren können. Jeder kann nur die Werte und Inhalte an andere weitergeben, die er selbst vorlebt. Ansonsten entstehen Widersprüche und man wirkt unglaubwürdig.

In einer Kindertagesstätte, in der Teamarbeit und Teamentwicklung stattfinden, besteht ein angenehmes, freundliches und humorvolles Klima. Die Atmosphäre ist entspannt, ein Grundoptimismus ist spürbar. Hier ist Entwicklung vorprogrammiert!

Menschen, die in einem Team arbeiten, sind belastbarer, erfolgreicher, ausgeglichener. Teamarbeit schützt die Einzelnen davor, autoritäre Verhaltensweisen gegenüber Eltern, Kindern und Kollegen zu zeigen, da Teamarbeit ein partnerschaftliches Miteinander vermittelt.

Teammitglieder haben Freude an der Arbeit, sie sind offen, konfliktfähig und haben Vertrauen. Sie besitzen ein hohes Wir-Gefühl und Identitätsbewusstsein. Sie pflegen und genießen gemeinsame Aktivitäten.

Teamarbeit ist somit von einem hohen Bedeutungswert, es handelt sich um eine notwendige und gleichzeitig freudige Form der Zusammenarbeit.

Wenn du begeisterungsfähig bist,
kannst du alles schaffen.Begeisterung ist die Hefe,
die deine Hoffnungen himmelwärts treibt.
Begeisterung ist das Blitzen in deinen Augen,
der Schwung deines Schrittes,
der Griff deiner Hand,
die unwiderstehliche Willenskraft und Energie
zur Ausführung deiner Ideen.
Begeisterte sind Kämpfer.
Sie haben Seelenkräfte.
Sie besitzen Standfestigkeit.
Begeisterung ist die Grundlage allen Fortschritts.
Mit ihr gelingen Leistungen,
ohne sie höchstens Ausreden.

Henry Ford

Die Erzieherin als „teamfähige Persönlichkeit"

Krenz (2005) beschreibt Verhaltensweisen und Merkmale einer Erzieherin, die erforderlich sind, damit Teamarbeit möglich ist:

Personale Kompetenz: Die Erzieherin ist sich ihrer Verhaltensweisen bewusst, sie weiß, welche Verhaltensweisen entwicklungsförderlich und welche entwicklungshinderlich im Umgang mit Menschen sind. Hierbei wird das Axiom von Paul Watzlawick „Man kann nicht nicht kommunizieren" berücksichtigt.

- Sie arbeitet aktiv an ihrem Wohlbefinden und der konstruktiven Wirkung auf andere.
- Hierzu äußert sie eigene Bedürfnisse und Wünsche.
- Sie denkt und handelt aus einer Neugierde heraus.
- Sie lässt sich auf neue und unbekannte Situationen risikobereit ein.
- Sie erkennt ihre eigenen Ängste und teilt diese mit.
- Sie erweitert kontinuierlich die eigene Wahrnehmung bezüglich der eigenen Person, der Situationen und Kinder, Eltern und Kollegen, um starre Haltungen abzubauen, sich von Vorurteilen loszulösen und Wahrnehmungsfilter aufzulösen.

Soziale Kompetenz: Da die Erzieherin ständig im Sozialkontakt mit anderen Personen steht, muss sie die Fähigkeit besitzen, in den unterschiedlichsten Situationen mit Menschen umzugehen.

- Hierzu gehört für die Erzieherin die Motivation und Entwicklung im Bereich des sozialen Umgangs. Dabei muss sie sich auf Kinder, Eltern und Kolleginnen einstellen können.

- Sie ist in der Lage, die Gefühle, Bedürfnisse und Erwartungen anderer Menschen wahrzunehmen und kritisch zu reflektieren.
- Sie verfügt einerseits über Kompromissbereitschaft und andererseits über Konsequenz.
- Sie erkennt Konflikte unter Mitarbeiterinnen und sucht dann gemeinsam mit ihnen nach Lösungen.
- Sie legt Wert darauf, Ungerechtigkeiten aufzudecken.

Sachbereichsorientierte Kompetenz: Sie realisiert Fähigkeiten und Fertigkeiten, die erforderlich sind, um Sachverhalte zu erkennen und handelnd eingreifen zu können.

- Dabei berücksichtigt sie die Notwendigkeit eines strukturierten und gemeinwesenorientierten Arbeitens sowie die Umsetzung in die pädagogische Praxis.
- Sie kennt Verfahren zur Lösung von Problemen und weiß diese zu nutzen.
- Sie verfügt über gute theoretische Kenntnisse (= Fachkompetenz) und sorgt für eine fachpraktische Umsetzung. Hiermit sind Kenntnisse des Gesamtzusammenhangs gemeint, die die Einleitung veränderbarer Maßnahmen „provozieren".
- Sie nimmt an Fort-, Weiter- und Zusatzausbildungen teil, um Wissenslücken zu schließen und die Arbeit qualitativ zu verbessern.

Nicht der hat gehandelt,
der begonnen hat,
sondern jener,
der die Sache zu Ende gebracht hat.

Altes russisches Sprichwort

Teamentwicklung

Müller-Timmermann und Krenz (2007) formulieren es so: „Teams können nur begrenzt von außen geformt werden. Teams müssen wachsen und sich entwickeln, und eine Gruppe von Menschen, die meist nicht freiwillig in ihrem Bereich zusammenkommt, braucht Zeit und bestimmte Wachstumsbedingungen."

Schritte der Teamentwicklung

Nur wer weiß, was er will und was er tut,
setzt die Schwerpunkte seiner Ziele um
und wird gleichzeitig professionell dagegen steuern,
in Tätigkeiten zu enden, die er letztlich nie wollte.

Armin Krenz

Müller-Timmermann und Krenz (2007) empfehlen zum Teamaufbau und zur regelmäßigen Überwachung seiner Entwicklung eine zeitlich begrenzte externe Begleitung. Dabei bietet sich folgende Vorgehensweise an …

Zunächst geht es um die Klärung der Ausgangslage:

- Welche Konzeption haben wir?
- Wer von uns identifiziert sich wie stark mit diesen Zielen?
- Wer bringt welche Fähigkeiten mit?
- Welche Erwartungen hat das Team an einzelne Mitglieder?
- Welche individuellen Bedürfnisse werden durch die Teamarbeit gefördert, welche frustriert? Wie soll damit umgegangen werden?
- Wie soll das Verhältnis Kleinteams, Gesamtteam und Einrichtungsleitung gestaltet sein, formal und informell?
- Welche schriftlichen Regeln, welche Team-Charta wollen wir uns geben?

Anschließend sind die Teamregeln beispielhaft zu klären:

- Jeder spricht für sich und ist für sich und das Ganze verantwortlich.
- Jeder ist für die eigene Meinung, Stellungnahme, Frage verantwortlich, jedoch nicht schuldig.
- Jeder hat das Recht auf freie Meinungsäußerung.
- Jeder bemüht sich um direktes und sachliches Feedback und spricht nicht hinter dem Rücken anderer.
- Alle sind sich einig, persönliche Angriffe zu vermeiden.
- Jeder bemüht sich um ein konstruktives und lösungsorientiertes Vorgehen.
- Keiner benutzt die Diskussion erstickende Phrasen.
- Jeder hat das Recht, einen Vorschlag abzulehnen, muss allerdings in der Lage sein, ein Argument zu nennen, das für eine Ablehnung spricht.

Empfohlen wird die Zuweisung eines „Wächteramtes", damit die Vereinbarungen eingehalten werden. D. h., es wird eine Kollegin gewählt, die für einen festgelegten Zeitraum darauf achtet, dass sich alle an die Regeln halten. Sie macht auf Regelverstöße aufmerksam und berichtet bei Besprechungen von ihren Beobachtungen.

Ziele, Wege und Methoden klären

Professionelle Teamentwicklung geschieht angeleitet über einen vorab vereinbarten Zeitraum mit klar formulierten Schritten:

1. Schritt: Wo wollen wir hin? Welche Ziele haben wir?
2. Schritt: Wo stehen wir jetzt? Wie ist der gegenwärtige Zustand unseres Teams im Vergleich zu den Zielen?
3. Schritt: Welche Wege wollen wir vom Ist- zum Zielzustand beschreiten?
4. Schritt: Woran werden wir merken, dass die Ziele erreicht sind?
5. Dabei liegt der Schwerpunkt bei Schritt 3.

Checklisten wie bei Krenz (2. Aufl. 2006) zu finden sind hilfreich, den Ist-Zustand eines Kollegiums zu erfassen.

Teambremsen und Anregungen zum Lösen der Bremsen

a) Unausgesprochene Normen und Prinzipien

Sie spielen ein Spiel.
Sie spielen damit, kein Spiel zu spielen.
Zeige ich ihnen,
dass ich sehe,
dass sie spielen,
werden sie mich bestrafen.
Ich bin gezwungen, ihr Spiel nicht zu sehen, zu spielen.

Ronald D. Laing, Knoten

Zu den Teambremsen können unausgesprochene Normen und Prinzipien gehören, die das Verhalten der Mitarbeiterinnen bestimmen und die für die Teamentwicklung hinderlich sind. Das Erkennen und Aufdecken von Teambremsen ermöglicht eine Verhaltensänderung.

Beispiele:

- Das Reden über nicht anwesende Kolleginnen.
- Das Schützen einer bestimmten Kollegin.
- Das Ignorieren von Wortmeldungen einer Kollegin.
- Das Belächeln einer Kollegin.

b) Weitere wichtige Bremsen eines Teams

Will (2002) stellt 20 Situationen, bei denen ein Team ausgebremst wird, vor und zeigt ihre Lösungen auf. Einige Beispiele seien an dieser Stelle aufgegriffen.

Bremse 1: Egotrip statt Teamgeist

Beispiel: Eine neue Mitarbeiterin arbeitet im Kollegium. Sie ist mit den vorhandenen Regeln und Arbeitsabläufen noch nicht vertraut. Sie bringt eigene Ideen und Vorstellungen für die berufliche Arbeit mit und teilt Veränderungsvorschläge mit. Auch wenn ich als langjährige Mitarbeiterin meine sicher zu sein, dass die Idee der Kollegin nicht umsetzbar ist, gilt hier, nicht zu blockieren, sondern nachzufragen: „Wie stellst du dir diese Veränderung vor? Was stört dich an der aktuellen Situation? Was ist dabei dein Ziel?“

Bremse 2: Zu hohe Erwartungen an die Gemeinschaft

An seiner Arbeitsstelle verbringt man viel Zeit mit seinen Kollegen. Die Muster von Familienstrukturen, die jeder in seiner Kindheit verinnerlicht hat, beeinflussen die Dynamik in Betrieben.

Beispiel: Einer Kollegin sind gute und harmonische Beziehungen wichtiger als das Nachdenken über die vorhandenen und begrenzten Ressourcen. Sie lässt sich ungern festlegen. Sie scheut öffentliche Auseinandersetzungen. Sie lässt sich auf Versprechungen ein, die sie nicht einhalten kann.

Zum Lösen der Bremse wird dem „Wohltäter“ empfohlen, eigene Handlungsgrenzen zu erkennen und anzusprechen. Es gilt, nichts zu versprechen, was man nicht einhalten kann.

Dem „Opfer“ des Wohltäters wird empfohlen, Absprachen in schriftlicher Form festzuhalten, z. B. mit einer kurzen Notiz.

Bremse 3: Diffuse Gesprächsführung und taktische Fehler

Beispiel: Eine Kollegin wird überraschend mit Vorwürfen konfrontiert. Sie fühlt sich in die Enge getrieben.

Um diese Bremse zu lösen, empfiehlt es sich, nicht reflexartig eine Rechtfertigung abzugeben, sondern einen Gesprächstermin mit dem Gegenüber zu vereinbaren, um sich darauf in Ruhe vorzubereiten.

c) Der blinde Fleck

Eine andere, jedoch nicht weniger bedeutsame Teambremse ist der *blinde Fleck*. Müller-Timmermann (2007) schreibt dazu: *„Blinder Fleck bezeichnet denjenigen Bereich, der zwar von anderen wahrgenommen wird, über den es aber keine Selbstwahrnehmung gibt.“* Blinde Flecken lassen sich aufdecken, bzw. der Selbstwahrnehmungsbereich lässt sich vergrößern. Dies geschieht mit Hilfe von Feedbacks. D. h. die Mitarbeiterin kann sich in Form eines *Feedback*, z. B. von einer Kollegin, Informationen über die für sie selbst nicht erkenntlichen Verhaltensweisen einholen.

Weiterhin weist der Autor darauf hin, dass ein Feedback nur dann annehmbar und wirkungsvoll sein kann, wenn bestimmte Regeln beachtet werden. Dann können Ressourcen voll ausgeschöpft werden.

Folgende Regeln für ein konstruktives Feedback (Krenz, 2007, S. 316–317) lassen sich aufstellen:

- Positive und negative Wahrnehmungen und Gefühle als Anlässe für Feedback nehmen.
- Feedback geben, wenn der Adressat es auch hören kann – nicht hinter seinem Rücken.
- Feedback rechtzeitig, möglichst zeitnah auf das bezogene Verhalten folgen lassen.
- Das konkrete wahrgenommene Verhalten so ausführlich wie nötig beschreiben.
- Wahrnehmungen als Wahrnehmungen, Vermutungen als Vermutungen und Gefühle als Gefühle mitteilen.
- Feedback mitteilen, um Informationen darüber zu geben, wie von außen der Blinde Fleck erlebt oder wahrgenommen wird, nicht, um andere Personen zu analysieren und zu verändern.
- Je nach Beziehung und Lage ein wahrnehmendes, deutendes oder persönliches Feedback geben.
- Feedback als prinzipiell umkehrbares Feedback verstehen.
- Feedback geben, wenn es gewünscht ist.
- Die Aufnahmekapazität des Gegenübers berücksichtigen.

Hinweise für den Feedbackempfänger:

- Feedback nur annehmen oder wünschen, wenn man sich dazu in der Lage fühlt.
- Sich nicht gleich erklären, rechtfertigen oder sich verteidigen. Am besten ist es, einfach nur zuzuhören, sich im optimalen Falle zu bedanken. Denn möglicherweise kostet es den Feedbackgeber eine große Überwindung, dem Empfänger unter Herzklopfen etwas Brisantes rückzumelden, was vielleicht viel einfacher ungesagt geblieben wäre.

Man sieht etwas hundert Mal, tausend Mal,
ehe man es zum allerersten Mal wirklich sieht.

Christian Morgenstern

d) Mediation

Unsere Verabredung mit dem Leben findet im gegenwärtigen Augenblick statt.
Und der Treffpunkt ist genau da, wo wir uns gerade befinden.

Thich Nhat Hanh

Mediation ist ein Verfahren zur Vermittlung bei Konflikten. Der Konflikt kann sich auf zwei Personen oder mehrere Parteien (= Medianten) beziehen. Eine Mediatorin begleitet die Personen bzw. Parteien dabei, zu erkennen, welche Bedürfnisse sich hinter einem Konflikt befinden. Daraus geht dann die Lösung hervor. *„(...) Das heißt, der Mediationsprozess begleitet sie von einer negativ bewertenden, defizitären Perspektive zu einer empathischen und ressourcenorientierten, innerhalb derer sich wieder konstruktive Handlungsoptionen entwickeln können."*

Oboth und Seils (2008) zeigen auf, wie eine Konfliktklärung in fünf Phasen angewendet werden kann.

Erste Phase der Konfliktklärung in Gruppen: den sicheren Rahmen schaffen
In dieser Phase wird eine vertrauensvolle Arbeitsbasis geschaffen. Es wird vereinbart, dass Informationen vertraulich behandelt und nicht ohne Absprache weitergegeben werden. Ebenso werden Gesprächsregeln festgelegt. Dann wird die Verantwortlichkeit geklärt, danach ist es die Aufgabe des Mediators zu moderieren, zu strukturieren sowie Interessen, Bedürfnisse und Vereinbarungen der Medianten durch empathisches Zuhören wahrzunehmen und zu formulieren.

Nichts kann den Menschen mehr stärken
als das Vertrauen, dass man ihm entgegenbringt.
Adolf von Harnack

Zweite Phase der Konfliktklärung in Gruppen: Erhebung
Oboth und Seils (2008) stellen den Medianten Methoden zur Verfügung, damit sie ihre Meinungen, Gefühle und Interessen benennen können.

Dritte Phase der Konfliktklärung in Gruppen: Bearbeitung
Hier bekommt die Gruppe Raum für Auseinandersetzung und Eskalation. Unangenehme Gefühle müssen geäußert werden, um dem Konflikt auf die Spur zu kommen. Die darunter liegenden Bedürfnisse werden herausgearbeitet.

Vierte Phase der Konfliktklärung in Gruppen: Lösungssuche
In dieser Phase ist eine Atmosphäre der Entspannung und des Tatendrangs zu spüren. Ressourcen und Energien werden genutzt. Die Gruppenmitglieder erarbeiten eigenverantwortlich die Lösungen unter der Anleitung des Mediators und seiner Anwendung von Methoden.

Fünfte Phase der Konfliktklärung in Gruppen: Maßnahmensicherung
Die Gruppe wertet ihre Lösungsideen aus und legt dann die konkreten und verbindlichen Maßnahmen fest, die schriftlich formuliert werden. Hierzu werden wieder Methoden genutzt.

Zu neuen Ufern
Vom Mut, etwas Neues zu beginnen.
Und von der Angst, das Gewohnte hinter sich zu lassen.
In den alten Bahnen auf der Stelle treten
oder auf neuen Wegen vorwärts stolpern?
Laufen lernen, Schritte machen,
eine Reise ins Ungewisse.
Wird es besser, wenn es anders wird?
Es muss anders werden,
wenn es besser werden soll.
Dem Zauber des Anfangs vertrauen.
Das Alte loslassen.
Das Neue wagen!

Verfasser unbekannt

Literatur

Krenz, A.: Der „Situationsorientierte Ansatz" in der Kita. Grundlagen und Praxishilfen zur kindorientierten Arbeit. Troisdorf 2008

Krenz, A.: Elementarpädagogik und Professionalität. Lebens- und Konfliktraum Kindergarten. Offenbach/M. 2005

Krenz, A. (Hrsg.): Psychologie für Erzieherinnen und Erzieher. Grundlagen für die Praxis. Berlin 1. Aufl. 2007

Krenz, A.: Teamarbeit und Teamentwicklung. Grundlagen und praxisnahe Lösungen für eine effiziente Zusammenarbeit. Wehrheim 2. Aufl. 2006

Oboth, M./Seils, G.: Mediation in Gruppen und Teams. Praxis- und Methodenhandbuch. Paderborn 3. Aufl. 2008

Will, F.: Emotionen am Arbeitsplatz. Teamkonflikte erkennen und lösen. Beltz Verlag, Weinheim/Basel 2. übera. Aufl. 2008

Will, F.: Was bremst mein Team? 20 Situationen und ihre Lösungen. Weinheim/Basel, 2002

E DIE PERSON DER ERZIEHERIN: AUSGANGSPUNKT FÜR PÄDAGOGISCHE QUALITÄT

Armin Krenz / Regine Leipert

Erzieherinnen in der Zwickmühle: Die Vielfalt unterschiedlicher Erwartungen und Ansprüche in der Elementarpädagogik

Eltern, Träger und die Gesellschaft tragen vielfältige und immer neue Erwartungen und Aufgaben an die Erzieherinnen in Kindertageseinrichtungen heran. Die Elementarpädagogik soll möglichst all das leisten, was für die Entwicklung von Kindern erforderlich ist. Gleichzeitig soll sie negativen Einwirkungen der Umfeldgegebenheiten entgegenwirken. Wo aber bleiben die Erzieherinnen mit einer von ihnen verantworteten Pädagogik?

„Ich komme mir vor wie eine Marionette, an der alle ziehen." Dieser Ausspruch einer Erzieherin löste während einer Leiterinnensupervision rege Diskussionen aus, bei denen fast alle Frauen über ihre Erfahrungen im Umgang mit an sie gestellten Ansprüchen zu Wort kamen. Dabei stellte sich heraus, dass viele Leiterinnen und ein großer Teil ihrer Mitarbeiterinnen seit längerer Zeit über den Zwiespalt irritiert sind, der einerseits aus den an sie gestellten Ansprüchen und andererseits aus ihrer Wahrnehmung entsteht, dass die Ausrichtung nach Ansprüchen dazu verleiten kann, *eigene* Überzeugungen zu verdrängen. Damit würde ein ganz wichtiger Teil der Elementarpädagogik allerdings verloren gehen, nämlich das Merkmal „eigener Wertigkeiten" in der Entwicklungsbegleitung von Kindern. Dieser Beitrag möchte aufzeigen, dass die Pädagogik immer mehr in Gefahr gerät, zu einem technisierten Handlungswerkzeug zu werden, bei dem vor allem die Persönlichkeit von Erzieherinnen in den Hintergrund gerät. Um diesen Prozess zu verdeutlichen und eine Teamdiskussion, eine Trägeroder Elternauseinandersetzung konstruktiver Art anzuregen, ist es sicherlich hilfreich, einen Blick in die Praxis zu werfen.

„Alle wollen was von uns Erzieherinnen, doch was wir wollen, bleibt weitestgehend ungefragt."

Während einer Teamfortbildung, bei der sich alle Mitarbeiterinnen entschieden hatten, an fünf aufeinander folgenden Tagen – zusammen mit einem Referenten – eine deutliche Bestandsaufnahme ihrer Arbeit vorzunehmen, fassten einige Erzieherinnen die Ansprüche wie folgt zusammen:

- „Natürlich wollen wir das Beste für die Kinder. Aber ganz ehrlich – von den Eltern werden uns immer wieder Steine in den Weg gelegt. Obgleich nun wirklich seit

Jahren feststeht, dass Spielen und Lernen eine Einheit bilden, setzen uns Eltern immer wieder unter Druck und fordern Vorschularbeit mit Arbeitsblättern, wie es schon vor 25 Jahren vorgekommen ist. Ich verstehe es nicht. Und wenn wir uns selbst als Team fachlich dagegen aussprechen, geht in der Elternschaft ein Murren umher. Wir wissen, dass auch hinter unserem Rücken darüber geredet wird, dass früher doch alles besser war. Da brachten die Kinder fast täglich ihre Arbeitsergebnisse mit nach Hause und die Eltern waren zufrieden. Ja, wir werden manchmal sogar innerhalb der Gruppen gegeneinander ausgespielt. Einige Mütter gingen zu einer Kollegin und haben diese gebeten, mit mir zu reden, ob Vorschularbeit nicht doch möglich sei."

- „Mir fällt vor allem auf, dass die Arbeit mit den Kindern in den letzten Jahren viel anspruchsvoller geworden ist. Auffälligkeiten im Wahrnehmungsbereich, Sprech- und Sprachstörungen, aggressives Verhalten und Gewalt, fehlende Spielfähigkeit und vor allem die Einschränkung der Belastbarkeit vieler Kinder hat besorgniserregende Ausmaße angenommen", ergänzt eine Kollegin. „Wenn dem Marco etwas nicht passt, schmeißt er seine Bau- oder Spielsachen in die Ecke oder gegen andere Kinder und randaliert regelrecht. Oder Jennifer: sie ist so in ihrer Bewegungskoordination gehandicapt, dass sie bei geringer Aufregung über ihre eigenen Füße fällt. Und Thomas weint bei jeder Kleinigkeit. Bei jedem Missgeschick lässt er sein Spielzeug fallen, rennt in eine freie Ecke und weint."
- „Eigentlich müssten wir auch unsere Konzeption überdenken", fährt eine Kollegin fort. „Wir müssen ja nach dem Kindertagesstättengesetz eine schreiben, aber ehrlich gesagt, nach welchem Ansatz in der Kindergartenpädagogik wollen oder können wir tatsächlich arbeiten? Da gibt es den Offenen Ansatz, die lebenspraktische Erziehung und den Situationsorientierten Ansatz. Neulich habe ich von einem ökopädagogischen Ansatz gehört, wobei wir doch immer noch ganz viele Merkmale aus dem althergebrachten Funktionsansatz übernommen haben. Ich erinnere nur an den Turn- oder Spielzeugtag, die feste Frühstückszeit und die gezielten, zeitbegrenzten Fördereinheiten. Oder daran, dass die Sprachheilpädagogin einmal pro Woche Kinder aus der Gruppe zieht und isoliert mit ihnen etwas macht. Noch nie haben wir uns mit dieser Frau richtig zusammengesetzt und mal gefragt, wie ihr Konzept aussieht und inwieweit es überhaupt mit unserem Ansatz deckungsgleich ist. Aber wehe, wir würden die Sprachheilpädagogin verschrecken und sie würde nicht mehr in unserer Arbeit vertreten sein. Dann heißt es gleich, wir wären nicht kooperativ."
- Eine weitere Erzieherin greift den Faden auf: „Meine Eltern verlangen, dass wir in der Gruppe ganz intensiv Friedenspädagogik mit den Kindern machen. Da brach ja schon eine kleine Katastrophe aus, als ich den Kindern erlaubte, mit ihren Waffenimitaten zu spielen, obgleich ich mit ihnen gemeinsam feste Regeln abgesprochen habe. Mit den Kindern habe ich – das wisst ihr – vor unserer Gruppentüre eine „Waffenkammer" gebaut, in der sie beim Betreten des Gruppenraums ihre Spielzeugpistolen und -gewehre ablegen können. Das klappt super! Die Eltern

meinten allerdings, damit legalisiere ich diese Form des Kriegspiels. Ich kann mir nicht helfen; ich finde, Eltern neigen schnell zu extremen Verurteilungen."

- „Und dann der Pastor und das Presbyterium", meint eine weitere Kollegin, „immer kommen nur irgendwelche Forderungen, wie wir unseren religionspädagogischen Auftrag zu erfüllen hätten. Mitgestaltung der Gottesdienste, Mitarbeit bei Gemeinde- und Kirchenfesten, Aufführungen für bestimmte Anlässe und manches mehr. Sicherlich stehe ich hinter unserem Auftrag, mit Kindern den Glauben erlebbar zu erfahren, aber keiner fragt uns, auf *welchem* Hintergrund *wir* unsere Ziele erreichen möchten."

An dieser Stelle sei die Diskussion abgebrochen. Viele, viele Mitarbeiterinnen äußerten sich voller Engagement und Entrüstung, Enttäuschung und Resignation, Hoffnung und Impulsivität, Perspektiven aufzeigend oder demotiviert, weil so häufig Versuche einer eigenen Profilierung entweder nicht wahrgenommen oder unterdrückt wurden.

Elementarpädagogik – Das Stiefkind der pädagogischen Szene

Vieles liegt in der Kindergartenpädagogik tatsächlich im Argen. Ohne an dieser Stelle auf die teilweise kinderfeindlichen Bedingungen in Kindergärten einzugehen, in denen es mehr um eine Aufbewahrung als um eine qualitätsorientierte Pädagogik, um Quantität statt um eine realistische Entwicklungsbegleitung von Kindern geht, trägt vieles dazu bei, dass Erzieherinnen heute wie damals – in Kenntnis des Unterschiedes zwischen dem Stellenwert der Elementarpädagogik in der ehemaligen DDR und den alten Bundesländern – immer schon in einer Zwickmühle von Ansprüchen waren und sind. Das hat viele Gründe und Auslöser. An dieser Stelle könnte endlos philosophiert und mit Quellentexten belegt werden, woran das liegt. Kurz und knapp kann es auf den Punkt gebracht werden:

- Kinder waren immer in Deutschland real ohne Lobby!
- Kindergartenpädagogik war eine lange Zeit das Stiefkind der Bildungslandschaft, in der den Schulen grundsätzlich eine höhere Bedeutung beigemessen wurde, dokumentiert im öffentlichen Ansehen.
- Kindergartenpädagogik lebte in der neueren Zeit immer von irgendwelchen Modellvorhaben und wissenschaftlichen Begleitungen, die nach dem Auslaufen der Modellzeiten zwar dokumentiert, aber letztlich ohne nachhaltige Folgeauswirkungen zu Auslaufmodellen erklärt wurden.
- Viele Kindergärten haben sich in der Vergangenheit und in der Gegenwart vorschnell einer aktuellen „Pädagogik" angeschlosen, ohne dass sich die Mitarbeite-

rinnen in Ruhe, mit Zeit und in einer deutlichen Abwägung von unterschiedlichen Ansätzen (!) entschieden haben, welcher pädagogischen Ausrichtung sie tatsächlich den Vorrang geben möchten – in gleichzeitiger Berücksichtigung aktueller Kindheitsdaten und in Kenntnis fundierter entwicklungspädagogischer Fakten.

- Viele Mitarbeiterinnen in Kindergärten haben sich – auch gegen ihre eigene Überzeugung – von Ansprüchen der Eltern – und/oder Trägerseite dazu bringen lassen, bestimmte Erwartungen zu erfüllen, mit dem Ergebnis, dass Fremdbestimmung eine Selbstbestimmung mit der Zeit automatisch einschränkt(e).
- Mitarbeiterinnen in Kindergärten haben oftmals das Pech, von Dozentinnen während ihrer Fachschulzeit ausgebildet zu werden, die kaum oder gar keine, lang zurückliegende oder idealisierte Praxis zum Ausgangspunkt ihres Unterrichts erklärten und damit an der Realität vorbeigearbeitet haben.
- Konflikte werden in diesem überwiegenden Frauenberuf ausgesprochen schnell auf der Beziehungsebene ausgetragen, mit dem Resultat, dass auch heute kaum eine tatsächliche Solidarität untereinander und mit den Kindern eingegangen wird.
- Kritische Erzieherinnen haben es heute in den Auseinandersetzungen mit den Eltern und dem Träger weitaus schwerer, eine wertgeschätzte Arbeit zu leisten als Mitarbeiterinnen, die Wege eines gering(er)en Widerstands gehen und Wert auf kommunikative Harmonie – bei gleichzeitiger Negierung von Konflikten – legen.
- Kindergartenpädagogik hat es häufig vermieden, sich deutlich hinterfragen zu lassen, Konzepte und Konzeptionen zum offenen Disput zu stellen, deutliche Positionen – auch im politischen Bereich – zu beziehen und die Auseinandersetzung zu suchen. (Damit ist in diesem Zusammenhang nicht der Wert von Demonstrationen oder Aktionen infrage gestellt, wohl aber deren Effektivität für die eigene Standortbestimmung!)
- Mitarbeiterinnen aus Kindergärten wenden sich mehr methodischen Fort- und Weiterbildungen zu als einer persönlichen, selbstexplorativen, selbsterfahrungsorientierten Berufs- und Personauseinandersetzung, mit der Folge, dass mehr über Kinder und Methoden nachgedacht wurde als mit sich eine biografische Problemaufarbeitung zu beginnen. Jeder Psychotherapeut, der mit seiner Klientel zusammen nach Lösungen sucht, muss einen großen Teil Selbsterfahrung leisten. Wo liegt der Unterschied zum Berufsfeld von Erzieherinnen, die eine ebenso wichtige Aufgabe leisten?

Prof. Dr. Helga Fischer hat es einmal im Rahmen eines Vortrages an der FHS Köln so formuliert: „Erzieherinnen wollen Methoden, wollen Medien, wollen Wegbeschreibungen und Rezepte. Ist denn das Naturgegebene, Eingegebene so fremd, das Einfachste das Schwerste und das Nahe liegende so fern? Hat nicht Wolfgang Liegle recht, wenn er fordert: „Erkenne dich selbst, bevor du Kinder zu erkennen trachtest“?

Elementarpädagogik erfordert Konsequenzen

Solange Kindergartenpädagogik es nicht schafft, sich den vielfältigen Ansprüchen und Erwartungen offensiv zu stellen, sondern vielmehr abwartet, was von außen an sie herangetragen wird, solange wird die Praxis zeigen, dass Kindergartenpädagogik auch in Zukunft eine *reagierende* und damit eine sich vom Kind entfernende Pädagogik bleibt. Das hat zur Folge, dass sie eine Hilfspädagogik statt einer eigenständigen Pädagogik mit Profil sein und bleiben wird.

Mitarbeiterinnen sollten die vielfältigen Möglichkeiten in der Realität nutzen, wirklich zu verstehen, dass die Elementarpädagogik dieselbe Bedeutung hat wie andere Fachbereiche der Erziehungswissenschaft.

Es darf nicht darum gehen, sich als Team in einem vorschnellen Weg für eine bestimmte Pädagogik zu entscheiden, nur weil es vielleicht „modern" ist, einem aktuellen Ansatz – wie immer er heißen mag – den Vorzug zu geben. Ebenso wenig ist es vertretbar, mit Begriffen wie „ganzheitliche Pädagogik" oder „Kindorientierung" um sich zu werfen, wenn tagespraktische Beobachtungen völlige Gegenteile beweisen. Teilisolierungen in der Arbeit geschehen dadurch, dass *einzelne* Bereiche aus Sinnzusammenhängen herausgerissen werden und zu Projekten wie „Friedenserziehung", „lebenspraktische Erziehung" oder „Gesundheitserziehung", „Erziehung zu einem ökologischen Bewusstsein" oder „Naturerfahrung" erklärt werden. Diese Projekte haben als dogmatisch konzipierte Vorhaben und von Erwachsenen geleitete Interessen so ihre Bedeutung verloren.

Friedenserziehung geschieht dort, wo Erwachsene ihre Machtposition verlassen und gemeinsam mit Kindern die Tagesabläufe und Aktivitäten in Solidarität und Wertschätzung mit Kindern planen, in Kinderkonferenzen Probleme erörtern und Regeln diskutieren, *ohne* dass Erzieherinnenstimmen mehr zählen als die der Kinder.

Lebenspraktische Erziehung geschieht dort, wo Kinder einen Freiraum erfahren, in dem nicht eine versteckte Form der Überbehütung passiert, sondern wo Kinder am alltäglichen Leben teilhaben können, beim Arbeiten an der Werkbank oder beim Hinausgehen im Regen, bei dem Versuch selbstständiger Konfliktlösung ohne Konfliktregelung durch die Mitarbeiterinnen, beim Einkaufen der notwendigen Materialien oder beim gemeinsamen Aussuchen des Geschirrs, beim Ankommen der Telefonate im Kindergarten und dem Gesprächsempfang durch die Kinder, beim Besuch von Einrichtungen während der Projekte bis zum Besuch kranker Kindergartenkinder, vom eigenen Reparieren kaputten Spielzeugs oder von Bilderbüchern bis hin zur Nachtwanderung und dem gemeinsamen Zelten im Sommer, vom Mithelfen bei Aufräumarbeiten nach einem Einbruch im Kindergarten bis hin zum Bau von Gartenhütten und Go-Karts.

Gesundheitserziehung geschieht sicherlich *nicht* durch isolierte Belehrungen über gesunde und ungesunde Speisen, sondern vielmehr über das gemeinsame Herstellen eines Frühstücksbüffets und das alltägliche Mithelfen der Kinder beim Kochen in der Küche und beim gemeinsamen Einkauf der Speisen. Bei zu vielen Kindern wird eine Lösung in der Kinderkonferenz gesucht.

Erziehung zu einem ökologischen Bewusstsein hilft dann wenig, wenn Biotope gebaut, aber nicht betreten werden dürfen. Vielmehr wird ein solches durch das normale Gießen der Zimmerpflanzen, das normale Nutzen des Kompostes oder das Anlegen von Blumenbeeten erreicht, wobei die Blumen für besondere Anlässe ebenso genutzt werden wie das Gemüse zum Verwerten in der Küche. Ebenso dazu gehört das Gießen von Sträuchern und Bäumen, die im Sommer darauf angewiesen sind, zusätzlich Wasser zu bekommen – gleich, ob es sich um Bäume vor dem Kindergarten oder auf dem Kindergartengelände handelt.

Leider ist gerade in den neuen Bundesländern vermehrt zu beobachten, dass – auch unterstützt durch Fachberaterinnen der Träger – Kindergärten mit einem jeweiligen Schwerpunkt ‚versehen' werden: Bewegungskindergarten, Naturkindergarten, Schlaumäuse-Kindergarten, Kindergarten für junge Forscher und Entdecker etc. *Alle* Kinder brauchen Bewegung und *auch* die Natur sowie die sozial-kognitiven Herausforderungen. Profilierungsansprüche von außen, um eine weitere Existenzberechtigung abzuleiten, führen wiederum dazu, dass sich Pädagogik einseitig krümmt und damit verbiegen lässt.

Notwendig ist daher für eine professionelle Entwicklungsunterstützung von Kindern mehr denn je eine Entscheidung für Kinder, in Achtung ihrer Rechte und ihrer Mitwirkung bei allen sie betreffenden Angelegenheiten; eine sorgsame, aber klare Abwägung zwischen den Wünschen von Eltern/dem Träger und den eigenen, identischen Erwartungen von sich selbst; dem Aufgeben eines Harmonieverständnisses zugunsten einer fairen Konfliktaufdeckung und -bearbeitung; der Prüfung einer Stimmigkeit zwischen konzeptionellen Aussagen und der Praxis vor Ort; der höheren Einschätzung einer Personenorientierung als einer Methodenausrichtung und der Auseinandersetzung mit den zuständigen Fachschulen im Hinblick auf einen aktuellen, fachkompetenten Praxisbezug; dem Ablehnen von „verpädagogisierten" Einzelprogrammen zugunsten Sinn zusammenhängender „Normalbezugspunkte" des alltäglichen Lebens mit Kindern und vor allem der Offenheit und Neugierde, eigene Fragen aufzuwerfen, eigene Antworten fachkompetent zu finden und in die Praxis umzusetzen.

Literatur

Blank-Mathieu, M.: Die beruflichen und persönlichen Anforderungen an eine Erzieherin heute. In: Krenz, A. (Hrsg.): Handbuch für ErzieherInnen in Krippe, Kindergarten, Kindertagesstätte und Hort. München NL 45, 2007

Brandes, H.: Selbstbildung in Kindergruppen. Die Konstruktion sozialer Beziehungen. München/Basel 2008

Crain, W.: Lernen für die Welt von morgen. Kindorientierte Pädagogik – Der Weg aus der Erziehungs- und Bildungsmisere. Freiamt 2005

König, A.: Interaktion als didaktisches Prinzip. Bildungsprozesse bewusst begleiten und gestalten. Troisdorf 2010

Lill, G. Begriffe versenken. Sinn und Unsinn pädagogischer Gewohnheitswörter. Weimar/Berlin 2007

Steiniger, R.: Kinder lernen mit allen Sinnen. Wahrnehmung im Alltag fördern. Stuttgart 2005

Wißkirchen, H.: Jede wohlverstandene Erziehung geht mit der Selbsterkenntnis des Erziehers einher. In: Krenz, A. (Hrsg.): Handbuch für ErzieherInnen in Krippe, Kindergarten, Kindertagesstätte und Hort. München NL 34, 2005

Armin Krenz

Die Persönlichkeit der Erzieherin: Dreh- und Angelpunkt jeder „guten" Pädagogik

Am Ende eines anstrengenden Arbeitstages stellen sich viele (elementar-)pädagogische Fachkräfte immer wieder folgende Fragen:

- Wie haben Kinder den heutigen Tag mit mir erlebt?
- Habe ich Kinder in ihren unterschiedlichen Ausdrucksformen verstanden und sie in ihren vielfältigen Entwicklungsmöglichkeiten aktiv unterstützt?
- Habe ich die Kinder ernst genommen, konnte ich ihre wirklichen Anliegen spüren und erkennen?
- Ist es mir gelungen, das Selbstwertgefühl der Kinder zu stärken?
- Habe ich alle Kinder beachtet oder habe ich vielleicht bestimmte Kinder übersehen?
- Konnten die Kinder wirklich zeigen, welche Fähigkeiten in ihnen stecken und war ich ihnen hilfreich, diesen Tag – wie auch die anderen Tage – als ein Geschenk in dieser Einrichtung zu erleben?
- War ich den Kindern gegenüber gerecht?
- Habe ich am heutigen Tage etwas Wesentliches übersehen?
- Waren meine Kompetenzen ausreichend, um gesetzte Ziele zu erreichen?
- In welchem Bereich muss ich dringend etwas dazu lernen, damit ich besser werden kann?

Kompetenzentwicklung beginnt stets mit Fragestellungen

Mit diesen und vielen weiteren Fragen beginnt der immer währende Prozess der Selbstauseinandersetzung und gleichzeitig die Konfrontation mit sich selbst. Ohne Frage bieten sich in diesem Zusammenhang sehr unterschiedliche Möglichkeiten an, Antworten zu finden: Durch Selbstreflexion oder kollegiale Gespräche, durch ein Coaching, durch Einzel-, Gruppen- und Teamsupervision oder durch den Besuch von Fort- und Weiterbildungsseminaren. Das Entscheidende ist dabei immer, *dass* diese und alle anderen Fragen einer Beantwortung bedürfen, um aus dem Grübeln herauszukommen und Erkenntnisse in Handlungen einfließen zu lassen. Andernfalls wird ein permanent schlechtes Gewissen oder eine vor sich ständig her geschobene Frage den Blick für die neuen Herausforderungen vernebeln und verstellen. Wie heißt es doch so treffend im Krisenmanagement: *Es gibt keine Probleme – es gibt nur Aufgaben.*

Der Mensch als wirksame pädagogische Didaktik

Pädagogische Fachkräfte sind es durch ihre (geschichtlich zurückliegende und darin begründete) Profession gewohnt, Entwicklungsziele für Kinder zu formulieren: Sie versuchen immer wieder dafür zu sorgen, dass sich Kinder auf unterschiedlichste Herausforderungen einlassen, Wesentliches von Unwesentlichem unterscheiden lernen, sich selbst und ihre Handlungstätigkeiten genau anschauen, Fragen stellen und Hypothesen bilden, Theorien entwerfen und diese handlungsorientiert überprüfen, ihre Handlungen durch Versuch und Irrtum immer wieder neu einrichten und gestalten, an neuen Erkenntnissen arbeiten und Erfolge erringen, unbrauchbare Strategien verwerfen und expansiv die Herausforderungen der Zeit und der Welt aufgreifen.

Entwicklungsarbeit verlangt Selbstentwicklung

So weit, so gut. Doch an dieser Stelle sei spätestens jetzt darauf hingewiesen, dass Entwicklung nur dann geschehen kann, wo Erwachsene die für Kinder formulierten Ziele zunächst immer zu eigenen Zielsetzungen erklären, getreu dem Motto: „Nur was ich selbst begreife, verstehe und auf mich selbst übertrage, ist ggf. dazu geeignet, als Zielsetzung für Kinder und deren Entwicklungsprozess tauglich zu sein."

Doch wird es in der heutigen Zeit immer schwieriger, sowohl die vielfältigen, alltäglichen Aufgaben des Lebens zu bewältigen, berufliche Anforderungen professionell und kompetent zu erfüllen und gleichzeitig eine personale Balance zwischen beiden Lebensfeldern herzustellen. Rolleneindeutigkeiten und lang vertraute Rahmenbedingungen, Traditions- und Berufssicherheiten haben sich in den letzten Jahrzehnten ebenso verändert wie kulturell bekannte, religiös verwurzelte und politisch eindeutig zuordbare Positionen. Damit ist der Mensch immer mehr gezwungen, seine eigenen Deutungspositionen und Handlungsperspektiven selbstständig vorzunehmen und sich selbst einen Ankerplatz für sein Leben zu suchen und zu schaffen. Vorhersehbarkeiten und Verlässlichkeiten für den eigenen Lebensentwurf können immer weniger eingeplant werden, sodass die Identitätsbildung immer mehr zu einem „individualisierten Projekt" wird. Plötzliche Abbrüche von bisherigen Sicherheiten, der Verlust von vertrauten Situationen sowie der permanent wachsende Informationseinfluss auf den Menschen sorgen dafür, dass sie in eine immer stärker werdende Entscheidungsvielfalt hineingedrängt werden. Gleichzeitig sorgt die große Anzahl der öffentlichen und heimlichen Meinungsmacher sowie der Konsumgüterindustrie dafür, dass es immer schwieriger ist, kompetente Entscheidungen zu fällen und professionelle Verhaltensweisen zu zeigen. Um diesem Anspruch gerecht zu werden, bedarf es immer wieder der Fähigkeit, sich …

a) für etwas und damit auch gegen etwas zu entscheiden,
b) sachdienliche Informationen zur anstehenden Thematik/Problematik zu besorgen,
c) auf sachorientierte Vernetzungen gedanklich einzulassen sowie Auswirkungen abschätzen zu können.

Identität als Motor für Entwicklungen

Wenn Wissenschaftler aus dem Feld der Persönlichkeitsforschung immer häufiger von einer „Patchworkidentität" sprechen und der Mensch als „Produzent individueller Lebenscollagen gesehen wird, der sich aus den vorhandenen Lebensstilen und Sinnelementen" seine eigene Biografie in einem Prozess der Auseinandersetzung mit sich und anderen zusammensetzen muss, dann besitzt diese Forderung für pädagogische Fachkräfte eine besondere Bedeutung. Gerade die Frage nach der eigenen Identität und ihre Klärung werden dabei hilfreich sein, persönliche und berufliche Irritationen zu meistern und in der Folge – gerade auch in der Zukunft – Handlungskompetenzen zur adäquaten Lebens- und Berufsgestaltung zu besitzen: „Niemand gewährt dir Freiheit. Du fesselst dich selbst. Und wenn du es getan hast, gibst du die Fesseln vielleicht weiter – an einen anderen, an viele andere, an alle anderen oder an dich selbst. Das letzte ist vielleicht am schlimmsten. Denn jener Sklavenmeister ist am schwersten zu erkennen. Und am schwersten zu stürzen. Aber er ist am leichtesten zu hassen – und zu verletzen. Ich weiß nicht, wie ich dir helfen soll, frei zu sein. Ich wünschte, ich könnte es. Aber ich kenne einige Zeichen der Freiheit. Eines ist, zu tun, was du tun möchtest – obwohl dir jemand sagt, es nicht zu tun. Ein anderes ist, zu tun, was du tun möchtest – obwohl dir jemand sagt, es zu tun." (Hermann 1990, S. 168)

Entwicklung als Persönlichkeitsbildung ist – wie der „Delors-Bericht" feststellt, nicht nur „der Kern der Persönlichkeitsentwicklung, in dem es darum geht, all unsere Talente voll zu entwickeln und unser kreatives Potential, einschließlich der Verantwortung für unser eigenes Leben und der Erreichung persönlicher Ziele auszuschöpfen", sondern auch eine selbstverantwortliche Aufgabe in der Form, dass Bildungsentwicklung stets mit Selbstentwicklung beginnt.

Pestalozzi hat es einmal so formuliert: „Erziehung ist Liebe und Vorbild. Sonst nichts!"

Entwicklungsarbeit in allen pädagogischen Einrichtungen beginnt dort, wo Fachkräfte selbst Freude und ein hohes Interesse daran haben,

- immer wieder neues Wissen zu erwerben,
- vertiefende Kenntnisse aus dem weiten Feld der Psychologie und Pädagogik zu gewinnen,
- Lernherausforderungen (auf-)zusuchen und Handlungskompetenzen aufzubauen bzw. zu erweitern,
- Konfliktkompetenzen zu erwerben, um vorurteilsfrei, offen und neugierig schwierige Situationen zu meistern,
- an der eigenen Lern- und Lebensgeschichte zu arbeiten,
- bisher verborgene Talente zu entdecken und neu nutzen,
- weltoffen auf alles Unbekannte zugehen,
- sich immer wieder selbst zu motivieren, mit Engagement und Risikofähigkeit die Welt humaner mitzugestalten.

Identität bewirkt Entwicklungen

So ist die besondere berufliche Identität stets mit der persönlichen Identität der Erzieherin sehr eng verbunden, und beide Identitätsbereiche entstehen nicht von alleine. So geht es beispielsweise darum, immer wieder selbstreflexiv die eigene Lebensgeschichte und das konkrete Verhalten mit dem konkreten Alltagsgeschehen vor Ort zu vernetzen, um festzustellen, welche Handlungsmomente konstruktiv und welche destruktiv waren bzw. sind. Dazu gehört unter anderem eine ausgebaute Dialogfähigkeit, um mit sich in den unterschiedlichsten Lebens- und Arbeitssituationen in Selbstbetrachtungen und -Verhandlungen einzutreten. Hier heißt es dann, lebendige Entwicklungsfelder zu entdecken, Entwicklungschancen zu nutzen und Fehlentwicklungen durch neue Handlungsstrategien zu ersetzen. In einem immer wiederkehrenden Klärungsprozess müssen unterschiedliche Erwartungen und Anforderungen, die man selbst an sich (zu haben) hat und die von außen kommen, auf ihre fachliche Existenzberechtigung hin überprüft werden.
Bei all diesen Selbstentwicklungsaufgaben wird es nicht ausbleiben, dass dabei auch immer wieder Identitätskrisen auftauchen. Doch gerade sie sind stets eine Chance, ein erlebtes, aktuelles Chaos als einen Neuanfang zu verstehen. So heißt es in einer fernöstlichen Weisheit: „Du musst Abschied nehmen, wenn du weitergehen willst".

Krisen und Störungen sind Wege für innovative Veränderungen

Eine bildungsoffensive Professionalität aus einer ausgeprägten Selbstmotivation heraus entstanden und *nach außen* gezeigt, wird nur dann in der Öffentlichkeit glaubhaft aufgenommen werden, wenn eine *innere Professionalität* zur Entwicklung von Humanität und Fachlichkeit in Gang gesetzt und ausgebaut wird. Selbstentwicklung und Selbsterziehung führen zu einer professionellen Selbstverwirklichung und Selbstbildung – ein umgekehrter Weg führt zu Starrheit und Ignoranz von notwendigen Handlungsschritten. Wenn pädagogische Fachkräfte Kinder und ihre Entwicklungspotenziale, ihr Kollegium und den Träger, die Öffentlichkeit und Eltern sowie die Politik im Sinne einer qualitätsgeprägten und bildungsaktiven Elementarpädagogik immer wieder neu ansprechen und erreichen wollen, sind ein hohes Engagement, ein offensives Handeln, Lebendigkeit und wie oben erwähnt vor allem Selbstentwicklung unausweichlich.

Professionalität verlangt konkrete Handlungsschritte

Aurelius Augustinus (354–430), ein großer Kirchenlehrer, sagte einmal: *In dir muss brennen, was du entzünden willst*“ und Guiseppe Mazzini (1805–1872), ein italienischer Politiker, vertrat die These, dass *das Geheimnis des Könnens im Wollen liegt.*

Es besteht kein Zweifel darüber, dass es der (Elementar-)Pädagogik gelingen muss, auch in Zukunft immer stärker und immer ausgeprägter eine Professionalität im Beruf zu zeigen. Einerseits weisen sowohl die aktuellen Untersuchungen im Feld der Neurophysiologie und Neuropsychologie (vgl. G. Hüther; L. Cozolino), der Entwicklungspsychologie (vgl. H. Keller; R. Largo; S. Tschöpe-Scheffler; M. Hasselhorn; W. Schneider; R. Kohnstamm) und die Verhaltensbiologen (vgl. G. Haug-Schnabel; J. Bensel) auf die hohe Bedeutung der ersten Lebensjahre der Kinder für ihre weitere Entwicklung hin, andererseits muss bzw. wird es auch im Interesse der Fachkräfte selbst liegen, ihre bedeutsame und anspruchsvolle Berufsarbeit professionell auszufüllen.

Es ist unbestritten, dass weder äußere Umstände – wie beispielsweise ungünstige Rahmenbedingungen – noch vorhandene Hochbegabungen oder eine überdurchschnittliche Intelligenz dafür verantwortlich sind, ob und in welchem Maße sich eine Professionalität aufbauen und weiterentwickeln kann. Denn wäre dies der Fall, so lägen Beweise dafür vor, dass besonders gut begabte Menschen oder Personen mit einem hohen Intelligenzquotienten bzw. Mitarbeiterinnen in Einrichtungen mit besonders attraktiven Rahmenbedingungen eine deutlich ausgeprägtere Professionalität im Beruf zeigen würden. Solche

Untersuchungsergebnisse gibt es nicht! Vielmehr ist auffällig, dass Menschen mit „schlechteren" Voraussetzungen und unter wenig entwicklungsförderlichen Rahmenwerten durchaus in der Lage sind, ihre berufliche Tätigkeit sehr erfolgreich zu gestalten. Professionalität kann nur dort entstehen bzw. weiterentwickelt werden, wo „innere Bremsen" entdeckt und gelöst werden: Belastende Kindheitserlebnisse (die für entwicklungshemmende Übertragungsphänomene verantwortlich sind), private Irritationen oder Nöte (die für Übertragungsbelastungen im Beruf sorgen), Ängste (die für Lernblockaden Pate stehen und ein mutiges Verhalten verhindern), normative Zwänge (die in entwicklungsförderliche Werte verwandelt werden können) oder emotionale Verstrickungen (die eine gedankliche Freiheit zerstören).

Motivation ist der ausschlaggebende Antrieb für Entwicklung

Professionalität ist dabei immer mit einer *intrinsischen Motivation* verbunden – einem Handlungsbedürfnis, das durch die Person selbst entsteht. Motivation im Sinne einer Eigensteuerung, ausgelöst durch die Neugierde, etwas bewirken zu wollen, durch die Freude, etwas bewirken zu können und das eigene Interesse, einen Arbeitserfolg im Sinne der Aufgabenstellung zu erreichen.

Dabei muss leider festgestellt werden, dass viele entwicklungshinderliche Merkmale gerade durch fehlende Motivation und ein eingeschränktes Engagement erst entstehen (können). So z. B. bestehende Teamkonflikte, eine unbefriedigende Elternarbeit, ein fehlendes, unverwechselbares Profil der Einrichtung oder eine qualitätsineffiziente Konzeption. Eine weit verbreitete Bequemlichkeit, die davor schützt, sich auf neue Entwicklungen einzulassen oder die Angst vor Fehlern, Auseinandersetzungen oder Neuerungen bringt fatale Folgen für eine Qualitätsentwicklung mit sich: Innovative Schritte werden nicht gewagt, notwendige Herausforderungen bleiben unbeachtet, Harmonisierungstendenzen gewinnen bei Konfliktbearbeitungen die Oberhand, alte und bekannte Herangehensweisen in der Pädagogik werden gerechtfertigt, Unruhe bringende Vorschläge werden beiseite gedrückt und vor allem enden dann manche Innovation unterdrückende Begründungen stets mit der Formel, dieses und jenes sei „sowieso unter den gegebenen Umständen nicht möglich". Da es in der Pädagogik anders zugeht als in der Industrie, wo beispielsweise äußere Anreize wie finanzielle Gratifikationen oder ein beruflicher Aufstieg bei beruflichen Erfolgen in Aussicht gestellt sind, bleibt es letztlich in der Pädagogik bei der ureigenen Selbstmotivation, bestimmte Ziele erreichen *zu wollen*. Sie entsteht vor allem dann – wie empirische Forschungsergebnisse von Prof. Csikszentmihalyi (vgl. Huhn/Backera 2005, S. 171) ausweisen, wenn …

- ein *eigenes Ziel* verfolgt wird,
- sich die Person, die das selbst verfolgte Ziel erreichen möchte, ohne Einschränkung mit diesem identifizieren kann,
- eine kontinuierliche und unmittelbare Rückmeldung über den persönlichen Erfolg gegeben wird,
- persönliche Fähigkeiten den Herausforderungen entsprechen,
- bei der Annahme der Herausforderung gleichzeitig alte, bekannte und bisherige Fähigkeitsgrenzen überschritten und dabei völlig neue Erfahrungen bemerkt werden,
- der Arbeitserfolg nach eigener Einschätzung durch den ganz persönlichen Einsatz möglich geworden ist und
- die notwendige Konzentration dazu führt, die eigene Aufmerksamkeit auf ein abgeschlossenes, überschaubares Gebiet von Informationsreizen begrenzen zu können. (vgl. in Huhn/Backera, 2005, S. 171).

Herausforderungen und Spielräume sehen und aufgreifen

Diese Merkmale führen offensichtlich dazu, dem Gelingen der Tätigkeit eine immer größere Bedeutung beizumessen und den Arbeitserfolg auch als einen persönlichen Entwicklungsfortschritt zu feiern. Dabei ist es unerlässlich, dass immer wieder neue Herausforderungen gesucht, an- und aufgenommen werden, um den Prozess der Selbstmotivation zu stabilisieren. Durch diese immer wieder zufrieden stellende Erfahrungsvielfalt verändern sich schließlich innere Wahrheiten (a) Einstellungen (ich kann etwas *bewirken*, statt: was kann *ich* schon Großes ausrichten;) (b) Erwartungen (was *will ich* tun, damit sich Änderungen ergeben, statt: was *müssen erst die anderen* tun, damit das Ganze auch eine Aussicht auf Erfolg hat), (c) Annahmen (alles *ist möglich*, auch schwere Aufgaben sind zu meistern, statt: diese Anforderung *übersteigt meine Kompetenz und* fordert zuviel Kraft von mir) und (d) Glaubensätze (ich glaube an meine Fähigkeiten und Talente, statt: für *diese Arbeitsanforderung bin ich bei weitem nicht geboren.).* Es geht also darum, die vielfältigen Möglichkeiten eigener Handlungsressourcen zu entdecken, wahrzunehmen und in geplante Tätigkeitsversuche umzusetzen statt den „Status quo“ (= den derzeitigen Zustand) zur festen, starren Größe der eigenen Persönlichkeitsstruktur zu erklären. Professionalität kann sich nur dort entwickeln, wo bisher unentdeckte „Spielräume“ genutzt werden und eine neue, mentale Landkarte (Callahan 2005, S. 32 f.) des eigenen Lebensterritoriums entworfen, entwickelt und genutzt wird.

Literatur

Bensel, J.: Erziehungspsychologische Grundlagen. In: Krenz, A. (Hrsg.): Psychologie für Erzieherinnen und Erzieher. Berlin/Düsseldorf/Mannheim 1. Aufl. 2007
Callahan, C.: Spielraum. In: ManagerSeminare, Februar 2005, Heft 83
Cozolino, L.: Die Neurobiologie menschlicher Beziehungen. Kirchzarten 2007
Ernst, H.: Wer bin ich? Selbsterkenntnis – die schwierigste aller Künste. In: Psychologie heute, April 2006, S. 20–26
Frenzel, P.: Selbsterfahrung als Selbstfindung. Regensburg 1991
Frisch, M.: Tagebuch 1946–1949. Frankfurt am Main 1975
Gerlach, S.: Nachdenklichkeit lernen. Philosophische Wurzeln – Entwicklungspsychologische Bedingungen – Pädagogisches Handeln. München 2003
Goldfuß, J. W.: Wer sich nicht führt, der wird verführt. 49 goldene Tipps zum (Über)-Leben. Paderborn 2009
Greine, R.: Persönlichkeitslernen – Ein Weg zu mehr Professionalität. In: klein&groß, Nr. 12/2004, S. 36–38
Hasselhorn, M./Schneider, W. (Hrsg.): Handbuch der Entwicklungspsychologie. Bern/Wien/Paris/Oxford/Prag 2007
Haug-Schnabel, G./Schmid-Steinbrunner, B.: Wie man Kinder von Anfang an stark macht. So können Sie Ihr Kind erfolgreich schützen – vor der Flucht in Angst, Gewalt und Sucht. Ratingen 2002
Hartmann, M. et al.: Kompetent und erfolgreich im Beruf. Wichtige Schlüsselqualifikationen, die jeder braucht. Weinheim/Basel 2005
Hermann, S. M.: Niemand gewährt die Freiheit ... In: Rosenkranz, H.: Von der Familie zur Gruppe zum Team. Familien- und Gruppendynamische Modelle zur Teamentwicklung. Paderborn 1990, S. 168
Hüther, G.: Bedienungsanleitung für das menschliche Gehirn. Göttingen 2001
Huhn, G. und Backera, H.: Zur Selbstmotivation führen. In: QZ – Qualität und Zuverlässigkeit, 2005, Heft 4
Keller, H. (Hrsg.): Handbuch der Kleinkindforschung. Bern/Göttingen/Toronto/Seattle, 2. Aufl. 1997
Keller, H. (Hrsg.): Lehrbuch Entwicklungspsychologie. Bern/Göttingen/Toronto/Seattle, 1998
Kohnstamm, R.: Praktische Kinderpsychologie. Die ersten 7 Jahre. Eine Einführung für Eltern, Erzieher und Lehrer. Bern 4. Aufl. 2006
Krenz, A. (Hrsg.): Psychologie für Erzieherinnen und Erzieher. Grundlagen für die Praxis. Berlin/Düsseldorf/Mannheim 2007
Largo, R. H.: Kinderjahre. Die Individualität des Kindes als erzieherische Herausforderung. München 1999
Nagel, B.: Von der Gouvernante zur hochprofessionellen Fachkraft. Der ErzieherInnenberuf in seiner historischen Entwicklung. In: klein&groß, Nr. 11/2005, S. 18–23
Netz, T.: Erzieherinnen auf dem Weg zur Professionalität. Studien zur Genese der beruflichen Identität. Frankfurt 1998
Potreck-Rose, F.: Von der Freude, den Selbstwert zu stärken. Stuttgart 2006
Rosenkranz, H.: Von der Familie zur Gruppe zum Team. Paderborn 1990
Roth, G.: Die permanente Selbsttäuschung. Über die Schwierigkeit, sich selbst zu verstehen. In: Psychologie heute, September 2007, S. 37–41
Stipsits, R./Hutterer, R. (Hrsg.): Person werden. Frankfurt 1988

Tschöpe-Scheffler, S.: Kinder brauchen Wurzeln und Flügel. Erziehung zwischen Bindung und Autonomie. Mainz 1999
Tschöpe-Scheffler, S.: Fünf Säulen der Erziehung. Wege zu einem entwicklungsfördernden Miteinander von Erwachsenen und Kindern. Mainz 2003

Ilona Döffinger

Professionalität im Beruf – gelebte Kompetenz. Das qualitätsorientierte Selbstverständnis einer elementarpädagogischen Fachkraft

Seit der bundesweiten Diskussion über den Bildungsauftrag von Kindertagesstätten gibt es kaum noch eine Kindertagesstätte, die sich nicht mit der Qualitätsdebatte beschäftigt.

Am 23. Juni 2005 beschloss das Abgeordnetenhaus das Gesetz zur Förderung von Kindern in Tageseinrichtungen und Kindertagespflege (KitaFöG). Im § 1 sind die Aufgaben und Ziele der Förderung wie folgt beschrieben:

1. Tageseinrichtungen ergänzen und unterstützen als sozialpädagogische Bildungseinrichtungen die Erziehung des Kindes in der Familie durch eine alters- und entwicklungsgemäße Förderung. Tageseinrichtungen sollen die Entwicklung des Kindes zu einer eigenverantwortlichen und gemeinschaftsfähigen Persönlichkeit fördern und die Eltern dabei unterstützen, Erwerbstätigkeit oder Ausbildung und Kindererziehung besser miteinander zu vereinbaren. Die Förderung umfasst die Bildung, Erziehung und Betreuung des Kindes. Sie soll allen Kindern gleiche Bildungschancen bieten, (…).
2. Die Förderung in der Tageseinrichtung hat die individuellen Bedürfnisse und das jeweilige Lebensumfeld des Kindes und seiner Familie zu berücksichtigen. Die Kinder sollen darin unterstützt werden, ihre motorischen, kognitiven, sozialen und musischen Fähigkeiten zu erproben und zu entwickeln und ihre Lebenswelt außerhalb der Tageseinrichtung zu erkunden; hierzu gehört auch die Förderung des Erwerbs der deutschen Sprache.
3. Die Förderung in Tageseinrichtungen soll insbesondere darauf gerichtet sein,

- das Kind auf das Leben in einer Gesellschaft vorzubereiten, in der Wissen, sprachliche Kompetenz, Neugier, Lernenwollen und -können, Problemlösen und Kreativität von entscheidender Bedeutung sind,
- das Kind auf das Leben in einer demokratischen Gesellschaft vorzubereiten, die für ihr Bestehen die aktive, verantwortungsbewusste Teilhabe ihrer Mitglieder im Geiste der Toleranz, der Verständigung und des Friedens benötigt und in der alle Menschen (…) gleichberechtigt sind,
- das Kind auf das Leben in einer Welt vorzubereiten, für die der verantwortliche Umgang mit den natürlichen Ressourcen unverzichtbar ist,

- dem Kind zu ermöglichen, eine eigenständige und selbstbewusste Persönlichkeit zu entwickeln, die die kulturelle Vielfalt anerkennt und bejaht,
- das Kind dabei zu unterstützen, ein Bewusstsein vom eigenen Körper und dessen Bedürfnissen zu erwerben,
- das Zusammenleben von Kindern mit und ohne Behinderung auf der Grundlage des Gebots der Gleichberechtigung von Menschen mit und ohne Behinderung zu unterstützen.

4. Die Tageseinrichtungen sollen sich mit anderen Einrichtungen und Diensten abstimmen und mit Einrichtungen der Familienbildung und der Erziehungsberatung kooperieren. Der Übergang zur Schule soll durch eine an dem Entwicklungsstand der Kinder orientierte Zusammenarbeit mit der Schule unterstützt werden.
5. Bei der Gestaltung des Alltags in der Tageseinrichtung sind den Kindern ihrem Entwicklungsstand entsprechende Mitwirkungsmöglichkeiten zu eröffnen.

Dabei konzentrieren sich Erzieherinnen seit Jahren darauf, Kinder so gut es geht auf das Leben vorzubereiten. Mit Begeisterung, Engagement und Freude gestalten sie ihren Alltag in der Kindertagesstätte. Doch die Arbeitsbelastung von Erzieherinnen erhöht sich immer mehr durch neue Anforderungen und Erwartungen.

Täglich sind sie konfrontiert mit Kindern, die unter psychosomatischen Störungen leiden, wie Nervosität, Konzentrationsschwäche, mit Kindern, die sich vermehrt tätlich auseinandersetzen, die Sprachprobleme haben und in ihrer motorischen Entwicklung Schwächen zeigen. Die Aufzählung könnte fortgesetzt werden.

Daneben stehen die Eltern mit ihren Erwartungen, Ansprüchen und Forderungen. Sie sehen Einrichtungen oft als Dienstleistungseinrichtungen an und geben Elternverantwortung auch an Erzieherinnen ab.

Und dann kommen die Ansprüche von Seiten der Politik und der Gesellschaft. Sie entwickeln immer wieder neue Ideen, wie man Kinder noch schneller, noch besser, noch gezielter bilden kann. Sie erwarten von den Erzieherinnen eine schnelle Umsetzung ihrer Vorschläge, ohne die dazu notwendigen Rahmenbedingungen zu schaffen. So ziehen viele bürokratische Vorgaben (Beobachtungs-, Entwicklungsdokumentationen, Sprachlerntagebücher, Sprachstandserhebungen „Deutsch plus", Bildungsdiskussionen, Evaluationen u. v. m.) die pädagogischen Kräfte von einer direkten, intensiven und zeitumfassenden Pädagogik mit den Kindern ab.

Die Mehrzahl der Erzieherinnen fühlt sich an der Grenze ihrer Belastbarkeit angelangt.

Es ist wichtig, dass Erzieherinnen innehalten und sich auf den Weg des Suchens begeben, um für sich zu klären und zu überprüfen, welche der Erwartungen und Anforderungen von außen kommen und welche man an sich selber hat. Was brauche ich, um die pädagogische Arbeit mit Kindern professioneller zu gestalten und wo grenze ich mich gegen unberechtigte Erwartungen ab?

Erzieherinnen sind es gewohnt, Kinder in den Focus zu nehmen, nicht aber unbedingt sich selbst. Es gilt, sich zu fragen:

- Welches Selbstverständnis/Selbstbild habe ich von mir?
- Wer bin ich wirklich, welche Persönlichkeitsmerkmale kennzeichnen mich?
- Wie werde ich von anderen wahrgenommen (Kinder, Kolleginnen, Eltern)?
- Wieweit stimmen Selbst- und Fremdbild überein?
- Wie unabhängig bin ich von der Meinung der anderen?
- Welche Werte, Normen sind mir wichtig, warum und welche lebe ich?
- Was muss ich lernen, um meine Kompetenzen zu stärken?
- Welches Bild vom Kind habe ich und wie stimmt dieses mit den neuesten Erkenntnissen aus der Neurobiologie, der Entwicklungspsychologie, der Bindungs- und Bildungsforschung überein?

Dazu brauchen Erzieherinnen kompetente Unterstützung und Begleitung, aber auch eine hohe Motivation und Bereitschaft, sich selber als Lernende zu begreifen.

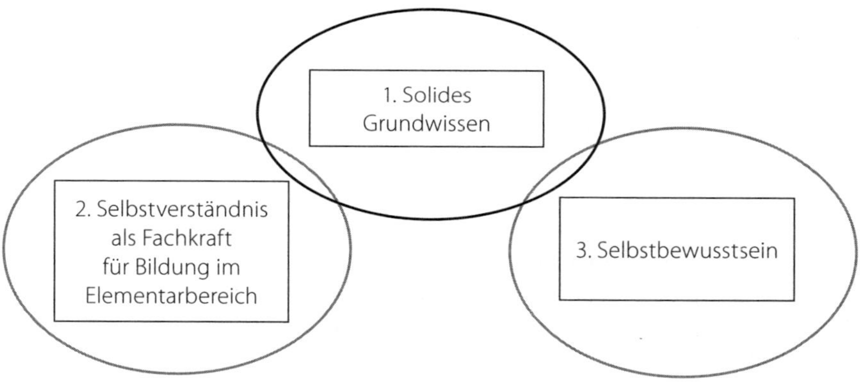

Was Erziehrinnen für eine gelebte Professionalität brauchen.

1. *Solides Grundlagenwissen* beinhaltet, Kenntnisse zu haben über:

- Gesetzliche Grundlagen (Kindertagesstättengesetze);
- Bildungspläne der jeweiligen Bundesländer;
- das Berufsbild der Erzieherin; (Bundesverband Evangelischer Erzieher/innen und Sozialpädagogen/Sozialpädagoginnen e.V. 1994);
- die UN-Charta „Rechte des Kindes“, die 1989 vom Deutschen Bundestag ratifiziert wurde;
- aktuelle Forschungsergebnisse aus den Bereichen Entwicklungspsychologie und -pädagogik, der Bindungsforschung, der Bildungsforschung, der Neurobiologie und aktuelle Daten aus dem Forschungsfeld „Kindheiten heute“ sowie

- die unterschiedlichen pädagogischen Ansätze und eine Entscheidungsfestlegung für einen Ansatz, der auf der Grundlage ener ausgewerteten Situationsanalyse angestrebt und zur Praxis wird.

2. Um das Selbstverständnis als Fachkraft für die Bildung im Elementarbereich weiterzuentwickeln und zu stärken, ist eine gezielte Weiterbildung und Qualifizierung notwendig. Das erfordert die Bereitschaft, sich zu verändern oder besser noch: sich verändern zu wollen! Lebenslanges Lernen bedeutet: zu erkennen, wo Schwächen geschwächt und Stärken gestärkt werden müssen, sich neu zu bestimmen und zu positionieren, Sachverhalte zu klären und sich auf neue Herausforderungen einzustellen, neue, ungewohnte, gelegentlich unbequeme Wege zu gehen und sich mit neuen Kompetenzen zu erfahren.

Um diesen erwähnten Aussagen ein Gesicht zu geben, sollen an dieser Stelle als Beispiel einige Aussagen aus dem Berliner Bildungsprogramm (S. 26) genannt werden. Hier sind die Ziele in Hinblick auf die Persönlichkeitsentwicklung des Kindes formuliert und gliedern sich in unterschiedliche Kompetenzbereiche:

- Ich – Kompetenzen:

a) sich seiner selbst bewusst sein,
b) den eigenen Kräften vertrauen;
c) für sich selbst verantwortlich handeln;
d) Unabhängigkeit und Eigeninitiative entwickelt haben.

- Soziale Kompetenzen:

a) soziale Beziehung aufnehmen und so gestalten, dass sie von gegenseitiger Anerkennung und Wertschätzung geprägt sind;
b) soziale und gesellschaftliche Sachverhalte erfassen;
c) Im Umgang mit anderen verantwortlich handeln;
d) Unterschiedliche Interessen aushandeln.

- Sachkompetenzen:

a) Sich die Welt aneignen, die sachlichen Lebensbereiche erschließen;
b) Sich theoretisches und praktisches Wissen und Können (Fähigkeiten und Fertigkeiten) aneignen und dabei urteils- und handlungsfähig werden;
c) Wahrnehmungs- und Ausdrucksfähigkeit entwickeln.

- Lernmethodische Kompetenzen (Bedeutung des lebenslangen Lernens):

a) ein Grundverständnis davon zu erlangen, das man lernt, was man lernt und wie man lernt;
b) die Fähigkeit, sich selbst Wissen und Können anzueignen;
c) Wichtiges von Unwichtigem unterscheiden;
d) die Bereitschaft, von anderen zu lernen.

Erzieherinnen haben mit ihrer Persönlichkeit und ihrer besonderen Arbeitsweise eine prägende (Aus-)Wirkung auf Kinder – neben den Einflüssen der Elternhäuser. Gerade deshalb müssen sie sich ihrer Vorbildrolle bewusst sein.

Erziehung ist Liebe und Vorbild. Sonst nichts!

Johann Heinrich Pestalozzi

Ziele, die die Erzieherinnen für Kinder formulieren, sollten also erst einmal zu eigenen Zielen werden, um eine glaubwürdige, identische Pädagogik mit Kindern zu erleben. So verlangt dies von den pädagogischen Kräften ebenso eine Neuausrichtung in der

- Selbstkompetenz (Selbstorganisation und -steuerung):

a) Mit sich selbst offen, ehrlich und ernsthaft umzugehen; die Fähigkeit, sich konstruktiv und mit Abstand zu beobachten. Sich selbst mit Schwächen zu entdecken und gezielt daran arbeiten, durch neu erworbene Kompetenzen den Stärkepool weiter zu füllen.
b) Sich seiner selbst bewusst werden – wie wirke ich auf andere (Kinder, Eltern, Kolleginnen), wie nehme ich mich selbst wahr? Wo kann ich meine Stärken einbringen? Wo gibt es Mobbingstrukturen, gegen die ich mich zur Wehr setzen muss?
c) Wie verkrafte ich Enttäuschungen, wie gehe ich mit Ablehnung um?
d) Kann ich Entscheidungen treffen, meine Interessen gegenüber dem Team, den Eltern und dem Träger anmelden und durchsetzen?
e) Wie gelingt es mir, Tagesabläufe zu organisieren, pünktlich zu sein, Planungen umzusetzen und mich mit anderen auseinanderzusetzen?
f) Was tue ich, um mich persönlich weiterzuentwickeln? Stelle ich mich bereitwillig und gerne der Anforderung, ein lebenslanges Lernen zu praktizieren?

- Sozialkompetenz:

a) Verstehe ich mich in der täglichen Arbeit an erster Stelle als Bündnispartnerin der Kinder und Anwältin ihrer Entwicklungsinteressen bei gleichzeitiger Wertschätzung der Erwartungen von anderer Seite?
b) Wie ist meine Fähigkeit im Team zu kooperieren, begegne ich anderen mit Respekt und Achtung, auch bzw. gerade dann, wenn unterschiedliche Erwartungen oder Ansprüche aufeinander stoßen? Habe ich den Mut, nicht hinter dem Rücken über andere zu reden, sondern führe ich mit der betreffenden Person direkt das Gespräch?
c) Wie gehe ich mit Konflikten um, strebe ich konstruktive Konfliktlösungen an?
d) Kann ich mich gut in die Gefühle der Kinder hineinversetzen und diese ernst nehmen?
e) Wie gelingt mir dasselbe mit Erwachsenen (Eltern, Team)? Nehme ich Spannungen in Beziehungen wahr und gelingt es mir, Uneindeutigkeiten aufzudecken und diese in konstruktiver Form zu thematisieren, um eine entspannte Atmosphäre zu fördern?

f) Wie gehe ich auf Eltern zu, wenn ihr Erziehungsstil nicht meinen Wertvorstellungen entspricht?
g) Habe ich eine positive Grundeinstellung? Bleibe ich mir selbst treu, spiele keine Gefühle vor?
h) Gebe ich Kindern positive Rückmeldungen, indem ich mich ihnen zuwende und ihnen dadurch Anerkennung und Sicherheit vermittle?
i) Kann ich angemessen und sachlich in Gruppen reflektieren?
j) Bin ich für Kinder und im Team eine verlässliche Partnerin, indem ich mich an gemeinsam getroffene Absprachen halte?
k) Zeige ich an Stellen Zivilcourage, wo die Gefahr besteht, dass Menschen unberechtigt bewertet, ausgegrenzt oder in ihrer Würde verletzt werden?

- Sachkompetenz:

a) Bin ich in der Lage, jederzeit eigene Handlungsabsichten, pädagogische Zielsetzungen und umgesetzte Handlungsschritte fachspezifisch zu begründen?
b) Stelle ich mich den Anforderungen der Praxis und nehme ich sie als Handlungsaufforderung an?
c) Wie gelingt es mir, Wesentliches von Unwesentlichem zu unterscheiden, um Überlastung zu reduzieren?
d) Kann ich meine Arbeit alleine und mit anderen zusammen reflektieren?
e) Lese ich regelmäßig Fachliteratur und setze ich mich damit aktiv auseinander? Trete ich mit Kolleginnen anschließend in einen Erfahrungsaustausch?

- Lernkompetenz:

a) Wie beschaffe ich mir Informationen?
b) Kenne ich meine eigenen Lernstrategien und wie kann ich diese erweitern und lernbereit bleiben?
c) Wie reagiere ich auf Veränderungen, wie offen bin ich für Neues?
d) Wie oft und welche Fortbildungen besuche ich, um Professionalität zu entwickeln und zu erweitern?
e) Kann ich Hilfen, Tipps und Anregungen von anderen annehmen?

Die berufliche Identität einer Erzieherin ist also eng mit ihrer persönlichen Identität verbunden und beide Identitätsbereiche entstehen nicht von alleine.

3. Selbstbewusstsein

Es geht also darum, immer wieder selbstreflexiv die eigene Lebensgeschichte sorgsam zu betrachten und das eigene Verhalten mit dem konkreten Alltagsgeschehen vor Ort zu vernetzen, um festzustellen, welche Handlungsmomente im Hinblick auf die Entwicklungsunterstützung der Kinder konstruktiv und welche destruktiv waren bzw. sind.

Oft stellt sich die Frage, warum verhalten wir uns eigentlich so, wie wir uns verhalten? Wie können wir lernen, in neue, unbekannte Handlungsfelder einzusteigen, gerade dann, wenn wir merken, dass wir all unsere Möglichkeiten noch gar nicht voll ausgeschöpft haben, obwohl wir ahnen oder wissen, dass wir etwas besser machen könnten?

Und dann wird deutlich, dass nur ein Wissen über eigene Entwicklungsmöglichkeiten allein gar nichts nutzt, weil eingefahrene Handlungsmuster und mit Vorliebe versehene Handlungsstrategien dafür sorgen, alte und gleichzeitig wenig gefährliche Handlungsaktivitäten vorzuziehen.

Ich kann wissen, dass ich notwendige Kenntnisse z. B. aus der Entwicklungspsychologie benötige, um Eltern deutlich zu machen, was Kinder für eine förderliche Entwicklung brauchen. Aber ich schaffe es nicht, mir die notwendige Fachkompetenz anzueignen. Und es fallen einem viele „Gründe" zur Entschuldigung ein … (keine Zeit dafür zu haben, abends zu müde zu sein, um noch in ein Fachbuch zu schauen …). Alles ist daher eine Frage des Selbstbewusstseins, das es selbstaktiv immer weiter auszubauen gilt.

Schlussgedanken

Als Leiterin einer Kindereinrichtung bin ich mir bewusst, welche hohe Verantwortung ich damit übernehme, aber auch welche Chance ich in dieser Tätigkeit habe, eine kindorientierte Pädagogik zum Ausgangspunkt der pädagogischen Arbeit zu gestalten. So gilt es immer wieder,

- sich seiner Vorbildrolle bewusst zu sein und zu versuchen ihr gerecht zu werden;
- die aktive Unterstützung der Mitarbeiterinnen bei der Erreichung der gemeinsam vereinbarten Ziele zu finden und zu erhalten;
- Konfliktberatung bei Störungen der Zusammenarbeit untereinander bzw. bei Konflikten mit Eltern und den vielen anderen Bezugspartnern in Anspruch zu nehmen;
- eine Konzeptionsentwicklung immer im Auge zu behalten und ihre Fortschreibung zu pflegen;
- Fortbildungen für das gesamte Team zu organisieren (Durchführung von Inhouse-Seminaren) – mit entsprechend kompetenten Dozenten;
- den Kindergartenalltag optimal zu organisieren und alle Möglichkeiten (Freiräume) zu nutzen, um Zeit für notwendige Aufgaben zu gewinnen;
- die Teamentwicklung zu fördern (Supervision, Konfliktmoderation, kollegiale Beratung etc.), um weitestgehend für eine entspannte Innenqualität zu sorgen.

Literatur

Senatsverwaltung für Bildung, Jugend und Sport (Hrsg.): Berliner Bildungsprogramm. Berlin 2004

Diekhof, M.: Wege aus dem Frust – hin zur Arbeit mit Lust und Professionalität. In: Betrifft KINDER, Heft 01–02/2009, S. 23–27

Eibeck, B.: Traumjob Erzieherin. Ein Plädoyer für die Aufwertung des Berufs. In: klein&groß, Heft 5/2008, S. 13–15

Ellermann, W. (Hrsg.): Organisation und Sozialmanagement für Erzieherinnen und Erzieher. Berlin/Düsseldorf/Mannheim 2007

Huth, A.: Im Teufelskreis überhöhter Erwartungen. Wie sich Mangel an Wertschätzung und ein schwaches Ego gegenseitig bedingen. In: klein&groß, 07–08/2007, S. 42–44

Kogel, K.: Kompetenzen der Erzieherinnen. Oder die Frage: Wer genügt wann und wie den bildungstheoretischen Anforderungen? In: klein&groß, Heft 07–08/2007, S. 45–49

Krenz, A. (Hrsg.): Handbuch für ErzieherInnen in Krippe, Kindergarten, Kita und Hort. München 2002

Krenz, A.: Elementarpädagogik aktuell. Die Entwicklung des Kindes professionell begleiten. Offenbach 2003

Krenz, A.: Elementarpädagogik und Professionalität. Lebens- und Konfliktraum Kindergarten. Grundsätze zur Qualitätsverbesserung in Kindertagesstätten. Offenbach 2005

Lill, G.: Orientierungslos auf Qualitätskurs? Oder: Auf der Suche nach dem inneren Kompass. In: Betrifft KINDER, Nr. 04–05/2009, S. 41–44

Maier, J.: Die Erzieherin als Bezugsperson. Von der Bedeutung der frühkindlichen Bindung. In: klein&groß, Nr. 05, 2007, S. 24–26

Pousset, R. (Hrsg.): Handwörterbuch für Erzieherinnen und Erzieher. Weinheim/Basel 2006

Rabe-Klebergist, U.: „Die können halt gut mit Kindern …“. Mütterlichkeit – Stolpersteine auf dem Weg zur Professionalisierung? In: Kinderzeit, Heft 4/2007, S. 11–13

Armin Krenz / Marlies Wagner

Persönlichkeitsbildung der elementarpädagogischen Fachkraft: Eine alltägliche Herausforderung und Notwendigkeit zugleich

Die Forderung, dass Persönlichkeitsbildung sowohl zum unverzichtbaren Bestandteil der beruflichen Arbeit gehört als auch ein notwendiges Element für eine qualifizierte Tätigkeit ist, trifft weitgehend bei Erzieherinnen und Trägern auf Zustimmung. Viele lösen diesen Anspruch auch ein und suchen sich beispielsweise Fortbildungsveranstaltungen aus, die sie besuchen möchten und die neben der reinen Fachvermittlung von Sachinformationen auch viele Impulse für eine persönliche Weiterentwicklung beinhalten.

So geht es einerseits um die Verbesserung der Professionalität, andererseits um die Stärkung der Identität. Beide Begriffe – Professionalität und Identität – müssen in der Elementarpädagogik zu Kernbegriffen erklärt werden, die unbestritten ihren Stellenwert und ihre Bedeutung in der Pädagogik besitzen.

Erzieherinnen wollen Methoden,
wollen Medien,
wollen Wegbeschreibungen und Rezepte.
Ist denn das Naturgegebene,
Eingegebene,
so fremd,
das Einfachste das Schwerste und das Nahe liegende
so fern?

Vera Fischer

Das oben genannte Zitat verlangt eine Antwort, und sie muss lauten: ja! Weil ungünstige Arbeitsbedingungen, eine entpolitisierte Sicht von Pädagogik, unaufgearbeitete Erfahrungen aus der Fachschulzeit und in vielen Fällen ein eingeschränktes Selbstwertgefühl das Nahe liegende in weite Ferne rücken lassen: *die Auseinandersetzung mit sich selbst.*

Das bedeutet, sich mit den eigenen lebensbiografischen Daten auseinanderzusetzen, mit den eigenen Werten und Normen, mit den eigenen Kriterien von Richtigkeit und mit den eigenen Ansprüchen an sich und andere Menschen. Ohne mit dem Finger auf andere zu zeigen, ohne vermeintlich Schuldige ins Abseits zu drängen und vor allem ohne Menschen mit anderen Haltungen zu etikettieren.

Identität als Meilenstein in der Persönlichkeitsbildung kann also nur dort erfahren werden, wo Fachkräfte mit ihren unterschiedlichen Sozialisationserfahrungen *bereit sind,* sich auf einen langen und anstrengenden Lernprozess einzulassen (und nicht verfrüht auf *Lernergebnisse* ausgerichtet sind), Schmerzen und Unsicherheiten ertragen (und nicht die Schuld für erlebte Schmerzen anderen zuweisen), persönliche Erfahrungen in gemeinsamen Diskussionen einbringen (und nicht durch Schweigen glänzen), krisenhafte Ereignisse als Lernchance ansehen (und sich nicht durch Trennung davonstehlen), Persönlichkeitsstrukturen bezüglich der *eigenen* Person ansehen (und nicht über andere Menschen Bewertungen aussprechen), Übertragungen aus der eigenen Lebensbiografie als solche identifizieren (und nicht an der Aufrechterhaltung des sogenannten „blinden Flecks“ arbeiten), eigene Werte als Individualwerte anerkennen (und sie nicht zum allgemeingültigen Wert, verbindlich für alle anderen, erklären) sowie sich und anderen immer wieder die Möglichkeit geben, ins Gespräch zu kommen (mit den entsprechenden Menschen reden, anstatt über sie herziehen).

Ein Wachstumsprozess im Feld der Persönlichkeitsbildung wird immer mit „Haken und Ösen“ versehen sein – er ist schwer zu gehen und kompliziert zu entdecken. Aber wie ist es anders möglich, Kinder in ihrer Einmaligkeit zu unterstützen, ihre Andersartigkeiten zu akzeptieren, ihre Selbstständigkeit zu fördern und ihre Selbstbestimmung zu bejahen, wenn es Fachkräften nicht gelingt, diese Ziele zunächst für sich selbst zu realisieren?

Persönlichkeitsbildung provoziert im Menschen selbst immerzu Widerstände, gerade bei Fragen von „Macht und Ohnmacht“, „Sexualität“, „Nähe und Distanz“, „Offenheit und Grenzen“. Weil dies so ist, wird sich zeigen, inwieweit die offene „Diskussion mit sich selbst“ und die grundsätzliche Auseinandersetzung (auch im und mit dem Kollegium) wirklich mit einem ehrlichen Interesse, einer inneren Motivation, einer tiefen Neugierde auf unbekannte Erkenntnisse und mit einem Selbstentwicklungsanspruch geführt wird. Gerade dann, wenn unterschiedliche Meinungen aufeinander treffen und dadurch eigene Werte ins Wanken kommen.

„Das Leben jedes Menschen ist ein Weg zu sich selber hin, der Versuch eines Weges, die Andeutung eines Pfades. Kein Mensch ist jemals ganz und gar er selbst gewesen; jeder strebt dennoch, es zu werden, einer dumpf, einer lichter, (…). Mancher wird niemals Mensch, bleibt Frosch, bleibt Eidechse, bleibt Ameise. Mancher ist oben Mensch und unten Fisch. Aber jeder ist ein Wurf der Natur nach dem Menschen hin.“ (Hesse 1965, S. 10 f.)

Hesse spricht hier klare Worte, nicht um zu beleidigen, sondern um deutlich zu machen, was war und ist. Dinge werden beim Namen genannt, ohne zu beschönigen, ohne zu verwässern. Persönlichkeitsbildung umfasst damit auch Selbsterfahrung, in der es darum geht, sensibler für eigene Denkmuster und

Handlungsschienen zu werden, Konflikte als Wachstumspotentiale zu begreifen und Geschehnisse *vor allem in Sinnzusammenhängen zu sehen.*

Persönlichkeitsbildung kann nur dort geschehen, wo eine *systemische* Sicht Einzug halten kann: dies ist gerade bei Konflikten in höchstem Maße notwendig. Konflikte haben *immer vielschichtige Gründe,* wobei ein benannter Konfliktgrund in fast allen Fällen nicht nur einseitig (also völlig verkürzt) und damit unvollständig gesehen wird, sondern es werden auch *Gründe und Auslöser* für Konflikte vertauscht. Dabei hat die Praxis gezeigt, dass gerade Fachkräfte mit starren Verhaltensmustern, die unbeirrt (und blind) an unreflektierten Wegen festhalten, die Dynamik emotionalisierter Machtkämpfe forcieren, unbewusst massiv manipulieren und aus der Erklärung eines *pseudo-sachlichen* Verhaltens neue Fronten in sich selbst und zu anderen schaffen, die destruktive Auswirkungen auf jegliche Entwicklungsprozesse nach sich ziehen.

Persönlichkeitsbildung geschieht dann nur noch in Abhängigkeit von Ängsten und Vorurteilen, überschaubaren Risiken und selbstprofilierungsorientierten Situationen. Hier gilt es, sich langsam und dennoch zielorientiert, mit Zeit und dennoch das Ziel verfolgend ganz dezidierten Situationsanalysen zu nähern, mit Offenheit für alle Entwicklungsimpulse von außen und in ständiger Besinnung auf die eigene Person. Schließlich ist Persönlichkeitsbildung die Voraussetzung für soziale und fachliche Kompetenz, die dann in einer wirklich identischen und professionalisierten Handlungskompetenz mündet. Nur: Solange es elementarpädagogische Fachkräfte gibt, die gesprochene und geforderte Werte nicht selber *leben*, solange bleibt eine nachhaltige Persönlichkeitsbildung auf der Strecke. Eine Arbeitsgestaltung unter dem Aspekt von konstanter Persönlichkeitsbildung ist notwendiger denn je. Und dabei brauchen wir keine neue Theorie, sondern ein neues Umgehen mit den bisherigen Ergebnissen und Erkenntnissen aus dem weiten Feld der Persönlichkeitsforschung.

Berufsverpflichtung für elementarpädagogische Fachkräfte?

Kinder leben in einer Welt der Konsumausrichtung, in einer Zeit der Eile und der Hektik, in einem Geflecht zunehmender Erwartungen und in einer Welt der Erwachsenen, die viele Unternehmungen in Gang setzen und (un-)bewusst, eine zunehmende „Kinderkultur“ einzurichten.

Dies mit dem Ergebnis, dass Kinder als Konsumenten umworben, als zukünftige Schüler schon in der Kindergartenzeit gefordert und als zukünftige Erwachsene gezielt geprägt werden. Dabei bleibt das Kind-Sein immer häufiger auf der Strecke.

Die Zahl der seelischen und körperlichen Misshandlungen ist gleich bleibend hoch, und immer wird nur die Spitze des Eisbergs sichtbar, wenn Kinder unter Erwachsenen zu leiden haben. Welch eine Welt, in der viele Kinder groß werden. Auf der anderen Seite werden Kinder aber auch übersorgt, mit Liebe erdrückt und von Erwachsenen unselbstständig gehalten, dass es schmerzt mitzubekommen, wie aktive Autonomiebestrebungen von Kindern im Keime erstickt werden.

Doch wohin ich schaue, sehe ich das Gebot, die Eltern zu respektieren. Nirgends aber ein Gebot, das Respekt für das Kind verlangt.

A. Miller

Da erstaunt es nicht, wenn viele Beispiele aus deutschen Kindergärten leider belegen, dass auch innerhalb elementarpädagogischer Einrichtungen Kinderseelen nicht selten durch Wortmisshandlungen Erwachsener Risse bekommen.

Da erstaunt es nicht, wenn Kinder in ihrer Entwicklung, in ihrem magischen Denken und in ihrer Welt der Phantasie nicht ernst genommen werden, indem sie ihre Welten mit Zeit und in Ruhe erleben können.

Da erstaunt es nicht, wenn es Erzieherinnen und andere pädagogische Fachkräfte gibt, die einer Frühforderung im Kindergartenalter – und sei es einem regelmäßig stattfindenden, wöchentlichen Englischunterricht neben einer ganzen Reihe anderer Fördermaßnahmen zustimmen und den (nicht offen ausgesprochenen und dennoch bestehenden) Leistungsaspekt schon vor der Schule hoch bewerten und damit auch den Erwartungen vieler Eltern gerne nachkommen.

Ja, da erstaunt es nicht, wenn ein Kindergartenkind laut weinend im Flur der Einrichtung sitzt und eine Erzieherin, die darauf angesprochen wird, ob sie wisse, warum der kleine Junge so traurig sei, lapidar antwortet, das könne sie nicht sagen, weil das Kind nicht zu ihrer Gruppe gehöre.

Vor fast 200 Jahren hat es Jean Paul einmal so formuliert, als er sich mit der frühen Überforderung der Kinder auseinandergesetzt hat:

Wenn man Kinder mit Wissen vollstopft:
Was heißt das anderes, als in einem fort einen Acker mit Samen auf Samen voll säen?
Daraus kann wohl ein toter Kornspeicher, aber kein lebendiges Erntefeld werden.
Oder – in einer anderen Gleichung – eure Uhr geht so lange, als ihr sie aufzieht:
und ihr zieht die Kinder ewig auf und lasst sie nicht gehen.

Jean Paul

Kinder brauchen gesunde Luft zum Atmen: sie brauchen Platz, um ihren freien Bewegungsmöglichkeiten Ausdruck zu geben und sie brauchen Zeit, um Erlebnisse zu verarbeiten, bisherige Entwicklungsschritte zu festigen, sich immer wieder aufs Neue unbekannten Dingen und Herausforderungen zuwenden zu können, ihrer Impulsivität und ihrer Lebensfreude nachgehen zu dürfen und ihre ungebremste Neugierde in Handlungsschritte umzusetzen.

Der Wunsch, sich zu verwirklichen, verlangt geradezu danach, dass sich Erwachsene – Eltern und ebenso Erzieherinnen – verantwortlich fühlen, den Kindern zu helfen, einerseits die Welt zu erobern und andererseits sich in dieser Welt geborgen und angenommen zu fühlen, sodass Kinder ein tiefes Gefühl der Sicherheit aufbauen können.

Die Freiheit ist dann erlangt,
wenn das Kind sich seinen inneren
Gesetzen nach,
den Bedürfnissen seiner Entwicklung entsprechend, entfalten kann.
Das Kind ist frei, wenn es von der erdrückenden Energie der Erwachsenen
unabhängig geworden ist.

Janusz Korczak

Ich schlage daher vor, dass Erzieherinnen und andere in der Pädagogik verantwortliche Personen – ähnlich wie Ärzte dies in einem Berufseid tun – eine Verbindlichkeitserklärung mit Beginn ihrer Berufstätigkeit ablegen, um vor sich, den Kindern und Eltern, den Kolleginnen und der Öffentlichkeit zu dokumentieren, dass sie sich deutlich, klar und kompromisslos als konsequente „Vertreterinnen von Kindern" verstehen.

Diese Berufsverpflichtung würde dann ein fester Bestandteil des Anstellungsvertrages werden und bei Nichtbeachtung arbeitsrechtliche Konsequenzen mit sich bringen. Eine solche Konsequenz ist in der Elementarpädagogik unüblich – und daher umso notwendiger!

Mitarbeiterinnen, die diesen Eid verweigern, könnten und dürften nicht im Bereich der Elementarpädagogik tätig werden, denn:

Wer nach der Wahrheit, die er bekennt, nicht lebt,
ist der größte Feind der Wahrheit selbst."

Julius Rupp

Gleichzeitig würde eine solche Verpflichtungserklärung – und dieser Aspekt ist m. E. nicht zu unterschätzen – den politisch Verantwortlichen deutlich machen, dass mit dieser berufsethischen Erklärung unangemessene und unverantwortliche Ansprüche an die Elementarpädagogik hinfällig sind.

In einer Welt, in der Kinder immer mehr zum Spielball von Erwachsenen, zum Konsumgut einer Erwachsenenwelt erklärt und zu medienbeeinflussten Objekten werden, wo Kinder und engagierte Erzieherinnen sich vielleicht in der Verbalakrobatik von Politikerinnen wiederfinden können, aber nicht zur real wahrgenommenen Persönlichkeit im Netz der Politik gehören, dort, wo Kinder von Institutionen und Verbänden teilweise zur eigenen Profilierung benutzt

Ich verpflichte mich – in Verantwortung vor Kindern, ihrer Entwicklung und nachhaltigen Persönlichkeitsbildung und ihren Eltern, in Verantwortung vor mir und der Öffentlichkeit, dass ich

- auf der Grundlage meines Wissens um entwicklungspsychologische Gesetzmäßigkeiten,
- in Kenntnis der aktuellen Ergebnisse aus dem Feld der Bindungs- und Bildungsforschung sowie der Neurobiologie und
- in Kenntnis heutiger Kindheitsdaten und der Lebensbedingungen der Kinder in meinem Arbeitsumfeld jeden Tag …

- die Wertschätzung und Achtung vor Kindern leben möchte,
- den Kindern mit Verständnis und Respekt begegnen werde,
- ihr individuelles Wachstum im Sinne ihrer Individualentwicklung aktiv und fachlich unterstütze,
- jedwede Form körperlicher, seelischer oder geistiger Misshandlung ablehne und für meinen Umgang mit Kindern ausschließe,
- Machtausnutzung oder Machtmissbrauch in meinem Erwachsenensein den Kindern, Eltern und Kolleginnen gegenüber vermeide,
- Kinder in ihrer besonderen Einmaligkeit schätzen werde und
- Kinder in ihrer Würde weder direkt noch indirekt verletze.

Dort, wo ich ein Unrecht – innerhalb oder außerhalb des Kindergartens – an Kindern beobachte, werde ich mutig, direkt und offen dafür eintreten, dass Unrecht an Kindern sich zum Recht wandelt.

Ich werde Tag für Tag versuchen, Kindern ein „Recht auf diesen Tag" zu gewährleisten, mit ihnen – statt gegen sie – zu fühlen und ihre aktuelle Lebenssituation empathisch erfassen.

Ich werde den „eigenen Entwicklungszeitraum Kindheit" jedem Kind zugestehen und mich mit vorschnellen Erwachsenenratschlägen, moralisierenden Äußerungen oder direkten Lenkungen zurückhalten, um meine eigenen Vorstellungen nicht zu denen der Kinder zu machen.

Ich verpflichte mich daher, kontinuierliche Selbsterfahrung auf mich zu nehmen und Supervision in der Arbeit wahrzunehmen und mich als eine ständig lernende Person zu begreifen, in der Starrheit zum Fremdwort wird und stattdessen Offenheit, Sensibilität und persönliche, pädagogische und politische Wachheit zum wesentlichen Merkmal meiner Persönlichkeit wird.

und in ihrer Individualentwicklung gehandicapt werden, dort ist es mehr denn je nötig, dass Erzieherinnen und andere pädagogische Mitarbeiterinnen endlich ernst machen mit der Forderung, dass Kinder eine reale Lobby erhalten – jeden Tag, praktisch vor Ort, in Kindergärten, Politik und Gesellschaft.

Diese Selbstverpflichtungserklärung im Sinne einer ethischen Vereinbarung zwischen den Fachkräften und Kindern würde sicherlich auch dazu beitragen, die vielfältigen und bedeutsamen Artikel der UN-Charta „Rechte des Kindes" zur verstärkten *Wirklichkeit* von Kindern in Deutschland werden zu lassen.

Es bietet sich an, diesen Text im Kollegium zu besprechen und zu einem konkreten Meinungsbild zu kommen.

Literatur

Bengel, Chr.: Im Gespräch mit meinem Inneren Kind. Dialog zwischen Kopf und Bauch – zwischen Erwachsenen-Ich und Kind-Ich. Kleinkönigsförde 2008

Dentler, P.: Liebe ist eine Entscheidung. Eine Anleitung zum Erwachsenwerden. Flensburg 2009

Fischer, V.: In: Kinder, Kinder! Zitate für den Erziehungsalltag. München 2. Aufl. 2007

Greine, R.: Stress war gestern. Mehr Gelassenheit im Kita-Alltag. Berlin/Düsseldorf/Mannheim 2008

Hesse, H.: Demian. Frankfurt 1965, S: 10 f.

Koller, Chr./Rieß, St. (Hrsg.): Jetzt nehme ich mein Leben in die Hand. 21 Coaching-Profis verraten ihre effektivsten Strategien. München 2009

Krenz, A. (Hrsg.): Psychologie für Erzieherinnen und Erzieher. Grundlagen für die Praxis. Berlin/Düsseldorf/Mannheim 2007.

Martin, R./Schuster, O.: Survivalstrategien für Beruf und Alltag. Überleben im Veränderungsdschungel. Weinheim/Basel 2005

Miller, A.: http://www.thur.de/philo/lh/miller.htm

Müller, G. F./Braun, W.: Selbstführung. Wege zu einem erfolgreichen und erfüllten Berufs- und Alltagsleben. Bern 2009

Pommerenke, U.: Ich kann's – ich mach's. Persönlichkeitsentwicklung im ErzieherInnenberuf. Berlin/Düsseldorf/Mannheim 2007

Rhode, R./Meis, M. S./Bongartz, R.: Angriff ist die schlechteste Verteidigung. Der Weg zur kooperativen Konfliktbewältigung. Paderborn 2003

Satir, V.: Meine vielen Gesichter. Wer bin ich wirklich? München 9. Aufl. 2007

Schiffer, E.: Warum Tausendfüßler keine Vorschriften brauchen. Intuition. Wege aus einer normierten Lebenswelt. Weinheim und Basel 2008

Schwarz, A. A./Schweppe, R. P.: Der Träumer, der Weise, das innere Kind. Personale Integration – die Vielfalt der Persönlichkeit entdecken. München 2004

Seitz, R.: Schöpferische Pausen. Besinnen, Genießen, Da Sein. München 2001

Nachwort

Die Elementarpädagogik ist in einem ständigen Entwicklungsprozess begriffen. Neue wissenschaftliche Erkenntnisse fordern zum Überdenken aller bisherigen Positionen auf. Wenn es die Elementarpädagogik schafft, selbst in Bewegung zu bleiben, starre Mechanismen zu verändern und neue Strukturen zu bilden, dann besteht bei den elementarpädagogischen Fachkräften auch der Wunsch, sich und andere an dieser spannenden Entwicklung zu beteiligen. Und damit ist die wesentliche Grundlage für eine professionell gestaltete Innenqualität sowie eine qualifizierte Öffentlichkeitsarbeit gelegt, getreu dem Motto: „Wer sich nicht bewegt, kann auch nichts bewegen." Oder noch präziser formuliert: „Tue Gutes und transportiere es authentisch in die Außenwelt."

Angaben zum Herausgeber

Dr. Armin Krenz arbeitet seit 1985 am außeruniversitären Kieler Institut für angewandte Psychologie und Pädagogik, IFAP in Verbindung mit Lehraufträgen im In- und Ausland. Er führt europaweit Seminare für Einrichtungen und Verbände durch und forscht seit 25 Jahren zu besonderen Fragestellungen der Elementarpädagogik (Zusammenhänge zwischen entwicklungspsychologischen/bildungsrelevanten Gesetzmäßigkeiten und erziehungspsychologischen Konsequenzen, Qualitätsmanagement und Personqualität). Das Institut für angewandte Psychologie und Pädagogik, IFAP ist Mitglied der „Deutschen Gesellschaft für Qualität, DGQ".